读客文化

浓缩人类文明的
34座博物馆

[意]菲利普·大卫里奥 著

李婧敬 译

PHILIPPE DAVERIO
LE STANZE DELL'ARMONIA

北京日报出版社

图书在版编目（CIP）数据

浓缩人类文明的34座博物馆 /(意) 菲利普·大卫里
奥 (Philippe Daverio) 著 ; 李婧敬译. -- 北京 : 北
京日报出版社, 2023.12（2025.5重印）
　　ISBN 978-7-5477-4702-5

　　Ⅰ.①浓… Ⅱ.①菲… ②李… Ⅲ.①博物馆 – 介绍
– 世界 Ⅳ.①G269.1

中国国家版本馆CIP数据核字(2023)第188019号

© 2016 Rizzoli Libri S.p.A.,Milano,Italy
© 2017 Mondadori Electa S.p.A.,Milano,Italy
© 2022 Mondadori Libri S.p.A.
The Simplified Chinese edition is published in arrangement through Niu Niu Culture.
All rights reserved.

中文版权：© 2023 读客文化股份有限公司
经授权，读客文化股份有限公司拥有本书的中文（简体）版权
图字：01-2023-5572号

浓缩人类文明的34座博物馆

作　　者：［意］菲利普·大卫里奥
译　　者：李婧敬
责任编辑：王　莹
特约编辑：乔冠铭　　顾晨芸　　沈　骏
封面设计：温海英
出版发行：北京日报出版社
地　　址：北京市东城区东单三条8-16号东方广场东配楼四层
邮　　编：100005
电　　话：发行部：（010）65255876
　　　　　总编室：（010）65252135
印　　刷：天津联城印刷有限公司
经　　销：各地新华书店
版　　次：2023年12月第1版
　　　　　2025年5月第2次印刷
开　　本：710毫米×1000毫米　1/16
印　　张：36.5
字　　数：567千字
定　　价：169.90元

前　言

欧洲：一份文化的遗产

　　人们常常要求一部书的作者表明其创作的动机，但只有在极少数的情况下，作者才会道出其作品的真实创作缘由。不过，有的时候，作者也会有某种需求，想要说些什么——更准确地说——想要倾诉其职业信仰。本书的文字和图像就见证了作者对于那座位于亚洲西部的、名为"欧罗巴"的半岛的挚爱。对于当下的许多人来说，"欧洲"一词意味着他们的某种权利被强行剥夺了：他们既不能在沟渠里发酵奶酪，也不能在大理石槽里腌制科隆纳塔的盐渍肥猪肉。对于另一些人而言，"欧洲"则是一个离日常生活需求相去甚远的区划概念，这个区域通行的欧元基本代替了原有各国货币，但日常生活中似乎只感受到它大大提升了面粉的价格。在其他一些人眼里，抛弃历史久远的欧洲各王国旗帜甚至意味着忘却祖祖辈辈的记忆。

　　然而，的确存在这样一种混合元素，让组成"欧洲"的各国人民心手相连，其黏合力远胜于他们所生长的各个国家，这便是巨大的文化遗产。科莫的罗马式建筑切石匠、法兰西的哥特式建筑工匠、德意志的古钢琴制作者和演奏者、那不勒斯

▲ 古罗马艺术，《马可·奥勒留骑马像》（*Statua equestre di Marco Aurelio*），161—180年，青铜，高424cm，罗马，卡比托利欧博物馆

的抒情歌者、洛林的厨师、英国的环游者、西班牙的戏剧演员、俄罗斯的贵族、特伦特的宗教印刷品商贩、奥地利的甜品师、荷兰的巧克力匠、巴伐利亚的啤酒商、阿尔萨斯的纺织工……在这个由富人和穷人、银行家和细密画匠组成的充满创造力和生产力的世界里，人人都知道他们所处的世界并不局限于他们的国家，而是整个欧洲。他们在那里自由往来，一如当年的"天使博士"（Doctor angelicus）托马斯·阿奎那（Tommaso d'Aquino）、"精微博士"（Doctor subtilis）邓斯·司各脱（Duns Scoto）和"常胜博士"（Doctor invincibilis）奥卡姆（Guglielmo Ockham）。当年，游历四方的人是杰出的，而故步自封者则是死气沉沉的——更有甚者，为了保护当地的一己之利，不惜让他人死于战争。切石匠变成了建筑师；纺织工创造了现代时尚——如今，包括东方在内的全世界的人都穿西装，打领带。以发明领带、蛋黄酱、炸薯条、比萨、疫苗和二进制计算法而著称的欧洲，其影响力已遍布全球。

如今，所谓"旧大陆"的身份已不再体现于其争强好胜的秉性，而体现于它的文化。更何况，鉴于锡耶纳人已与佛罗伦萨人和睦相处，高卢人某天也很有可能与拉丁人、日耳曼人、撒克逊人和斯堪的纳维亚人和睦相处，欧洲的梦想也得以继续留存。不过，真正将欧洲人彼此联结的，还是他们复杂的文化——这种文化有着彼此独立却相互交织的根系，持续不断地嫁接融合。18世纪的贵族先是在通婚的过程中彼此交融，后来又在战场上兵戎相见。19世纪的资产阶级建立了各自的企业，在一争高下之前也曾经历相互合并的阶段。不过，无论是哪一方，他们都已习惯使用多种语言沟通和阅读，欣赏同样的交响乐，追捧同一批艺术家。不同国家的人民一方面被军队和政治划分成不同的阵营，另一方面却因共有的文化而被统一起来。

本书尝试寻找欧洲各国的文化共同点，发现它们显著地集中于各大机构在近几个世纪里各自保存的丰富藏品之中——如今，这些机构仍在继续扩充并宣传它们的收藏。本书提及的诸多博物馆构成了某种切实的群体记忆，记录了一个奇迹般大一统的欧洲。本书讲述的，是在由文艺复兴向现代过渡的历史时期，以及在欧洲及直接受欧洲影响的其他地区，"博物馆如何诞生"的恢宏史诗。读者将在本书中读到的，绝不是能在网络中轻易搜索到的导游信息，而是每一座博物馆创建的历史。从某种意义上说，它讲述的也是关乎欧洲人、关乎各大家族和王朝、关乎社会文明进程及其推进者的文化遗产史。为了激发读者的梦想和好奇心，本书在就每一座博物馆展开讲解的过程中，提到的均是最能引发思想交锋的作品，而不一定是最受人追捧的作品。事实上，博物馆从来不是一个"中性的盒子"：其中容纳的作品在另一个空间也能获得同样的含义。从这个意义上看，一座博物馆与一篇科研论文的功能恰恰是相反的。在博物馆里，参观者有机会通过作品的解说标识牌，扪心自问，究竟是什么让自己在回廊间漫步的过程中停下脚步，驻足于某一件作品。在博物馆里，完全有可能发生某种夸张的情形，参观者关注展陈空间甚于悬挂于墙面的画作、置于空间中央的雕塑和收藏于橱窗里的珠宝。然而，参观者的此类举动并没有错。因为卢浮宫里用来陈列画作的那些15世纪的大厅，还有那些装饰精美的窗框都如此让人心醉神迷！若是置身于卢浮宫或艾尔米塔什博物馆，不像当年的王公贵族那样凭窗欣赏窗外的河流，那便无异于睁眼的盲人！革命党人孔多塞（Condorcet）侯爵有言："君主制的遗产即主权在民。"（Le peuple souverain est l'héritier du prince.）如今，当貌似已成为主权者的参观者在博物馆里摆出当年路易十四（Luigi XIV）或沙皇尼古拉二世（Nicola II）尚未倒台前的姿态时，内心或许也能获得某种安慰吧。

对于每一个试图重走启蒙运动时期兴起的"壮游"[1]的参观者而言，博物馆都是极具吸引力的目的地。当人们穿行于旧大陆上的一座座城市，理应在他所能见到的每一座博物馆里驻足思考，犹如中世纪的游方僧流连于每一所修道院和早期大学的图书馆。本书的主题可以用一句古老的法国谚语来概括——"旅行塑造青年"（Les voyages forment la jeunesse）——这句谚语的含义是指青年在旅行的过程中成长，如同中世纪的古老手工业行会成员在游历不同城市的过程中精进其技艺。我们

---

[1] 壮游，Grand Tour，自文艺复兴以后，在欧洲贵族子弟中流行的一种欧洲传统旅行。——编者注

所有人，都有必要好好继续学习。

美与和谐

　　"美将拯救世界"——此言出自教宗若望·保禄二世（Giovanni Paolo Ⅱ）。这一宣言曾激起普遍的热烈反响，但很少有人关注它的灵感来自何处。其实，它来自这个从青年时期就钟爱戏剧的儒雅之人的阅读积累。若望·保禄二世非常熟悉陀思妥耶夫斯基的《白痴》（Idiota），其中的梅什金公爵（Miškin）在经历了绝望的一生后，说出了"美将拯救世界"这一名言。然而，对于那位俄国作家而言，究竟什么是美呢？他的原话是：Мир спасет красота（Mir spasёt krasota）。作为一位圣彼得堡的俄国人，他认为美究竟是什么？这句引语又来自何处？答案是希波的奥古斯丁。这位教会博士认为救赎是"天主之美"（pulchritudo Dei）带来的结果。作为一个基督教信徒，他认为什么是"美"（pulchritudo）？毫无疑问，他所说的美与我们当代人所理解的美并不相同。倘若我们有机会遇见某位相貌堂堂的古罗马百人队队长，千万不要用"美"（pulcher）这个字眼来称赞他，否则他可能会大发雷霆——因为他认为自己拥有的，是一种男性之美，即"英俊"（formosus）。如今，与古罗马人最相近的西班牙人仍在使用"hermoso"一词。至于"美"（pulchra）这个字眼，则是我们用来形容优雅的女子时所用的辞藻。因此，正如事事有理的奥古斯丁所认为的那样，"美"（pulchritudo）指的是优雅。

　　如此一来，追问"美"的含义便成了一种十分自然的行为。在彼此各异的欧洲语言里，只有少数几个词的词形是通用的——意大利文中的"美"（bellezza）一词显然不在此列。平心而论，即使语言学家也无法就这个词的起源达成一致，因为只有在中世纪的经院派哲学体系里，这个词才具有统一的用法。它或许来源于"战争"（bellum）一词，即指战争所需要的力量；也可能来自晚期拉丁文"benelus"——对应的意大利文为"buonino"，意大利人如今仍用这个词来表

▲ 让-里奥·杰洛姆，《结束摆造型》（*La fine della seduta*），1886年，布面油画，48cm×41cm，私人收藏

示"一盘美味的意大利面"。显然，使用"bellezza"或"beau"来表示美的只有意大利人和法国人。英国人用"handsome"（其词源来自古罗马军团士兵强健的手）形容男性，用"pretty"（其词源不详）来形容女性。至于"beautiful"，则明显来自法语，指那些"随诺曼人而来，充满了法国气息的事物"。西班牙人从来不用"hermosa"形容女士，而是更爱用"linda"一词，这个词很可能来自古希腊文，也可能来自拉丁文的"limpidus"（光亮的）或古德语里的"lind"（柔软的）。的确，拥有一半拉丁血统、一半哥特血统的西班牙人综合了一位妻子所应具有的两大重要特征：温柔和美貌。不可否认，德国人使用的字眼更为古怪：来源于"Sonne"（太阳）的"schön"，其含义仍然与"光亮"相关。值得注意的是，在古代罗马，光亮根本不是一种值得赞誉的品质，因为"lux"（光）一词意味着"lusso"（奢华），而奢华是被共和国的法律所严格限制的。相较而言，"electi"，即"ex-lecti"一词所象征的至高无上的高贵就是另外一种情形了。该词意为"当选者"，指那些入选贵族名单成为元老的人。那些人身着统一的服装，仅凭白色长袍上的一条红色纹样区别于常人。

的确，如往常一样，这一问题也应追溯至古希腊时期，那时的人们认为美的事物必然是好的，而好的事物必然是有用的。这一理想被称为"kalokagathia"（意为"美善合一"，希腊文写作καλοκαγαθια）。在这个概念里，"kalos"（意为"美"，希腊文写作καλος）应是"善"和"用"的结果。直到今天，意大利人仍在承袭这一理念，正因如此，他们才会将一盘好吃的面条称为"美美的一盘面条"。所以说，不仅因为赏心悦目而美，更因为有用而美。尽管读者们可能会指责我舞文弄墨，但我还是要指出，当法国古典主义诗人尼古拉·布瓦洛-德普雷奥（Nicolas Boileau-Despréaux）在17世纪中叶写下以下诗句的时候，也在表明同样的理念："只有真才美，只有真才可爱。"（Rien n'est beau que le vrai: le vrai seul est aimable.）

两个世纪后，浪漫派诗人阿尔弗雷德·德·缪塞（Alfred de Musset）在1842年写下了诗行，彻底倒转了真与美的关系：

Rien n'est beau que le vrai, dit un vers respecté;

Et moi, je lui résponds, sans crainte d'un blasphème:

Rien n'est vrai que le beau, rien n'est vrai sans beauté.

只有真才美，一句备受尊崇的诗行如是说；

我却要这样回应，哪怕将遭受辱骂：

只有美才真，没有美便没有真。

所以说，"美"的确是一个见仁见智的问题。当皮娜夫人（Signora Pina）说"本身美的事物并不美，只有让人喜欢才叫美"时，她或许是有道理的。女诗人萨福提出只有受人喜爱的事物才是美的事物时，这毫无疑问会让皮娜夫人感到安心。但皮娜夫人不知道毕达哥拉斯，不知道他曾将这一问题提升到更高的层面，上至天空中的群星，下至地面上的音符。

在毕达哥拉斯那里，数字之间形成了一种被他称为"和谐"（άρμονια）的平衡：一、二、三和四之间的几何关系形成了"三角点阵"（τετρακτύς），且这一点阵形成了所有存在的整数的来源。后来，毕达哥拉斯学派的学者继而寻找数字之间的所有和谐关系，直到发现了三角点阵之外的第一个数字——五，包含了一种意料之外的，在对角线和单边之间的平衡关系。从这种关系中产生了黄金数，而菲迪亚斯正是利用这个黄金数设计出了帕提侬神庙正立面的高宽比。自此以后，"和谐"的概念就变成了一个与几何、比例、音乐和道德相关的概念。对于今天的我们来说，和谐所代表的事物和元素之间的平衡构成了美在千变万化的形式之外不变的根本。

每一个人（即使是不那么理性的人）都在寻求周围世界里的和谐，进而尝试理解这个世界。就连那些主张混沌理论的学者，说到底他们也是在追寻终极原因的。若没有某种明确的秩序或非秩序，就没有任何理解的可能。任何一种语言系统都来自符号的有序排列：无论是我们日常所说的语言，还是音乐家谱写的乐曲，抑或是厅堂的家具摆设，甚至是我们在餐桌上摆放的一系列餐盘。收藏家也会在其收藏的物件之中营造出某种和谐：按照他个人喜爱的顺序将其一一排列。同样地，每一座博物馆也都希望达到这样的效果。有时，参观者走进博物馆是为了增长见识，但更多的时候，是为了感受这种被还原的和谐感。

行文至此，我想借用艺术批评大家夏尔·波德莱尔（Charles Baudelaire）的几行诗句，将其用于描述自然的文字略作他解，套用于博物馆的展厅：

L'homme y passe à travers des forêts de symboles,

Qui l'observent avec des regards familiers.

Comme de longs échos qui de loin se confondent,

Dans une ténébreuse et profonde unité,

Vaste comme la nuit et comme la clarté,

Les parfums, les couleurs et les sons se répondent.

人们从刻满象征的森林径行，

树林望着他，投以熟稔的凝望。

正如悠长的回声遥遥地合并，

归入一个幽黑而渊深的和谐，

广大有如光明，浩漫有如黑夜，

香味，颜色和声音都互相呼应。

正因如此，本书的关注点与其说是"美"，不若说是"和谐"。一座博物馆呈现的，从来都不是一种笼统的美，一种试图说服对方的美，也不是一种放之四海而皆准的美。博物馆讲述的，是作品之间的和谐以及作品与孕育并接纳这些作品的社会之间的和谐。

那么，当今天的我们前往博物馆时，究竟是去寻找"真"，还是去寻找

"美"呢？

当我们前往博物馆时，我们是去寻找那些关乎我们身份的记忆和引述，而这些记忆和引述的价值绝不应该仅仅只是美丽的。在西方世界，"美"的概念曾在熠熠生辉的13世纪得到深入的探讨。在那些年里，罗马教廷与清洁派异端产生了纷争。清洁派坚信天国之门只对少数纯洁、高尚、完美的人开放，他们远离教廷引以为荣的富丽堂皇，对肉欲和"可怕的性交"带来的冲动更是唯恐避之不及，以至于主动进行绝育，以免将新的受害者交予撒旦。然而，13世纪是一个倚仗人口增长的历史时期，此时欧洲的人口密度之高，在经历了14世纪的黑死病之后，直到18世纪才再次恢复。当年的罗马教廷是鼓励人口增长的，因此清洁派遭到了教廷的镇压。教廷指出，真理不仅蕴于精神，也存在于实际的肉体：当基督降于人间的时

▼ 阿诺德·勃克林，《静海》（*Mare calmo*），1887年，木板坦培拉和防护漆，103cm×150cm，伯尔尼，伯尔尼美术馆

候，他被表现为一个受苦的人。在拜占庭帝国统治时期，"荣耀的基督"（Christus Triumphans）这一主题开始受到欢迎，二维画面上的基督愉悦地置身于十字架之上。后来，"痛苦的基督"（Christus Dolens）和"受难的基督"（Christus Patiens）主题相继出现，将基督表现为一个承受真实苦难的真实的人。这对各类艺术造成的影响是巨大的，君塔·皮萨诺（Giunta Pisano）为多明我会的信仰捍卫者绘制了"十字架上的基督"的全新标准形象。现代绘画语言应运而生，"富于表现力"取代了"美"。无论是乔托动人的画面表现，还是但丁的精神主旨，全都来自此次神学变革。

14世纪初，一位从阿雷佐前往亚维农，并登上旺图山去寻找"明澈、清凉而温柔的水"的美学家就这一道德论题展开了辩证思考。在那里，彼特拉克面对普罗旺斯令人赞叹的古迹遗存，他想，假如当年君士坦丁大帝不曾皈依基督教，那么人们还将生活在辉煌的古典世界里。彼特拉克若是在两个世纪之后说出这番话，那是会被立刻送上火刑柱的。他在古典世界里找到了美，开启了一条贯穿整个欧洲史的路径，这条路径朝着两个方向发展：一个方向是朝古典回归，彼特拉克被视为整个文艺复兴运动（以及后来所有的新古典主义风潮）的鼻祖；另一个方向则恰恰相反，致力于对表现力的追寻，这一特色体现于巴洛克艺术、浪漫主义，一直延续至弗朗西斯·培根的作品。

博物馆漫步

阿里巴巴一定深爱各种各样的财宝，才会将它们深藏于自己的洞穴之中，但他从没想过将这洞穴变成一座博物馆。柏拉图也有一座洞穴，但藏于其中的只有理念。这些理念与具体的现实相结合，便形成了世界。对于柏拉图而言，美无非化身为自身之镜的理念。正因如此，他的最后一位追随者普罗提诺（Plotino）认为惟妙惟肖的肖像画是不可能存在的，因为肖像画反映的并非理念，而是作为理念之镜的

▲ 彼得·保罗·鲁本斯和老扬·勃鲁盖尔,《五种感官》(I cinque sensi)之《视觉》(La vista),1617年,木板油画,65cm×109cm,马德里,普拉多博物馆

现实。柏拉图的老师是苏格拉底：此人不美，却善，与"美善合一"的理论格格不入。柏拉图曾有过这样的想法，要在雅典的一座优美的花园里教学，换言之，要让学生们聚在雅典的一片小树林里学习。这树林名为"Hekademia"（意为"学园"，拉丁文为Akademos，希腊文为Εκαδήμεια），它面朝一座户外广场，广场上矗立着缪斯女神的雕像。就这样，第一座"Mouseion"（意为"供奉缪斯女神的场所"，是"博物馆"一词的来源）在柏拉图学园的旁边诞生了。那是一处献给宙斯和掌管创造与记忆的女神谟涅摩叙涅（Mnemosine）所生之女的场所，供人享受，或展开智力思考。缪斯女神共有九位：克利俄（Clio）掌管历史和史诗，欧忒耳佩（Euterpe）专司抒情诗词，塔利亚（Thalia）笑脸盈盈且逗人发笑，墨尔波墨涅（Melpomene）的歌唱让人潸然泪下，忒耳普西科瑞（Terpsichore）负责翩然起舞，厄剌托（Erato）书写和朗读的诗篇激发情欲，波林尼亚（Polyhymnia）是哑剧女神，乌剌尼亚（Urania）研究星象，卡利俄佩（Calliope）用无尽的挽歌升华灵魂，却没有一位女神负责售卖画作和雕塑。她们都从事着今天被我们称为表演艺术的职业。就实质而言，缪斯女神掌管的都是脑力劳动。当今的人们所理解的各类艺术与"Mouseion"供奉的缪斯女神并无多大关联。

古希腊雕塑家普拉克西特列斯（Praxiteles）和画家阿佩莱斯（Apelles）的工作并不是去逢迎缪斯女神，而是另有其他。按照普林尼的说法，他们的时间是不容浪费的：早在那个年代，他们的作品售价就堪比如今大型拍卖会上拍出的价格，各个城邦常常为了购置他们的杰作而背负债务。塑形艺术一直被视作机械技艺——不仅靠脑力完成，也得靠手工操作。这一观点贯穿于整个中世纪，直到文艺复兴时期才得到改变。

在柏拉图的阿卡德米学园里，走出了一位名为亚里士多德的学生。亚里士多德带着他的逍遥派门徒徜徉漫步，荣幸地将亚历山大大帝收为弟子。亚历山大大帝赞助了雕塑家留西波斯（Lysippos），并于公元前332年在埃及建造了亚历山大市。短短数年后，埃及托勒密王朝的君主们就建立了一座"Mouseion"。这一场所与雅典的露天"Mouseion"大相径庭，是一处与著名的图书馆类似的室内空间。就这样，第一座博物馆诞生了，学者们除了收集实物藏品，还在此进行科学研究，首次以极小的误差测定了地球的周长。

自那时起，博物馆就成了某种具有稳定特质的机构，一直延续至今：一座真正的博物馆致力于购置、收藏、研究和探寻。至于缪斯女神，博物馆也保留有她们的痕迹，因为她们的母亲——记忆女神谟涅摩叙涅——一直隐身于博物馆，并成为其发展的幕后推手。这便是在亚历山大市这座美丽的国际化城市里所发生的一切。

后来，地中海东部被罗马人征服了。罗马城拔地而起，那里原本是一片乡野；随后，农夫变成了士兵，将其领地扩张至台伯河沿岸。对于最早的古罗马人而言，为了保留记忆，只需修造祭祀宅神和灶神的小型祭坛便足够了。罗马人是务实且天真的。他们征服了希腊，却从没想过诗人贺拉斯在公元前1世纪写下的那番情景："被征服的希腊征服了野蛮的胜利者，将各类技艺传入了蛮荒的拉齐奥。"（Graecia capta ferum victorem cepit et artes intulit agresti Latio.）就在南征北战的那些年里，西塞罗也被卷入扩张的洪流：他扩建了自己位于福尔米亚的别墅的花园，在那里划出了一块露天场地，按照雅典的希腊模式建立了一座"Accademia"（学园）。他投入了决心和财力，将这座学园填满了从希腊购入的雕塑。每逢战事凯旋，游行的战车满载着战利品开过，这些战利品随后被出售。于是，在这个被罗马百人队统领的半岛上也有了艺术品市场。不久以后，一个古董商的船只将在墨西拿海峡覆没，这也是为什么我们会在那里找到来自里亚切（Riace）的青铜器。

中世纪的人们对博物馆丝毫不感兴趣，但他们会将那一时代的精品收藏在当年的庙宇——主教座堂里。随后，我们亲爱的彼特拉克带来了全新的视角。古代文物再次成为主角，与幸存的古代典籍一道，成为古典风格的典范，备受15世纪各大宫廷的青睐。文物收藏与大大小小的王公贵族对奇珍异宝的个人兴趣是密切相关的。在罗马，莱昂·巴蒂斯塔·阿尔贝蒂（Leon Battista Alberti）于1432年成为来自威尼斯的教宗尤金四世〔Eugenio Ⅳ，本名孔杜尔梅尔（Condulmer）〕的亲信，后又被继任教宗尼古拉五世委以重任，去修复古罗马时期的引水渠。于是，他挖地三尺，不仅让自来水重新流动，还让大量文物与水流一起重见天日。当年的威尼斯是贸易之乡，仅凭来自君士坦丁堡的各类战利品就已相当繁华富庶。在圣马可圣殿主教座堂的穹顶上，矗立着古罗马时期的马匹雕塑，在主教座堂装饰着正义女神像，还存有古罗马"四帝共治"雕像。那一时期的威尼斯兴起了私人收藏的风潮，以拜占庭主教巴西里奥·贝萨里翁（Basilio Bessarione）最具代表性。此人在弥留之际将他不可胜数的藏书捐给了正在兴建的圣马可图书馆。在同一时期的佛罗伦萨，科西莫·德·美第奇（Cosimo de' medici）用陷入穷困的匈牙利君王的藏书充实了由波焦·布拉乔利尼（Poggio Bracciolini）及其同伴置办的文库。当美第奇家族投资兴修洛伦佐宫时，洛伦佐图书馆也就应运而生了。米兰的情形丝毫没有落后，针对维斯孔蒂（Visconti）家族购入的丰富的勃艮第手稿，斯福尔扎（Sforza）家族进行了补充。一个世纪以后，美第奇家族的弗朗切斯科一世（Francesco I）公爵于1575年在佛罗伦萨向公众部分开放了乌菲齐美术馆的藏品。如此，埃及亚历山大市的公共博物馆终于从尼罗河来到了阿尔诺河，并将继续前行，在台伯河、塞纳河和泰晤士河沿岸落脚。

（图1）弗朗兹·萨维尔·梅塞施密特，《刻意造作的弄臣》（*Buffone intenzionale*），为《个性头像》（*Teste di carattere*）系列作品之一，1770年，带有轻微灰色斑痕的雪花石膏，高42cm，维也纳，奥地利美景宫博物馆

（图2）亨利·摩尔，《头盔头》（*Testa elmo*）n. 2，1950年，威尼斯，佩萨罗宫国际现代艺术美术馆

1	2
3	4

（图3）古埃及艺术，来自阿玛纳，《娜芙蒂蒂胸像》（*Busto della regina Nefertiti*），新王国（第十八王朝），以石灰石为支撑材料、灰泥为基底的彩绘，高50cm，柏林，埃及博物馆

（图4）古罗马艺术，《庞培肖像》（*Ritratto di Pompeo*），公元前55年，大理石，哥本哈根，新嘉士伯美术馆

HENRY MOORE
TESTA CON ELMETTO

597
POMPEJUS MAGNUS
d. 48 f. Kr.

目　录

TEMPLA·DOMVM·EXPOSITIS·VICOS·FORA·MOENIA·PONTES·
VIRGINEAM·TRIVII·QVOD·REPARARIS·AQVAM·
PRISCA·LICET·NAVTIS·STATVAS·DARE·COMMODA·PORTVS·
ET·VATICANVM·CINGERE·SIXTE·IVGVM·
PLVS·TAMEN·VRBS·DEBET·NAM·QVAE·SQVALORE·LATEBAT·
CERNITVR·IN·CELEBRI·BIBLIOTHECA·LOCO·

梵蒂冈博物馆（罗马）

——教宗们的博物馆之城

　　说到被世人称为梵蒂冈博物馆的那座博物馆集群，其形成过程是相当漫长的：它的历史和罗马与教宗的历史密不可分。

　　众所周知，教宗居住于罗马，是这座城市的主教。但教宗和梵蒂冈之间的关系恐怕鲜有人知。在基督教兴起的最初几个世纪里，即使教宗没有因城市动荡或政局变革而被迫离开罗马，其办公地和居住地也曾在这座"永恒之城"附近的十余处宫殿和别墅间游移。第一处稳定的地址肯定是在拉特兰圣若望大殿。这座大殿是由君士坦丁大帝赠予的，位于他的第二任妻子法乌斯塔（Fausta）——在高温浴室里窒息而死——拥有的领地之上。除此以外，教宗还曾下榻多处城内的宫殿和城外的别墅。至于圣伯多禄圣殿，它是在中世纪的动荡时期才成为教廷所在地的，因为它位于城市的边缘地带，先前曾是尼禄竞技场的所在地，也是罗马教廷第一位教宗的安葬之所。

▶ 美洛佐·达·弗利，《西斯克特四世任命巴托罗梅奥·普拉蒂纳为梵蒂冈图书馆馆长》（*Sisto IV nomina Bartolomeo Palatina prefetto della Biblioteca Vaticna*），局部，约1477年，被剥离并移至布面的湿壁画，370cm×315cm，梵蒂冈城，梵蒂冈博物馆

▲ 加斯帕·亚德里亚恩松·范·维特尔，《罗马景象：从圣天使堡和圣天使桥看向圣伯多禄圣殿》（*Veduta di Roma con Castel Sant' Angelo e Ponte Sant' Angelo verso la Basilica di San Pietro*），1689年，布面油画，28cm×44cm，阿雅克肖，费斯宫美术馆

　　1277年，乔瓦尼·加埃塔诺·奥尔西尼（Giovanni Gaetano Orsini）当选教宗。他的母亲是佩尔娜·加埃塔尼（Perna Gaetani）。早在年轻时担任主教期间，奥尔西尼就曾陪同时任教宗英诺森四世（Innocenzo Ⅳ）逃往里昂。那时，德意志国王、神圣罗马帝国皇帝腓特烈二世（Federico Ⅱ）遭到绝罚[1]，教廷和帝国之间的冲突达到了白热化的程度，"圣路易"[2]的王国能提供相对安全的保

[1] 绝罚，罗马教廷对神职人员和教徒的一种处罚，即开除教籍。——编者注
[2] 法国国王路易九世的别称。——译者注（下文不再特殊标注的均为译者注）

障。奥尔西尼当选后称尼古拉三世，其时，罗马的情况也不安宁，他决定将大本营设在圣伯多禄圣殿，因为这座圣殿有一条密道，与他所在家族的堡垒——圣天使堡相连。在奥尔西尼就任教宗前，若望二十一世（Giovanni XXI）是教宗。此人出生于里斯本，曾在巴黎索邦大学担任教授，自从在维泰博（Viterbo）秘密会议上当选教宗后，就从没在混乱动荡的罗马过上安稳的日子。这位来自葡萄牙的教宗认为维泰博比罗马更安全，所以总是定期前往那里。然而，厄运却在维泰博降临了：1277年春的一个夜晚，一块天花板砸在了他的身上，夺走了他的性命。因此，尼古拉三世将梵蒂冈作为教廷所在地的选择是相当稳妥的，包括圣天使堡后来也曾发挥作用：15世纪末，当法王查理八世率领的法军入侵，教宗亚历山大六世曾在那里藏身；不久后的1527年，德意志雇佣兵洗劫了罗马，其间，教宗克雷芒七世也曾在城堡里避难。教廷将梵蒂冈确定为自身所在地的最终决策得到了人文主义者洛伦佐·瓦拉（Lorenzo Valla）的巧妙支持。瓦拉以语言学家和文学家的身份表明，所谓的《君士坦丁赠礼》（*Donazione di Costantino*）——根据那份文献，君士坦丁大帝曾于315年将世俗统治权奉与教廷，并宣称拉特兰圣若望大殿所在的教廷作为"领袖"对世界各地的所有教会拥有主权——其实是一份伪造于8世纪或9世纪的假文献。[1]自梵蒂冈成为教廷所在地后，便有了题为"致全城与致全球"（Urbi et Orbi）的文告。其实，早在但丁前往罗马参观拉特兰圣若望大殿时，他就已经预料到类似的问题：

> 君士坦丁大帝呀，罪不在你皈依基督信仰，
> 而在于富有的神父取你赠之财产，
> 那财产是多少罪恶之根源！

---

[1] 瓦拉指出，既然《君士坦丁赠礼》是一份伪造的文献，那么教廷对原先所在的拉特兰圣若望大殿自然不具备合法主权。这便为教廷将梵蒂冈确立为新的所在地提供了理论支持。

▲ 梵蒂冈博物馆，从地图廊通往挂毯廊的一段通道的透视照片

除了瓦拉，库萨的尼古拉（Nicola Cusano）也曾对《君士坦丁赠礼》进行过有策略地辨伪。既然该文献被证明是伪造的，来自威尼斯的教宗尤金四世便有了充分的理由，得以将教廷的机构及其所在地迁至古老的圣伯多禄圣殿和附近的楼宇中，并开始对其进行装修。他委托菲拉雷特（Filarete）修造教堂的青铜大门，又让修士安杰利科（Beato Angelico）绘制了一系列湿壁画，只可惜这些画作后来都损毁了。

就这样，梵蒂冈被载入了史册：早在人类纪元的黎明阶段，罗马学者马库斯·泰伦提乌斯·瓦罗（Marcus Terentius Varro）就曾提到过此处。瓦罗认为这里是"vaticinium"（意为"预言者"）之地——在这里，预言者和占卜者通过观察飞鸟来预卜古罗马人的吉凶。

随着欣欣向荣的文艺复兴拉开帷幕，梵蒂冈的各处宫殿及圣伯多禄圣殿开始加速改换新颜。当年的罗马还是一座遗迹遍布的大城，中世纪由各大家族争相兴建的高塔依然鳞次栉比。一个半世纪以后，这番风貌将发生彻底的变化，整座城市都将被卷入梵蒂冈的建设大潮。出身于洛维雷（Rovere）家族的教宗西斯克特四世（Sisto Ⅳ della Rovere）授意修造了西斯廷教堂：佛罗伦萨人巴乔·庞泰利（Baccio Pontelli）担任设计，另外一位佛罗伦萨人乔瓦尼诺·德·多尔齐（Giovannino de' Dolci）主持施工。1478年，帕齐（Pazzi）家族的阴谋败露后，为了修复美第奇僭主政权和教廷之间的关系，教宗将一众湿壁画顶级大师从佛罗伦萨召至罗马，开始绘制第一组壁画。参与其中的大师有桑德罗·波提切利（Sandro Botticelli）、吉兰达约（Domenico Ghirlandaio）和科西莫·罗塞利（Cosimo Rosselli）；随他们而来的，还有年轻的助手宾杜里乔（Bernardino Pinturicchio）、巴托罗梅奥·德·加塔（Bartolomeo della Gatta）和神秘的皮耶罗·迪·科西莫（Piero di Cosimo）。罗马变成了一座文艺复兴之城。随着16世纪的到来，圣天使堡变得越发优雅而美丽：此时，西斯克特四世的侄子——洛维雷家族的尤里乌二世（Giulio Ⅱ della Rovere）已经坐上了教宗的宝座。这位新任教宗曾接受过方济各会的严格训练（他的伯父曾任该修会的总会长），得益于伯父的举荐，他在27岁时就担任主教一职，很快又被提拔为枢机主教。尤里乌二世是个性情中人，既是教廷人士，也是尚武之人。他一方面骑马提刀，另一方面凭借同样的果决执掌教廷。罗马教廷就此成了一个强大的国家，具备其所有必要的特质，包括艺术上的繁盛。

▼ 梵蒂冈博物馆的某处廊道

▲ 梵蒂冈博物馆，西斯廷教堂

瞧，这位新任教宗将一位相当知书达理的年轻人召到了他的办公地点：他就是拉斐尔——乌尔比诺宫廷文人和画师乔瓦尼·桑蒂（Giovanni Santi）的儿子。作为声名鹊起的杰出画家，拉斐尔以"教廷敕书撰写人"的身份来到了梵蒂冈。用今天的话说，那时的拉斐尔已不再是一个技艺高超的画匠，而是功成名就的文人。若不是英年早逝，拉斐尔的成就原本是不可限量的。他的创作体现出两种面向：一方面恪守本分，传承古罗马的文化；另一方面则用他的画作装点签字厅——教宗签署文件的地方。那时，索多玛（Sodoma）和布拉曼提诺（Bramantino）是他扮演上述双重角色的得力助手；米开朗琪罗则已投身于西斯廷教堂的杰作。毫无疑问，正是这样一种双重面向催生了梵蒂冈的双重体系：创作和收藏并驾齐驱，成了一处荣耀的所在。

我们今天见到的梵蒂冈博物馆就是这样一个地方：藏品，建筑，那些变化中的、新创作的和被寻回的作品，还有那精美的墙面装饰……几百年来，所有这一切形成了一个"统一体"。在它形成的过程中，18世纪的一系列改造起到多么大的作用！当教宗庇护七世（Pio Ⅶ）决定让安东尼奥·卡诺瓦（Antonio Canova）担当梵蒂冈的建筑师，并委托他整饬后来被命名为贾拉蒙特博物馆的那一侧建筑时，他是多么具有先见之明！后来，贾拉蒙特博物馆里收藏了大量铭文、棺椁和其他饰品。此外，教廷宫殿助理建筑师乔瓦尼·斯特恩（Giovanni Stern）的儿子——拉法埃莱·斯特恩（Raffaele Stern）也作出了进一步的贡献。

有时，表面的厄运之下是藏有全新的契机的：1870年，庇亚（Pia）城门的那道裂缝让教廷丧失了对罗马的统治，也丢弃了那座能够呼吸到宜人西风、而非台伯河恶臭的奎里纳尔宫。[1]不过，正是这样的厄运促使教廷将宫中的饰品和藏品彻底转运至梵蒂冈，进一步丰富了梵蒂冈博物馆的馆藏。慢慢地，梵蒂冈博物馆就具有了今天这样举世闻名的风貌。

---

[1] 指教皇国领土并入意大利后，教宗退居梵蒂冈。

▲ 古罗马艺术，《拉奥孔》（*Laocoonte*），公元前40—前30年，大理石，梵蒂冈城，梵蒂冈博物馆，庇护-克雷芒博物馆

游览指南

石头动物园

古代罗马宫廷雕塑无疑是呈现给参观者的最为珍贵的展品。古罗马人复制的古希腊雕塑甚至是我们在评判菲迪亚斯和普拉克西特列斯的技艺，或是在重温古罗马皇帝对他们的赞誉时可以参考的唯一依据。不过，在诸多侧厅的展品之中，有一个应参观者要求才开放的特殊部分格外值得关注。那里陈列着一系列以动物世界为主题（这一主题非常受我们的祖先青睐）的古代小型雕塑。阿瓦尔·冈萨雷斯－帕拉西奥斯（Alvar González-Palacios）在他的《石头动物园》（*Il serraglio di pietra*）里以优雅高贵的笔触写道："所谓的'动物厅'对19世纪欧洲资产阶级风格的小型雕塑产生的影响丝毫不亚于古典艺术对文艺复兴时期艺术创作所产生的影响。"该系列的收藏要归功于来自甘加内利（Ganganelli）家族的教宗克雷芒十四世（Clemente XIV）的启蒙主义情怀。这位出生在罗马的教宗曾将耶稣会的总会长囚禁于圣天使堡，但他的功绩在于促成了博物馆的诞生——一种对外向公众开放，并展出其考古收藏的机构。数年后，来自布拉斯基（Braschi）家族的教宗庇护六世（Pio VI）又对这一机构进行了补充和整理。甘加内利选择用"克雷芒"作为自己的称号，以此向克雷芒十一世（Clemente XI）致敬，这并非没有可能。在启蒙运动发生的那个世纪之初，克雷芒十一世曾在博洛尼亚将既有的各类学园整合为著名的克雷芒学院（Accademia Clementina）；后来，另一位来自博洛尼亚兰贝尔蒂尼（Lambertini）家族的教宗本笃十四世（Benedetto XIV）在他所营造的"兰贝尔蒂尼繁荣年代"期间又让这一机构进一步站稳脚跟。古罗马文化遗产的命运与好几位以"克雷芒"作为称号的教宗息息相关：除了上文中提到的克雷芒十一世和克雷芒十四世，当洛伦佐·科尔西尼（Lorenzo Corsini）当选为教宗克雷芒十二世（Clemente XII）时，他授意修复了君士坦丁凯旋门，又打造了特莱维喷泉；不应被遗忘的还有来自雷佐尼科（Rezzonico）家族的教宗——克雷芒十三世（Clemente XIII），为其作肖像的安东·拉斐尔·门斯（Anton Raphael Mengs）不仅是一位画家，也是一位优秀的古董商人，还是贾科莫·卡萨诺瓦（Giacomo Casanova）的弟弟弗朗切斯科·卡萨诺瓦（Francesco Casanova）的朋友。

MVNIF·PII·SEXT·P·M

▲ 古罗马艺术，《袭击山羊的豹》（*Pantera che assale una capra*），由弗朗切斯科·安东尼奥·弗朗佐尼在18世纪修补完成的古罗马雕塑残迹，大理石，梵蒂冈城，梵蒂冈博物馆，庇护-克雷芒博物馆，动物厅

◀ 古罗马艺术，《啃咬公牛的熊》（*Orso che morde un toro*），由弗朗切斯科·安东尼奥·弗朗佐尼在18世纪修补完成的古罗马雕塑残迹，大理石，梵蒂冈城，梵蒂冈博物馆，庇护-克雷芒博物馆，动物厅

博尔盖塞博物馆（罗马）
——"侄子枢机"[1]的别墅

　　博尔盖塞博物馆位于罗马，其建筑、花园和精美的藏品都与同名家族的百年历史有着直接的关联。该博物馆由枢机主教希皮奥内·卡法雷利·博尔盖塞（Scipione Caffarelli Borghese，1577—1633年）授意修建。希皮奥内的父亲是古罗马卡法雷利家族的后裔弗朗切斯科，母亲奥腾西亚·博尔盖塞（Ortensia Borghese）是教宗保罗五世（Paolo V）——本名卡米洛·博尔盖塞（Camillo Borghese）——的妹妹。1605年，当舅父被选为教宗时，希皮奥内28岁。两年前，当舅父还只是枢机主教的时候，他就已在舅父的关照下开始从米兰的圣彼得罗阿劳尔莫（San Pietro all'Olmo）修道院领取教士俸禄。1605年5月16日，卡米洛·博尔盖塞当

---

[1] 侄子枢机，中世纪的一种枢机任命惯例，指以教宗侄子或外甥及类似亲戚关系而被任命为枢机者。

◀ 吉安·洛伦佐·贝尼尼，《枢机主教希皮奥内·卡法雷利·博尔盖塞胸像》（*Busto del cardinale Scipione Borghese*），1632年，大理石，高77.2cm，罗马，博尔盖塞博物馆

选教宗，同年7月18日，希皮奥内就被提拔为枢机主教，开始了作为"侄子枢机"的仕途，直至舅父于1621年去世。后来，他成了教廷宗教和文化生活的主角，而教廷则成了方兴未艾的巴洛克艺术的主角。

经历过"阿维尼翁之囚"以后，教廷开始巩固其政权，"侄子枢机"起到了相当重要的政治作用，在辉煌的文艺复兴时期更是处于教廷政权的核心。自肇始之日起，教廷的政权组织制度就与当今美国的新任总统开始履职时所实行的"政党分赃制"（spoils system）有着异曲同工之妙：上届政府的所有高级官员都会被效忠于新任领袖的新一届官员悉数替换。教廷实行的也是这种彻底的更换制度，以便让新任教宗感到安全：在充满怀疑和不信任的教廷宫殿里，新任教宗对熟悉的亲属委以要职，以巩固其领导地位，是一种很自然的现象。与教宗亲近的家族能够从教宗的资源中获取利益，也只有他们能够为教宗提供保障。正因如此，在那些年里，"侄子枢机"甚至担负着一种特定的使命：担任内政部要职。

身为教宗的侄子或外甥，还有可能走上一条捷径，实现有朝一日继承伯（叔）父或舅父之位的野心。枢机主教阿方索·德·波尔吉亚（Alfonso de Borja）便是一个例子。他是西班牙人，原本身份卑微，后来有幸成为阿拉贡王朝的国王阿方索五世（Alfonso V d'Aragona）的心腹，代表西班牙参选教宗，并最终当选，称号为卡利斯托三世（Callisto Ⅲ），于1455年至1458年在任。后来，他妹妹伊莎贝尔（Isabel）的儿子罗德里戈·德·波尔吉亚（Rodrigo de Borja）去学习神学，继而成了那位颇具争议的教宗亚历山大六世，于1492年至1503年在任。后来上位的尤里乌二世走的也是同一条路。他出生于萨沃纳的洛维雷家族，家境普通，却有幸见证方济各会会长的叔父于1471年当选为教宗西斯克特四世，并辅助其修建西斯廷教堂，在1503年至1513年自己担任教宗期间，他终于完成了这座礼拜堂的工程。

"侄子枢机"还有第二项重要的职能：将教宗的家族变成世袭贵族。教宗一旦去世，便会选出另一位教宗，而其尚在人世的"侄子枢机"遂承担了让家族势力延续的重任。这并非易事。1621年至1623年，亚历山大·卢多维希（Alessandro Ludovisi）短暂地出任教宗格列高利十五世（Gregorio XV），在此期间，希皮奥内作为圣伯多禄圣殿的总司铎过着相当平静的生活。然而，他的人生巅峰却是在巴尔贝里尼（Barberini）于1623年至1644年担任教宗乌尔班八世（Urbano Ⅷ）这段时期。在20年任期里，乌尔班八世致力于用巴洛克艺术装扮罗马城和教廷。受到重用的吉安·洛伦佐·贝尼尼（Gian Lorenzo Bernini）十分感念希皮奥内的恩惠，两度为他打造精美的肖像雕塑，因为第一尊雕塑上有一处微小却不优雅的大理石纹。

此时的罗马是整个欧洲习惯、方式和风尚变革的推动者，而希皮奥内·卡法雷利·博尔盖塞则是这一时期的主角。1585年至1590年，严肃的教宗西斯托五世（Sisto Ⅴ）推行罗马城市规划改革，希皮奥内有幸在这一过程中收集了大量出土的雕塑，随后决定在城外修建一所休闲别墅。别墅所在的土地原本就属于博尔盖塞家族，皮耶特罗·贝尼尼（Pietro Bernini，雕塑家贝尼尼的父亲）担纲建筑施工，此

◀ 吉安·洛伦佐·贝尼尼，《从马背上纵身跃入古代广场地缝以拯救罗马人民的马尔库斯·库尔提乌斯》（*Marco Curzio a cavallo si getta nella voragine del Foro per salvare il popolo romano*），1618年，大理石，由贝尼尼添补的古罗马浮雕（1—2世纪），罗马，博尔盖塞博物馆

外，他还提供了不少装饰建议，得到了以收藏为目的的别墅主人的赞赏。正是他建议希皮奥内将那件出土的马匹高浮雕轻微地改变角度，使马匹朝下跃，并在马背上增添了神话英雄马尔库斯·库尔提乌斯（Marcus Curtius）的形象，将作品改造成了一座献给这位英雄的纪念碑——他曾飞身一跃，英勇地跳入地缝，拯救了罗马。这件被旋转的高浮雕是新兴的巴洛克艺术的最初信号。别墅的周围还设有一系列"秘密"花园，不对公众开放，仅供别墅主人静思；另一些花园则欢迎参观者光临。

这座别墅成了山丘上的一处桃源，晚风拂面，参观者在此漫步，欣赏这位神职人员收藏的古代雕塑作品。只要获得主人的许可，那时的文人和好奇者已经被允许进入此地参观了。就这样，这所别墅就成了罗马第一座对公众开放的博物馆。同期开放的另一处博物馆是由另一位蓄着精美八字胡的枢机主教费德里科·博罗梅奥（Federico Borromeo）在米兰创办的。学者们可以在那座博物馆里查阅主人的藏书，也可欣赏他收藏的艺术品，那便是如今的安布罗西亚纳图书馆。

博尔盖塞别墅的初始建筑方案是相当简单的：基本原封不动地照搬了法尔内西纳别墅的布局。法尔内西纳别墅位于台伯河畔，是一个世纪前为锡耶纳银行家阿戈斯蒂诺·基吉（Agostino Chigi）修建的，其设计方案来自顶级建筑师巴尔达萨雷·佩鲁齐（Baldassarre Peruzzi）。因此，博尔盖塞别墅的设计者并不知名。两幢别墅之间的差异仅有一处：博尔盖塞别墅的二层有一个马蹄形平台，连通了楼宇的两侧。别墅的装饰呈现出当时的风格：墙面上覆盖有华丽的皮革。这些装饰后来消失了，但在贝尼尼于1664年为基吉家族（该家族有幸将亚历山大七世送上了教廷的最高宝座，于1655年至1667年担任教宗）在阿里恰设计的一幢大型别墅里还保留了一处典型的同类装饰。希皮奥内·卡法雷利·博尔盖塞不是无所事事之辈。他的教宗舅父已经下榻于新建的奎里纳尔宫，该建筑始建于数年前，因为时任教宗——来自博洛尼亚的邦孔帕尼（Boncompagni）家族的格列高利十三世（Gregorio XIII，1572—1585年在位）渴望呼吸那里的宜人空气。1611年至1616年，教廷让负责奎里纳尔宫改造工程的建筑师乔尔乔·瓦桑齐奥（Giorgio Vasanzio）和卡洛·马德尔诺（Carlo Maderno）开始修建一座宏伟的宅邸——如今

▲ 约翰·威廉·鲍尔，《博尔盖塞别墅正立面》（*Prospetto di Villa Borghese*），1636年，以羊皮纸为支撑材料的坦培拉和水彩画，30cm×45cm，罗马，博尔盖塞博物馆

▼ 罗马，法尔内西纳别墅，普赛克（Psiche）敞廊一侧的外景

的帕拉维奇尼-罗斯皮利奥斯宫，并在那座宅邸的花园尽头打造了一处小型的休闲居所，居所内部装饰有圭多·雷尼（Guido Reni）绘制的湿壁画《让曙光初现的太阳战车》（Carro del Sole che fa sorgere l'Aurora）。为了完成这一系列恢宏之作，教廷又委托安东尼奥·坦佩斯塔（Antonio Tempesta）进行装饰，并让弗拉芒画家保罗·布里尔（Paul Brill）绘制了湿壁画《四季》（Quattro stagioni）。早在其辉煌的仕途起步之初，希皮奥内·卡法雷利·博尔盖塞就开始筹划一系列不动产的购置事宜。事实上，他的舅父刚一当选，也就是他本人刚刚得到舅父任命的时候，他就前往罗马城物色，从枢机主教佩德罗·德·德扎·曼努埃尔（Pedro de Deza Manuel）手中购入了一处大型建筑。那处房产是四十年前由维尼奥拉（Vignola）负责修建的，后来又在老马尔蒂诺·隆吉（Martino Longhi il Vecchio）的主持下被扩建，老马尔蒂诺·隆吉是即将兴起的巴洛克艺术风潮中最初的几位实验派建筑师之一。如今，这处建筑被命名为博尔盖塞宫，是罗马最负盛名的名胜之一：当年，希皮奥内委托来自伦巴第阿尔卑斯山区的弗拉米尼奥·蓬齐奥（Flaminio Ponzio）和提契诺人卡洛·马德尔诺对此处建筑进行扩建。其中，卡洛·马德尔诺同时也和另一个提契诺人多梅尼科·丰塔纳（Domenico Fontana）在负责奎里纳尔宫的扩建工程，并与多梅尼科的兄弟乔瓦尼·丰塔纳（Giovanni Fontana，这个姓氏意为"喷泉"，恰好与他所做的工作吻合）合作打造精美的费利切水道喷泉。喷泉中的雕塑《梅瑟》（Mosé）出自布雷西亚人普罗斯佩罗·安蒂基（Prospero Antichi）之手。就在罗马城的那一角，（为了纪念希皮奥内的舅父）一座著名的圣保禄教堂即将拔地而起，几年之后它将被重新命名为胜利之后圣母堂，来纪念三十年战争中的一场关键战役——白山战役。教堂的正立面刻有如下铭文"SCIPIO · S · R · E PRESB CARD BVRGHESIVS M · POENITEN A · D · MDCXXVI"[1]。该教堂的外立面设计者是乔瓦尼·巴蒂斯塔·索里亚（Giovanni Battista Soria），他是米兰人乔瓦尼·巴蒂斯塔·蒙塔诺（Giovanni Battista Montano）的学生。蒙塔诺不仅是杰出的

---

[1] 拉丁文，意为"神圣罗马教堂之司铎级枢机主教希皮奥内·卡法雷利·博尔盖塞，使徒赦免最高法庭，公元1626年"。

建筑师，还是十分缜密的建筑理论学家和古典文化的研究者。当年，从伦巴第地区走出了一批具有创新意识的建筑师，他们正在改变罗马城的审美品位。罗马之所以会从文艺复兴时期的古典范式走向巴洛克风格，在很大程度上应归功于这批建筑师。其中，米兰那座有着弧形外墙的塞纳托宫就是最初的几个例证之一。参与设计这座建筑的既有法比奥·曼格尼（Fabio Mangone）——米兰大教堂的建筑师，也有弗朗切斯科·玛利亚·里奇尼（Francesco Maria Richini）。早在1603年，提契诺人卡洛·马德尔诺就已南下罗马，他被教宗保罗五世任命为教廷建筑师，并为圣伯多禄圣殿设计了极具古典韵味的外立面，其风格可被视为当时的新古典之风。圣伯多禄圣殿的外墙上刻有如下铭文："IN HONOREM PRINCIPIS APOST PAULUS V BURGHESIUS ROMANUS PONT MAX AN MDCXII PONT VII"[1]。通过教堂的铭文，这对舅父和外甥让自己的美名流芳百世。

关于不动产的问题，博尔盖塞家族早有考虑。16世纪末期，年轻的希皮奥内就已买下了罗马城中心的宏大宫殿。因此，博尔盖塞宫是家族的正式居所，也是希皮奥内用来存储画作的场地；而博尔盖塞别墅里收藏的则是古代雕塑。他采取了一系列与现代道德标准并不太相符的手段：他与当年最受追捧的画家阿尔皮诺骑士（Cavalier d'Arpino）讨价还价；怂恿他的教宗舅父将拉斐尔的《基督被解下十字架》（*Trasporto di Cristo*）从普拉托的圣方济各堂挪出，转运至佩鲁贾，称原先那处教堂不够安全；1617年，他威胁性情脆弱的多梅尼基诺（Domenichino）的生命安全，（传闻）将他关了两夜，逼他将那幅《狩猎的狄安娜》（*La caccia di Diana*）转卖给自己——那幅画原先是由枢机主教阿尔多布兰迪尼（Aldobrandini）为弗拉斯卡蒂别墅订购的：前任教宗克雷芒八世（Clemente Ⅷ）的"侄子枢机"只好对这位当权教宗的"侄子枢机"忍气吞声。1606年，卡拉瓦乔因一局老式网球赛与人起了争执，犯下了谋杀罪，希皮奥内作为教廷的政治领导人，却没有宽恕卡拉瓦乔，而是趁机以低价购入了他的许多画作。在这一系列过程中，希皮奥内的收

---

[1] 拉丁文，意为"向众教徒之首、教宗保罗五世致敬，1612年，保罗纪年第七年"。

▲ 多梅尼基诺（多梅尼科·扎姆皮耶里），《狩猎的狄安娜》（*La caccia di Diana*），
1616—1617年，布面油画，225cm×320cm，罗马，博尔盖塞美术馆

藏日渐丰富。作为现代收藏家的典范，这位枢机主教购入的作品既有与他同时代的
画作，也有被视为古董的作品，如提香的《神圣之爱与世俗之爱》（*Amor Sacro e
Amor Profano*）。

　　随着时光的流逝，这座别墅也追随潮流不断变化。博尔盖塞家族的马尔坎托
尼奥四世（Marcantonio Ⅳ Borghese）在位期间，建筑师安东尼奥·阿斯普鲁齐
（Antonio Asprucci）用18世纪第二波新古典主义浪潮所推崇的大理石墙面替换了
原先西班牙风格的皮革墙面。除此之外，安东尼奥·阿斯普鲁齐还装饰了一间埃
及风格的大厅，又在公园的湖面上建起了一座小型希腊神庙。两个世纪以后，这
座神庙将一次又一次疯狂地出现于乔治·德·基里科（Giorgio de Chirico）的许
多画作之中。当马尔坎托尼奥四世决定用这一场所来举办民间节庆活动时，他预

▲ 安东尼奥·阿斯普鲁齐和马里奥·阿斯普鲁齐，阿斯克勒庇俄斯神庙，1786年，罗马，博尔盖塞别墅

想到了未来观众的数量，并设想出一处类似于锡耶纳田野广场的场地，用来铭记各大家族的起源。进入19世纪后，灾难降临了：亲法的革命党人卡米洛·博尔盖塞（Camillo Borghese）前往巴黎，迎娶了拿破仑的妹妹宝琳娜·波拿巴（Paolina Bonaparte）。在拿破仑的恩惠下，卡米洛·博尔盖塞将别墅中的300余件古代雕塑卖给了兴建中的卢浮宫。在贝尼尼去世的两个世纪后，卡诺瓦来到博尔盖塞别墅为卡米洛不安分的妻子创作塑像。整幢建筑的风格再度发生变化，因为许多原本位于城中博尔盖塞宫的画作被转移到了此处。别墅的建筑增多，多处花园也随之改变。后来，当罗马被合并入意大利王国，这处别墅就立刻被罗马市政府收购了。不久以后，根据一份委托遗赠文书，别墅中的所有艺术藏品被原封不动地保存下来，并被移交至政府手中。

▲ 《博尔盖塞别墅入口》（*Ingresso di Villa Borghese*），局部，18世纪，布面油画，罗马，罗马博物馆，布拉斯奇宫

　　博尔盖塞家族执掌教廷的那段时期给罗马城的日常生活带来了实质性的改变。再度寻回的安全感和得到保障的宁静生活对男性时尚产生了奇妙的影响：男人们——无论是枢机主教还是艺术家——都重新格外重视起自己的外貌造型，优雅地留起了络腮胡或山羊胡。

游览指南

大理石中的大理石

被博尔盖塞别墅的最终建筑形态所吸引的参观者一定要仔细观看墙面和地面的彩色大理石，并自然地会将其与用于雕刻的白色大理石——如贝尼尼的一系列杰作——相比较。当观者看到普鲁托（Plutone）的手指陷入用卡拉拉的大理石凿出的普罗塞庇娜的皮肉时，会感到那仿佛不是一场劫持，而是一场飞旋的舞蹈。

▼ 博尔盖塞博物馆，第四大厅

相比之下，卧在罗马榻上的别墅女主人就显得端庄得多。宝琳娜·波拿巴生性活泼，却在卡诺瓦为其塑像之时摆出了严肃的造型。观者一定会注意到巴洛克艺术与新古典主义艺术之间的差别：前者追求灵动，后者注重形式。然而，两种风格的融合会让观者不禁自问：那尊古罗马的《沉睡的赫马佛洛狄忒斯》中的主人公究竟属于何种阶层？她竟有权躺在一张柔软得好比被劫持少女之臀的床垫上，而宝琳娜·波拿巴的床垫却硬得难以折叠。即使是最不起眼的家具，也能传递如此多的信息！

▲ 安东尼奥·卡诺瓦，《作为凯旋的维纳斯的宝琳娜·波拿巴》（*Paolina Borghese Bonaparte come Venere vincitrice*），1805—1808年，大理石，高92cm，床垫长160cm，罗马，博尔盖塞博物馆

◀ 吉安·洛伦佐·贝尼尼，《被劫持的普罗塞庇娜》（*Ratto di Proserpina*），1621—1622年，大理石，罗马，博尔盖塞博物馆

▲ 古罗马艺术，《沉睡的赫马佛洛狄忒斯》（*Ermafrodita dormiente*），公元前150年，大理石，罗马，博尔盖塞博物馆

乌菲齐美术馆（佛罗伦萨）

——博物馆的鼻祖

　　不可否认，科西莫一世（Cosimo I）是一个有魄力的性情中人，他在佛罗伦萨相当艰难的政治生活中纵横捭阖，在这个已由共和制过渡至君主制的城市国家里成为首位真正意义上的君主。1519年，他出生于美第奇世族的一个旁系家族，星座为双子座。他的父亲"黑条"乔瓦尼（Giovanni dalle Bande Nere）是最后一位雇佣军将领。他的祖父是人称"平民"的乔瓦尼·德·美第奇（Giovanni de' Medici）；他的祖母卡特里娜·斯福尔扎（Caterina Sforza）是弗利和伊莫拉的好战领主，曾大刀阔斧地抵制人称"瓦伦蒂诺"（Valentino）公爵的切萨雷·波尔吉亚（Cesare Borgia）的霸权野心。"黑条"乔瓦尼起初被命名为卢多维科（Ludovico），以便向他的舅父，人称"摩尔人"的米兰公爵卢多维科·斯福尔扎（Ludovico Sforza）致敬。"黑条"乔瓦尼曾接受腿部截肢手术，后来死于术后的坏疽。勇敢的

◀ 阿纽洛·布龙齐诺，《潘恰基蒂神圣家族》（*Sacra famiglia Panciatichi*）之《从埃及返回》（*Il ritorno dall'Egitto*），约1540年，木板坦培拉，117cm×93cm，佛罗伦萨，乌菲齐美术馆

皮耶特罗·阿雷蒂诺（Pietro Aretino）是那场手术的目击者。2001年，意大利导演埃曼诺·奥尔米（Ermanno Olmi）以一部堪称大师之作的影片《武者的职业》（*Il mestiere delle Armi*）向其献礼。科西莫一世的母亲是卢克雷齐娅·德·美第奇（Lucrezia de' Medici）与雅各布·萨尔维亚蒂（Jacopo Salviati）的女儿，有两名担任枢机主教的兄弟。所以说，他出身名门，只可惜并非嫡系传人。无论在政界还是在军界，美第奇家族都堪称名门望族。然而，该支系的前人——身份不明且作恶多端的亚历山德罗·德·美第奇（Alessandro de' Medici）已经有着不清不楚、遭人非议的出身。由于他肤色较黑，有人猜他是美第奇家族的洛伦佐二世（Lorenzo II de' Medici）的私生子，也有人猜他可能是枢机主教尤里乌·德·美第奇（Giulio de' Medici）与一位漂亮的黑白混血女奴所生的私生子——这位枢机主教是伟大的洛伦佐·德·美第奇之子，也是未来的教宗克雷芒七世。不过，无论他的父亲究竟是对外宣称的那位，还是众人揣测的那位，都改变不了一个事实：他是伟大的洛伦佐·德·美第奇的直系后代。查理五世授其公爵衔，并定期前往造访他的宫廷。他凭借军人的残忍和严酷进行统治，还产生了一个极为糟糕的想法：将自己的头像印在了佛罗伦萨的货币上，替换了那个原先让城市富有起来的人物的头像。他收缴了所有私人持有的武器，结果于1537年被他的亲属洛伦齐诺·德·美第奇（Lorenzino de' Medici）刺杀。数年后，米开朗琪罗为他打造了一尊布鲁图（Bruto）弑君的雕塑；三个世纪以后阿尔弗雷德·德·缪塞又为他创作了一部剧作《邪恶的洛伦齐诺》（*Lorenzaccio*）。

自亚历山德罗·德·美第奇死于匕首之下，佛罗伦萨的达官显贵们舒了一口气，将政权交给了其远亲科西莫。当时，17岁的科西莫住在穆杰罗（Mugello），沉迷于狩猎和女色，似乎心甘情愿地让实权落入48人议事会之手。然而，这番假象并未持续太久。很快，科西莫就牢牢把控了自己的武装力量，成为佛罗伦萨城名副其实的君主，并获得了帝国赐封的托斯卡纳大公爵位。他创立了城市国家，设置国家机构，并为其安排了相应的办公场所。与此同时，他打造出一个全新的佛罗伦萨强国——不再像一个世纪以前那样以经济实力为基础，而是基于其政治

▲ 阿纽洛·布龙齐诺，《戎装的托斯卡纳大公科西莫一世肖像》（*Riratto di Cosimo I, granduca di Toscana, in armatura*），约1545年，木板坦培拉，74cm×58cm，佛罗伦萨，乌菲齐美术馆

影响和艺术威望。当市民变成了臣民，这位政权统治者十分警惕其所面临的危险，他退隐于一处城市堡垒——那里有宫殿、政府和他的个人财产，执政三十七年，直至去世。

就在君主制政府在意大利半岛诞生的那些年里，一张崭新的政权地图逐步呈

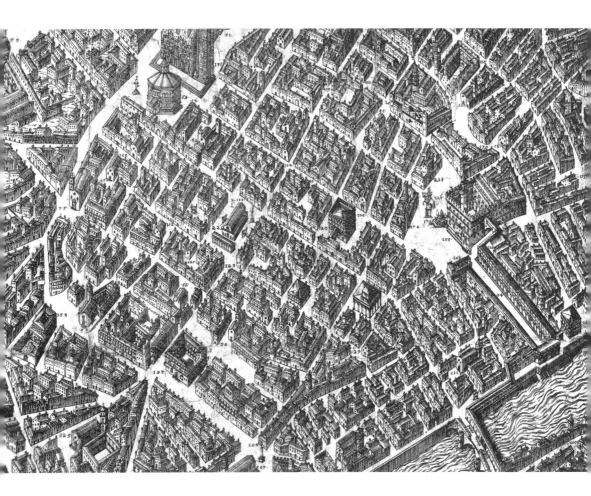

▲ 斯特法诺·博恩西尼奥里，《佛罗伦萨城平面图》（*Pianta di Firenze*），局部，1584年，蚀刻，125cm×138cm，佛罗伦萨，旧宫

▶ 乔尔乔·瓦萨里，弗朗切斯科一世的小书房，约1569—1570年，佛罗伦萨，旧宫

现，意大利艺术史学家安东尼奥·保卢奇（Antonio Paolucci）曾不无讽刺地评价当年那些王公贵族的宫殿已然转变为一座座克里姆林宫。在罗马，教宗尼古拉三世早在1277年就产生了在圣伯多禄圣殿的古城墙顶修建一条通往哈德良陵墓的安全通道（即"博尔戈通道"）的想法，那时的哈德良陵墓已被改造为一座防御堡垒。所谓的"博尔戈通道"已经具备雏形，将在未来变成一组独立于罗马城的建筑群，以便让当权者在遭遇民众围城或敌军包围时能够获得持续的保护。1527年，当查理五世率领的德意志雇佣军洗劫罗马时，教宗克雷芒七世在这座由陵墓改造为堡垒的哈德良陵墓里避难，毫发无伤。就在统一时期，曼托瓦（Mantova）的公爵府也经历了类似方式的改造：通过扩建原先的房间和内院并新增某些建筑，使整幢宫殿变成了一处规模宏大的堡垒，与周边的城市相对隔离。同样，当佛罗伦萨的执政者决定掐灭共和派的一切危险萌芽时，也采取了同样的改造模式。1560年，在独揽大权二十三年后，科西莫一世决定将佛罗伦萨的十三个管理机构（分别管理各类技艺、职业和法律）集中在同一幢与旧宫直接相连的建筑里。此项工程被交与了乔尔乔·瓦萨里（Giorgio Vasari）。1565年，由于弗朗切斯科一世（科西莫一世之子）与哈布斯堡王朝的神圣罗马帝国皇帝斐迪南一世（Ferdinando I d'Asburgo）之女奥地利的约翰娜（Giovanna d'Austria）成婚，该建筑的规模又立刻被扩大。对于科西莫一世而言，当他迎娶那不勒斯的总督之女埃莉诺·德·托莱多（Eleonora Álvarez de Toledo y Osorio）为妻的时候，就已经获得了帝国赐封的佛罗伦萨公爵头衔和教廷赐封的托斯卡纳大公头衔。这是他政治生涯的顶点。佛罗伦萨完全配得上拥有一座宫殿。就这样，由乔尔乔·瓦萨里设计的佛罗伦萨版克里姆林宫诞生了。这座宫殿与新修的体面宅邸彼提宫和政府所在地旧宫相连。在那条面朝老桥的长长的廊道上，可以窃听任何潜在反抗者的说话声，而君主从来不会暴露自己。这位专权者的性格有着非常古怪的一面：当他征服了比萨和蒙塔尔奇诺，企及了权力巅峰，跻身于伟大王朝的君主行列，并见证自己的堂姐卡特琳·德·美第奇嫁给未来的法兰西国王亨利二世（Enrico II di Francia）为妻后，居然决定急流勇退，让位于儿子——美第奇家族的弗朗切斯科一世，自己则在收藏有波提切利杰作的卡斯特洛别墅隐居，1574年离世，享年55岁。正如历史中时常见到的情形，弗朗切斯科一世的性情与父亲截然相反。他热爱诗歌，对各个文化领域充满了兴趣。出于对真理的崇尚，科西莫一世曾决定将他收集的大量科学仪器放置于他的办公大厅。后来，在继任者的授意下，这座大厅由伊格纳齐奥·丹蒂（Egnazio Danti）和斯特法诺·博恩西尼奥里（Stefano Buonsignori）进行了装饰。弗朗切斯科一世改变了这座佛罗伦萨版克里姆林宫的命运和风貌。在旧宫的恢宏大厅里，弗朗切斯科一世授意布置了一间小书房，供他钻研文学和炼金术。他又命人将美第奇家族的大部分"储藏柜"搬去了乌菲齐宫的高层房间——放置在那些储藏柜里的是公爵家族的一系列动产和不动产名录，包括各类珍宝、画作和雕塑。就这样，在君主的关照下，第一处博物馆的雏形初现，并于1591年向那些怀有好奇心的学者和有功之人开放。至此，父亲的宏伟计划得以实现。处于同一高度的，还有乔尔乔·瓦萨里设计的通往彼提宫的长廊。此外，在波波里花园的边缘地带还添加了一组由贝尔纳多·布翁塔伦蒂（Bernardo Buontalenti）设计的风格主义的岩洞，用于安放米开朗琪罗打造的四尊《囚徒》（*Prigioni*）雕塑——如今，这组雕塑被收藏于学院博物馆。

随着美第奇家族的消亡，以及欧洲王朝在18世纪最初几年里的频繁变化，美第奇家族的荣耀没能被持续发扬光大。列琴斯基家族的斯坦尼斯瓦夫一世（Stanislao I Leszczyński）自从被萨克森选帝侯奥古斯特二世赶下了波兰国王的王座，便通过法国国王路易十五——他的妻子是斯坦尼斯瓦夫一世的女儿玛利亚·列琴斯基（Maria Leszczyńska）——的外交手段接手了巴尔公国和洛林公国，并将南锡变成了一处小小的都城。原本是洛林公爵的弗朗茨一世由此丢了饭碗，为了让他免于赋闲，便让他坐上了托斯卡纳公国虚位以待的宝座——因为美第奇家族的最后一位成员吉安·加斯托内（Gian Gastone）大公没有留下子嗣。他对女性从不感兴趣，以一个坚定的反教廷者的立场高枕无忧地统治着他平静的王国。当他成为大公时，还曾宣称感到自己仿佛是一场喜剧的国王。正因如此，在他歌舞升平的宫廷周边一直飞旋着各种关于继任者的猜测。当时，西班牙的费利佩五世（Filippo V di Spagna）之子一直在寻求一个位置；有人曾建议他去担任托斯卡纳的大公，但最后，他很幸运地成为那不勒斯和西西里的国王。1737年，轮到弗兰茨·斯特法诺在托斯卡纳建立洛林王朝，其统治一直持续到意大利统一。由于弗兰茨·斯特法诺在头一年迎娶了奥地利的玛丽亚·特蕾莎（Maria Teresa d'Austria），所以他在佛罗伦萨仅仅待了短短几个月。1745年，他当选皇帝，便将托斯卡纳交由妻子代为掌管。他的妻子为他接连生下了十六个子女，他的注意力却转移到其他情人身上，并

将大公国的管理权委托给他的代表。他的儿子彼得·利奥波德（Pietro Leopoldo）直到去世前的两年才在维也纳登上帝位（1790—1792年，称利奥波德二世），此前，他在佛罗伦萨和托斯卡纳居住了二十五年，其主要精力都用于该地区的管理。在这里，他造就了那个时代第一个启蒙国家：他改良了马雷玛地区的土地，在全世界范围内率先取消了死刑，于1786年11月30日颁布了新版托斯卡纳刑法，并对国家文化财富的教化功能给予了那一时代绝无仅有的重视。

正是他制定了一种科学与艺术并重的创新的博物馆制度。他资助了克莱门特·苏西尼（Clemente Susini）的医学蜡塑术，这项技术的灵感来自西西里人加埃塔诺·尊博（Gaetano Zumbo）于一个世纪前在佛罗伦萨创作的作品，同时也受到了埃尔科莱·雷利（Ercole Lelli）的影响——此人曾在附近的博洛尼亚尝试发明世界上最精确的解剖系列模型，后来，这些模型中的大部分被运往维也纳。彼得·利奥波德的功劳还包括天文观象台的设立。尤为值得一提的是，他确立了乌菲齐美术馆的现代风貌。他将原先藏于美第奇别墅内的许多艺术品转移至乌菲齐美术馆，使这座美术馆的馆藏得到了进一步丰富，并于1789年将其向公众开放。至此，家族的储藏柜终于公开面世了。

◀ 佛罗伦萨，乌菲齐美术馆，八角形讲坛，约1580—1590年

▲ 安东·拉斐尔·门斯，《托斯卡纳大公、哈布斯堡-洛林王朝的利奥波德二世肖像》
（ *Ritratto di Leopoldo II di Asburgo -Lorena, granduca di Toscana* ），1760年，木板油画，
101cm×82cm，米兰，安布罗齐奥画廊

游览指南

致痴迷的藏家

　　由弗朗切斯科一世授意贝尔纳多·布翁塔伦蒂设计修建的乌菲齐美术馆八角形讲坛至今仍是最受人瞩目也最值得细细品味的名胜之一，其受到热捧的程度甚至达到工作人员不允许过多的公众进入，转而劝导他们驻足于入口，遥遥观望。站在这个距离，观众们能识别出这座美术馆的建筑体所蕴含的象征主义元素：土、气、水、火这四大元素，还能远远地看一眼其中展出的作品。而在1773年，当约翰·佐法尼（Johann Zoffany）为大不列颠国王乔治三世的妻子夏洛特王后作画时，却能将这里的杰作一一近观。如今，这样的遥望貌似是一种扫兴的经历，但相比隔着厚厚的玻璃橱窗看一眼波提切利的《春》（*Primavera*）来说，或许是一种更加富有诗意的体验。博物馆的历史可以成为观展的向导，让观者摆脱一步一挪的队伍所重复的固有路线，对藏品进行全面且自由的参观。诸位应去寻找这所宅邸的各位主人，并通过观察展陈的多幅作品去发现他们之间的关联。不可错过的有阿纽洛·布龙齐诺（Agnolo Bronzino）的作品：《埃莉诺·德·托莱多和她的儿子乔瓦尼肖像》（*Ritratto di Eleonora di Toledo col figlio Giovanni*）——在旧宫的科西莫一世大厅里，你们也能看到出自乔尔乔·瓦萨里之笔的另一幅埃莉诺·德·托莱多的肖像。布龙齐诺的一幅作品能牵出另一幅作品。诸位一定要去看看他为一位绝色美女卢克雷齐娅·潘恰基蒂（Lucrezia Panciatichi）所作的肖像。由此，你们又会去寻找她的丈夫——严肃的巴托罗梅奥·潘恰基蒂（Bartolomeo Panciatichi），他的肖像同样出自布龙齐诺之手。这位科西莫一世宫廷里的绅士因有加入加尔文改革派的嫌疑而遭到审判，若观察其严肃的胡子和瘦骨嶙峋的双手，观者或许会认为确有其事。不过，在巴托罗梅奥拥有的那幅同样为布龙齐诺所作的、精美绝伦的《神圣家族》（*Sacra famiglia*）里，他的形象就显得不那么像新教徒了。佛罗伦萨自始至终是一个以高贵为重的城市，这种高贵体现于波提切利的一些小众作品，也体现于皮耶罗·迪·科西莫于1510年创作的《被释放的安德洛墨达》（*Liberazione di Andromeda*）的诸多古怪之处——在那幅作品里，许多疯狂的风格主义的视觉效果已初现端倪。同样是为了强调藏品与家族之间的关联，诸位还应关注提香的《乌尔比诺的维纳斯》（*Venere di Urbino*），这幅画作是在1631年由维多利亚·德拉·洛维雷

▲ 提香·韦切利奥，《乌尔比诺的维纳斯》（*Venere di Urbino*），1538年，布面油画，119cm×165cm，佛罗伦萨，乌菲齐美术馆

▶ 约翰·佐法尼，《乌菲齐宫的八角形讲坛》（*La Tribuna degli Uffizi*），局部，1772—1777年，布面油画，124cm×155cm，温莎，皇家收藏基金会

（Vittoria della Rovere，她是这个位于佩萨罗的家族的最后一位成员）嫁给美第奇家族的斐迪南二世（Ferdinando Ⅱ de' Medici）之时作为嫁妆带入美第奇家族的。后来，爱德华·马奈（Édouard Manet）以这幅画作为模板，创作了著名的《奥林匹亚》（Olympia），打动了巴黎的观众。这一现象证明了一个事实：乌菲齐美术馆对公众的开放很快就成为下一场文化潮流的驱动力。

▲ 阿纽洛·布龙齐诺，《巴托罗梅奥·潘恰基蒂肖像》（Ritratto di Bartolomeo Panciatichi），约1540年，木板油画，104cm×85cm，佛罗伦萨，乌菲齐美术馆

▲ 阿纽洛·布龙齐诺，《卢克雷齐娅·潘恰基蒂肖像》（Ritratto di Lucrezia Panciatichi），约1540年，木板坦培拉，102cm×85cm，佛罗伦萨，乌菲齐美术馆

◀ 阿纽洛·布龙齐诺，《埃莉诺·德·托莱多和她的儿子乔瓦尼的肖像》（Ritratto di Eleonora di Toledo col figlio Giovanni），1545年，木板油画，115cm×96cm，佛罗伦萨，乌菲齐美术馆

▲ 皮耶罗·迪·科西莫，《被释放的安德洛墨达》（*Liberazione di Andromeda*），约
1510—1513年，木板油画，70cm×123cm，佛罗伦萨，乌菲齐美术馆

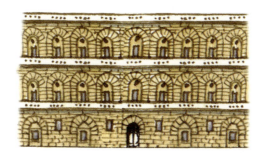

帕拉提纳美术馆（佛罗伦萨）
——权力的光芒

　　尽管只是公爵府，彼提宫建筑群的体量却相当宏大，以至于萨伏依宫廷和国王维托里奥·伊曼纽尔二世（Vittorio Emanuele Ⅱ）的政府在面对它时都惊叹不已。根据1861年3月17日在都灵颁布的《单一条款》（*Articolo Unico*），维托里奥·伊曼纽尔二世为自己和继任者谋得了意大利国王的头衔，随后又成为"受天主之恩的撒丁国王、塞浦路斯国王和耶路撒冷国王、萨伏依公爵、热那亚公爵"以及"皮埃蒙特亲王"，如此等等。这位来自都灵的国王爱好狩猎源羊，因此他继续甚至更加热爱瓦莱达奥斯塔（一个多山的政区）。尽管如此，他仍然心甘情愿地接受了自小便熟识的佛罗伦萨。1864年秋天，明盖蒂（Marco Minghetti）政府出于安全考虑，决定将意大利的首都迁至佛罗伦萨。因为此前在皮埃蒙特发生了暴动，部分

◀ 拉斐尔·圣齐奥，《女子肖像》（*Ritratto di donna*），又称《披纱巾的女子》（*La Velata*），局部，1515—1516年，布面油画，82cm×60.5cm，佛罗伦萨，彼提宫，帕拉提纳美术馆

民众袭击政府大楼，导致政府开枪镇压。当时，这位意大利的首相已鳏居数年。在定都于佛罗伦萨的六年里，他一直住在彼提宫。他的情人罗莎·韦尔切拉纳〔Rosa Vercellana，人称"漂亮的小罗莎"（Bela Rosin）〕则被安置于美第奇家族同样华美的佩特亚别墅。她一直舒心幸福地生活在那里，直到1871年罗马被攻克，她才极不情愿地搬进了奎里纳尔宫。

说到底，这是因为佛罗伦萨的宫殿比都灵的宫殿更有王宫的气派，尤其是彼提宫，雕梁画栋，而罗马的那座宫殿却是四壁空空——教宗庇护九世（Pio IX）搬迁时，将奎里纳尔宫里的装饰全都带去了梵蒂冈。说到彼提宫，这幢高贵的宫殿及其周围的建筑群和花园后来变成了一座博物馆，更确切地说，随着时光的流逝，它变成了一个博物馆群，包括今天的帕拉提纳美术馆和若干具有历史纪念意义的大厅以及一系列后来成立的各类博物馆。

善良高贵的维托里奥·伊曼纽尔二世国王完成了统一大业，并通过全民公决促成佛罗伦萨并入王国，从而有幸重返儿时的宫殿，住在宫殿的"冬区"——该区域后来被命名为"奥斯塔公爵夫人公寓"。在那里，国王（出于礼节，而非出于个人爱好）终于拥有了他庄严人生中第一处名副其实的卫生间。在先前常常居住的蒙卡列里城堡，他总是与亲爱的猎犬们睡在行军床上，卫生间只是王后寝宫的专属特权。王后是国王的第一任妻子，来自奥地利的玛丽亚·阿德莱德（Maria Adelaide），她遵循哈布斯堡家族的传统，坚持保留全套清洗礼仪。

佛罗伦萨的这座宫殿从未被王室彻底放弃，或许是因为它铭刻了萨伏依家族在此度过的荣耀年代；在"冬区"的上方，储君维托里奥·伊曼纽尔（Vittorio Emanuele）命人装修了另一处居住区，从那里可以俯瞰阿尔诺河。他是未来的第三任意大利国王，但在当时，他的正式头衔只是那不勒斯亲王。由于瞧不起他身材矮小，他的反对者私下里称他为"短刀"（Sciaboletta）。对于萨伏依家族而言，这座宫殿是家族自留地，而非国家财产——因为它来自首任意大利国王的母亲。尽管早在1834年，贵族的政府机构大厅就已由哈布斯堡-洛林家族向公众开放，且在1775年，彼得·利奥波德也已在花园的边缘处设立了用于教学的天文台，但直到

▲ 《萨伏依的卡洛·阿尔贝托年轻时的肖像》（*Ritratto giovanile di Carlo Alberto di Savoia*），皮内罗洛，骑士装备历史博物馆

▲ 彼得罗·本韦努蒂，《萨伏依家族的卡洛·阿尔贝托之妻，哈布斯堡－洛林的玛丽亚·特蕾莎肖像》（*Ritratto di Maria Teresa di Asburgo-Lorena di Toscana, consorte di Carlo Alberto di Savoia*），拉科尼吉，王室城堡

1919年，维托里奥·伊曼纽尔三世才将此处财产正式转交给意大利王国，真正的博物馆群也才正式诞生。国王就这样无奈地放弃了他最美的一处王宫。不过，这座王宫被完好地保存了下来，而意大利统一之前的其他几处王宫则被搜刮一空，其物品全都用去装饰先前在教宗逃往梵蒂冈之时被掏空的奎里纳尔宫了。〔帕尔马的科洛尔诺王宫很快就成为装饰品的来源；自从翁贝托一世（Umberto I）被刺引发了"除忆诅咒"[1]（damnatio memoriae）后，米兰和蒙扎宫廷里的装饰也都被清除了。〕

必须承认，萨伏依家族对佛罗伦萨是怀有深厚情感的，因为那是一座属于他们家族的城市。维托里奥·伊曼纽尔二世的母亲——哈布斯堡–洛林皇朝的玛丽亚·特蕾莎（Maria Teresa d'Asburgo-Lorena）是托斯卡纳的公主。她的丈夫是

▲ 朱斯托·乌腾斯，美第奇别墅弦月窗饰系列之《彼提宫和美景宫》（*Palazzo Pitti e il Belvedere*），1599—1609年，被剥离的湿壁画，佛罗伦萨，佩特亚别墅

[1] 通常指罗马的叛国者或破坏罗马帝国名声的上层人士死后，经由元老院决议，消除功迹记录。

卡洛·阿尔贝托（Carlo Alberto）国王。年轻的王储出生于1820年，在佛罗伦萨度过了数年的童年时光。后来，在都灵王宫里，人们时常私下议论一桩发生于佛罗伦萨其童年时期的怪事。1821年，都灵发生暴动后，卡洛·阿尔贝托先是逃往诺瓦拉，后来又前往佛罗伦萨的岳父家避难。在1821年的那个致命的夜晚，宫廷里的保姆打翻了一支蜡烛，引发了大火，但保姆以极大的勇气救下了新生的婴儿。这是对外公开的说法，首相克里斯皮（Francesco Crispi）的回忆录却记载了另一

个更加诱人猜测的版本，称真正的王子其实已经葬身于火灾了；为了不引起朝野震动，王室用住在彼提宫对面的一位佛罗伦萨屠户的儿子取而代之。这个说法来源于马西莫·德·阿泽利奥（Massimo d'Azeglio），他既是一位贵族作家和画家，也在皮埃蒙特担任大臣，后来又成了撒丁王国首相。作为一个非常了解国王的人，他提出了这一猜测，说只要看看国王的双手，就会发现那双手并不具备从事高贵艺术以及驾驭名贵马匹的灵巧。

◀ 位于佛罗伦萨的彼提宫，由建筑师菲利波·布鲁内莱斯基设计

▼ 圆形剧场和洋蓟喷泉，佛罗伦萨，波波里花园，由弗朗切斯科·德尔·塔达设计

▲ 岩洞，外景和内景，佛罗伦萨，波波里花园，由建筑师贝尔纳多·布翁塔伦蒂设计

◀ 同上

　　就这样，彼提宫成了意大利统一史上的一处神秘之所。不过，说到该宫殿的历史，可以追溯到四个世纪以前。这座宫殿始建于1458年，是由佛罗伦萨银行家卢卡·彼提（Luca Pitti）授意修建的，其目的是与科西莫·德·美第奇委托米开罗佐（Michelozzo）在拉尔加路[1]修建的那座宫殿（今天的美第奇-里卡迪宫）一较高下。相较而言，彼提宫与美第奇-里卡迪宫一样，采用砌琢石作为外立面凸显建筑的宏伟，在规模上却超越了后者。彼提宫的建筑设计是由大师菲利波·布鲁内莱斯基（Filippo Brunelleschi）完成的。起初，那是一幢远离城市车水马龙的独立楼宇，周边环绕着大面积的花园。或许是想与美第奇家族的各处宫殿媲美，彼提宫试图将城市建筑和乡野别墅融为一体，换言之，彼提宫想成为一处兼具拉尔加路的美第奇-里卡迪宫、卡雷吉别墅和卡法焦罗别墅（这也是一处由米开罗佐新近改造过的宅邸）之功能的综合体。正因如此，卢卡·彼提才会委托菲利波·布鲁内莱斯基担纲设计。当时，布鲁内莱斯基的名望正值鼎盛时期，是要价最高的佛罗伦萨建筑师，很是瞧不起科西莫·德·美第奇的锱铢必较。他的任务是设计出比美第奇家族宫殿的大门还要宽的窗扇以及一间极为敞亮的大厅，其人数容纳体量应相当于另一个竞争家族所修建的斯特罗齐宫所有楼层的容纳量。卢卡·彼提与科西莫·德·美第奇之间的较量是没有尽头的：卢卡·彼提当选了正义旗手——共和国体制里的最高职位，却没能在与美第奇家族的明争暗斗中收手。后者尽管不曾担任最高职位，却自觉是城市的主人，并成功地将卢卡·彼提投入了监狱。1472年，卢卡·彼提在牢狱中去世，显然，他的宫殿也没能完工。命运弄人，1549年，也就是开工后的一个世纪以后，卢卡·彼提的后人将这座宫殿卖给了已经成为公爵的科西莫·德·美第奇的后人——更准确地说，是卖给了渴望呼吸阿尔诺河对岸清新空气的科西莫一世的夫人埃莉诺·德·托莱多。于是，通过那条位于老桥之上，由乔尔乔·瓦萨里设计建造的长廊，这座宫殿与政府所在地旧宫连在了一起。自那时起，这座建筑的荣光与日俱增：巴托罗梅奥·阿曼纳蒂（Bartolomeo Ammannati）为其重新设

---

[1]　如今已更名为"加富尔路"。

计了朝向花园的那一侧外立面，并将其扩建至现有的规模；弗朗切斯科·苏西尼（Francesco Susini）作为詹博洛尼亚（Giambologna）的密切合作者为其添加了一座喷泉。更晚些时候，宫殿内又多了一座梅瑟岩洞，那座岩洞起初较为粗糙，后来被朱利奥·帕里吉（Giulio Parigi）加以装饰。一处岩洞牵出另一处岩洞：在瓦萨里长廊的尽头，贝尔纳多·布翁塔伦蒂设计了另一座岩洞，长期用于放置米开朗琪罗的某些雕塑作品（这些作品如今藏于学院美术馆）。人称"特利波罗"的尼科洛（Niccolò Tribolo）设计了一系列花园，整座彼提宫也成了最优秀的风格主义艺术的园地，甚至朝巴洛克风格迈出了第一步：事实上，阿戈斯蒂诺·米特里（Agostino Miteli）和安杰洛·米凯莱·科隆纳（Angelo Michele Colonna）营造出的方框式视觉陷阱整体装饰风格完全可被视为巴洛克风格的最初尝试。最后，在17世纪30年代末，皮耶特罗·达·科尔托纳（Pietro da Cortona）来到此地，用拉毛粉饰和画作装饰了余下的大厅。至此，这座全欧洲最为考究的王宫已做好准备，即将成为凡尔赛宫和圣彼得堡王宫艳羡和模仿的对象。

游览指南

全方位的装饰

　　彼提宫的基础设计理念是繁复，是装饰与展品之间、建筑与花园之间、花园与后续建筑之间的呼应。它凝聚了佛罗伦萨的历史，成为一处复杂而巧妙的截面，让人通过它看到不同的盛景。城市环绕着它，而它本身也是城市的一角。它向观者

提供了一支万花筒。彼提宫的古代画作展区是相当有名的，不过，它还给钟情于画作的参观者提供了其他的可能。最重要的自然是现代艺术美术馆所含的30多个展厅。位于这些展厅附近的是白色舞厅，那里是第二次世界大战结束后最初几次时装秀的举办场所，所谓的"意大利制造"的概念，也是在那里孕育而生的。现代美术馆所指向的"现代"概念，与史学意义上的19世纪相对应，始于新古典主义风格，终于19世纪末的画派。现代美术馆拥有艺术评论家迭戈·马尔泰利（Diego Martelli）的部分收藏。迭戈·马尔泰利是点彩派画作的首位推动者，同时，他也推崇某些大型墙面帆布画画家的作品，认为他们再现了意大利史诗般的历史。后来，随着一大批20世纪的优秀作品——从乔治·莫兰迪（Giorgio Morandi）到菲利波·德·皮西斯（Filippo de Pisis）——的到来，该馆的馆藏得到进一步丰富。

▼ 乔瓦尼·法托里，《托斯卡纳的马雷玛》（*Maremma toscana*），局部，约1894年，布面油画，77.5cm×205.7cm，佛罗伦萨，彼提宫，现代艺术美术馆

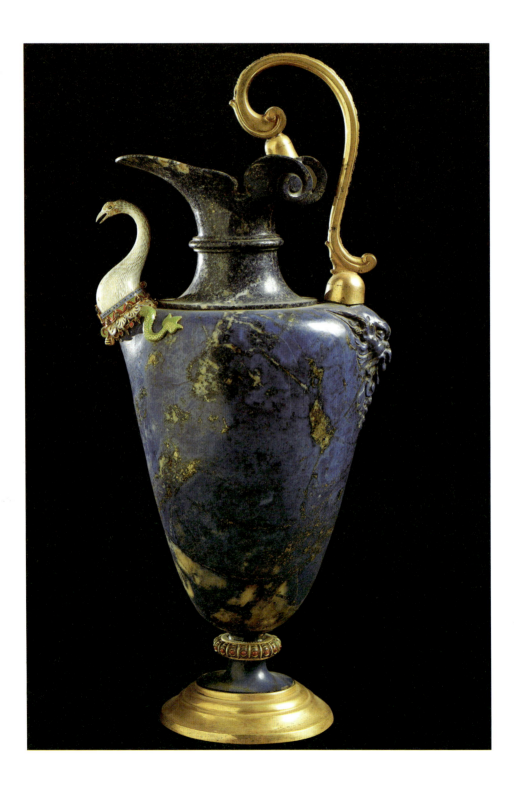

▲ 萨拉齐作坊的手工艺品，龙形罐，16世纪，水晶和珐琅贴金，高23cm，佛罗伦萨，彼提宫，银器博物馆

◀ 汉斯·多梅斯，洗手冲水壶，16世纪下半叶，青金石，珐琅贴金，青铜镀金，高27.5cm，佛罗伦萨，彼提宫，银器博物馆

　　彼提宫的一层是不容错过的银器博物馆，其中展出了美第奇家族自伟大的洛伦佐时期起开始收藏的大部分珍宝。这些珍宝的品质和灵感将给观者开启一个独一无二的世界。你若在通往高处美景官的波波里花园徜徉，一定要去看看华贵的骑士小宫殿里的瓷器展。一座城堡牵出另一座城堡。当你回到低处，面朝着那条通往罗马门的大街，看向那处沿街耸立的建筑群，便会看到天文台博物馆。那是欧洲最古老的几座科学博物馆之一，如今由佛罗伦萨大学管理。该博物馆得名于塔顶那座八角形的观象大厅。浏览完馆内的3000多具头骨和人体骨骼，便可以看到当年伽利略曾使用过的科研工具。当你从骨骼机械学和科技研究的世界走出，就回到了马车

博物馆，这里讲述了人类对于车辆的最原始冲动——那也是各种时尚中的一种。最后，对于时尚的关注会将你带入服装美术馆。

彼提宫的真正魅力在于它在好几个世纪里层层叠加的藏品和装饰。乍一看去，这座博物馆比其他任何一座博物馆都更像是阿里巴巴的洞穴与某位大地主的建筑之梦的融合。这座博物馆不可复制的魅力恰恰就在于此。在这座疯狂的博物馆里，17世纪阿戈斯蒂诺·米特里（1609—1660年）和安杰洛·米凯莱·科隆纳（1604—1687年）绘制的视觉陷阱墙面与巴洛克文化里所谓的"恐怖真空"（horror vacui）相得益彰，直到同时代的皮耶特罗·达·科尔托纳（1596—1669年）用拉毛粉饰和天花板壁画完成了最后的装饰，才显得圆满。17世纪30年代，彼提宫成了欧洲未来巴洛克风格的试点建筑。那时，美第奇家族的后裔玛丽亚（Maria de' Medici）嫁给了法国国王亨利四世（Enrico Ⅳ di Francia），将彼得·保罗·鲁本斯（Pieter Paul Rubens）的繁复风格教给了巴黎人。如今，徜徉于彼提宫的各个大厅，重新感受当年的风范，毫无疑问每一个对此感兴趣的人都会受到启蒙教育，能够更好地理解那些重现于花园中的图案元素。

◀ 佛罗伦萨，天文台动物博物馆，蜡像厅

▲ 佛罗伦萨，彼提宫帕拉提纳美术馆，普罗米修斯厅

▶ 佛罗伦萨，彼提宫帕拉提纳美术馆，伊利亚特厅

▲ 乔瓦尼·达·圣乔瓦尼，《伟大的洛伦佐·德·美第奇的荣耀和功德，暨关于斐迪南二世和维多利亚·科隆纳婚礼的隐喻》（*Le glorie e le benemerenze di Lorenzo il Magnifico e Allegorie delle nozze tra Ferdinando II e Vittoria Colonna*），1635年，湿壁画，佛罗伦萨，彼提宫，银器博物馆，湿壁画大厅

▶ 皮耶特罗·达·科尔托纳和奇罗·费里，《由荣耀女神和美德女神引领至阿波罗面前的美第奇家族的科西莫一世》（*Cosimo I de' Medici presentato ad Apollo dalla Gloria e dalla Virtù*），1659—1660年，湿壁画，佛罗伦萨，彼提宫，帕拉提纳美术馆，阿波罗厅

VOLVPTATVM SITIM
PELLERE SI AVES
VINVM SAPIENTIAE
IMPIGRE HAVRIAE

SOL MVNDI OCVLVS
ANIMI SAPIENTIA

▲ 弗朗切斯科·富里尼，《关于伟大的洛伦佐·德·美第奇之死的隐喻》（*Allegoria della morte di Lorenzo il Magnifico*），1639—1642年，湿壁画，佛罗伦萨，彼提宫，银器博物馆

▶ 米开朗琪罗·科隆纳和阿戈斯蒂诺·米特利，《亚历山大大帝的凯旋》（*Il trionfo di Alessandro Magno*），17世纪，湿壁画，佛罗伦萨，彼提宫帕拉提纳美术馆，观众厅

巴杰罗博物馆（佛罗伦萨）
——关于挖掘和安放

坦白说，巴杰罗宫变成一处名胜，以及在当代变成一座博物馆，这与意大利统一时期所形成的"身份情结"是息息相关的。这一情结在1864年至1871年，尤其是在罗马和梵蒂冈被攻占以及1871年2月3日颁布的第33号法律将罗马定为首都之后，变得格外浓郁。在1861年至1864年间，统一的意大利王国的首都位于都灵。但萨伏依家族更愿意将都城迁至阿尔诺河河畔，因为那里远离奥地利势力的干涉，也远离都灵暴动的危险。于是，佛罗伦萨出现了一股全新的力量，他们针对佛罗伦萨诸多郊区进行的城市规划至今仍在守卫着城市的中心。正是同样一股力量，推动原先的巴杰罗宫被改造成一处崭新的市民博物馆。

所以说，在这座新博物馆诞生的过程中，政治因素起到了重要的作用。不

◀ 米开朗琪罗·博纳罗蒂，《抱婴圣母和圣施洗约翰》（*Madonna col Bambino e san Giovannino*），浅浮雕，局部，1504—1505年，大理石，85cm×82cm，佛罗伦萨，巴杰罗博物馆

过，这座博物馆的建立恰好也迎合了那些年里已然发生显著变化的国际审美标准。自18世纪末开始，中世纪的美学品位就逐渐征服了整个欧洲，并成为前浪漫派时期思维体系的组成部分。歌德笔下的炼金术士浮士德是中世纪

▲ 维琴佐·卡比安卡，《佛罗伦萨的说书人》（*I novellieri fiorentini*），1860年，布面油画，78cm×99cm，佛罗伦萨，彼提宫现代艺术美术馆

人；后来沃尔特·司各特的小说以及卡斯帕·大卫·弗里德里希（Caspar David Friedrich）的以哥特式遗迹为主题的画作也都与中世纪有关。随着最初的《神曲》（*Commedia divina*）德译本和英译本的流传，加之19世纪20年代威廉·布莱克（William Blake）和欧仁·德拉克洛瓦（Eugène Delacroix）又以该作品为蓝本创作了精美的画作，关于但丁的神话传遍了整个欧洲。就在那些年里，巴尔扎克在他的《苏镇舞会》（*Bal de Sceaux*）里描写了一位年轻时尚的巴黎名媛，她非常热爱"弗拉芒画派的画作和文艺复兴时期的艺术家"。另一位新潮作家乔治·桑（George Sand）在她于1846年发表的小说《魔沼》（*La Mare au Diable*）里也曾频繁使用"Renaissance"（复兴）这个新兴词语。1860年，随着雅各布·布克哈特（Jacob Burckhardt）的《意大利文艺复兴的文化》（*Die Kultur der Renaissance in Italien*）的出版，"复兴"这一术语被固定下来。只有意大利人将莱昂·巴蒂斯塔·阿尔伯蒂曾使用过的"rinascenza"[1]改造成了"rinascimento"[2]，因为这个词与"risorgimento"[3]一词更显般配。与此同时，人们尽管已经走出了曾统领一切的新古典主义，却仍以一种混沌的态度对那个（备受伦敦皇家学院推崇的米开朗琪罗文化之前的）神话般的世界表示出兴趣。事实上，在伦敦爆发了一场与1848年其他那些革命相类似的小型革命：拉斐尔前派艺术家群体诞生。他们中的罗塞蒂是一个热爱历史的阿布鲁佐流亡者，并与一位富有的英国人西摩尔·斯托克·柯卡普（Seymour Stocker Kirkup，此人的父亲是伦敦的珠宝商和钻石商）结下了友谊。这个古怪的人曾求学于皇家学院，成了威廉·布莱克的朋友。后来，柯卡普患上了肺病，前往罗马生活，并在那里参加了诗人济慈和雪莱的葬礼。最后，他前往佛罗伦萨，在老桥附近的一处住所里生活、梦想、收集书籍。他曾疯狂地投入对但丁的研究。

---

[1] 意大利文，意为"复兴"。

[2] 意大利文，意为"复兴"，后用来指文艺复兴时期。

[3] 意大利文，意为"崛起"，指后来的民族复兴运动。

▲ 文琴里亚塔城堡全景

◀ 佛罗伦萨，巴杰罗博物馆，外景

▲ 朱塞佩·佐基，《巴迪亚教堂和巴杰罗宫》（*Veduta della Badia e del Bargello*），18世纪，佛罗伦萨，乌菲齐美术馆，素描与版画馆

在13世纪之初，巴杰罗宫是一座政府办公楼宇，与市政宫（Palazzo dei Priori，今天的旧宫）平起平坐，是进行政治辩论的场所。这里是人民队长的居所。通常，人民队长都是外地人，共和国议会之所以委派外地人担当这一职务，是为了避免他们卷入当地的政治纷争。巴杰罗宫是执行正义的所在地，有时甚至会笼罩一层戏剧性的残酷色彩。例如，在1478年那场"帕齐家族的阴谋"中，参与刺杀朱利亚诺·德·美第奇（Giuliano de' Medici）的行凶者就是在这里被绞死的。那时，这座宫殿包括众多宽敞的大厅，饰以讲述城市历史的湿壁画。后来，随着美第奇公国的科西莫一世专权，这座宫殿不幸变成了监牢：墙面上的湿壁画被石灰覆盖，那些面积过大的房间被加入了阁楼，或被划分为数间，用于关押那些倒霉的犯人。自18世纪起，随着洛林家族的启蒙派政府掌权，这座监牢被彻底弃置，

牢房被搬移至城墙建筑群。在巴杰罗宫作为监牢使用的最后几年里，西摩尔·斯托克·柯卡普采取了一些行动。他通过乔尔乔·瓦萨里的文章了解到有一幅出自乔托之手的湿壁画，其主题是神秘的但丁。自从得知这一消息，他便激动难抑，终于在1840年让这幅画作重见天日。在此次的冒险过程中，他身边有两位标志性的人物。一位名叫乔瓦尼·贝齐·迪·奥布雷（Giovanni Bezzi d'Aubrey），皮埃蒙特人，1821年，在参与诺瓦拉之战期间发生的暴动之后流亡伦敦，成为一名支持意大利统一的爱国主义者；钟爱小提琴和人文主义思想，后迁居至政治氛围较为宽容的佛罗伦萨。另一位是约翰·坦普尔·里德（John Temple Leader），曾是英国自由党议员，因离弃祖国而引发争议；他先是前往法国的戛纳——在那里，曾于1830年担任首相格雷内阁的大法官，后流亡在外的彼得·布鲁姆勋爵（Lord Peter Brougham）正在重新打造那座小城。随后，里德来到了备受英国人青睐的佛罗伦萨。的确，那一时期的佛罗伦萨到处都是盎格鲁-撒克逊人：一位来自美国的知名新古典主义雕塑家海勒姆·包沃斯（Hiram Powers，1805年出生于伍德斯托克）也搬到了那里工作和生活。里德来到托斯卡纳以后，迅速买下了帕齐家族位于菲耶索莱的这幢文艺复兴时期的别墅，作为自己的居所。此外，他还购入了附近的文琴里亚塔城堡，这座有待改造翻新的城堡成了重塑新中世纪风格的绝佳试验田。1865年，当巴杰罗宫被修复改造为博物馆对外开放时，那座城堡的改造工程显然起到了教科书式的作用。起初，巴杰罗博物馆藏有丰富的武器（来自美第奇家族的收藏）。这些藏品应该极大地鼓舞了国王，此前，他曾将卡洛·阿尔贝托钟爱的一系列精美武器收藏于都灵的王宫。后来，维多利亚和阿尔伯特博物馆在伦敦诞生，为了呼应当时的潮流，该馆又增添了许多蕴含不列颠风情的雕塑和工艺品。如今，巴杰罗博物馆已经成了所有雕塑爱好者不可错过的必到之处。

► 美第奇的科西莫三世的
  儿童盔甲，佛罗伦萨，
  巴杰罗博物馆

▲ 詹博洛尼亚（原名让·德·布洛涅），《火鸡》（*Tacchino*），1567—1568年，青铜，59cm×47cm，佛罗伦萨，巴杰罗博物馆

▲ 多纳泰罗，《尼科洛·达·乌扎诺》（*Niccolò da Uzzano*），约1432年，陶塑，46cm×44cm，佛罗伦萨，巴杰罗博物馆

◀ 巴托罗梅奥·阿曼纳蒂，《大厅喷泉》（*Fontana della Sala Grande*），复制品，约1560年，大理石，佛罗伦萨，巴杰罗博物馆

游览指南

佛罗伦萨漫步

对佛罗伦萨的过往感到好奇的参观者往往会遭遇选择困难。不过，有一条参观路径却可以让人们再次感受到当年的气息。斯蒂伯特博物馆当仁不让地成为头一个值得参观的地方。弗雷德里克·斯蒂伯特（Frederick Stibbert）曾生活在那个遍布"anglobecere"[1]的花花世界里，他的父亲是一位英国上校，祖父曾是远征印度的将军，母亲是托斯卡纳人。正因如此，这座博物馆才会于1838年在佛罗伦萨应运而生。当时，有人曾恶意揣测这位年轻人是维多利亚女王的情人，因此才会在结束牛津大学的学业后被建议重返佛罗伦萨，并在这里长期生活。不过，自但丁生活的那个年代起，佛罗伦萨人就总是乐于轻信传闻的。斯蒂伯特开始如饥似渴地收集来自各个历史年代和地理区域的武器，还将两尊来自埃及的斯芬克司像放在花园里。他度过了平静的一生，直到1906年逝世。斯蒂伯特博物馆位于菲耶索莱山脚。就在博物馆的旁边，一条穿梭于花园围墙之间的小径蜿蜒前行，那景象令人想起奥托·罗萨伊（Ottone Rosai）的画作。沿着那条小路走不多久，就能到达属于伯纳德·贝伦森（Bernard Berenson）的别墅——伊塔蒂别墅。如今，那里是哈佛大学意大利文艺复兴研究中心的所在地。从伊塔蒂别墅朝菲耶索莱方向望去，就能看到属于约翰·坦普尔·里德的那幢别墅。

---

[1] 意大利文，意为"带英国口音的人"。

▲ 佛罗伦萨，斯蒂伯特博物馆照片

◄ 佛罗伦萨，斯蒂伯特博物馆，骑马厅

▲ 日本工艺品，武士盔甲，胴丸风格，17—18世纪，佛罗伦萨，斯蒂伯特博物馆

▶ 德意志工艺品，德意志雇佣军士兵轻胸甲，1510—1520年，佛罗伦萨，斯蒂伯特博物馆

　　另一处必到之地自然是翻修后的主教座堂博物馆。该博物馆的高水准翻修工程是由佛罗伦萨建筑师阿道夫·纳塔利尼（Adolfo Natalini）、皮耶罗·圭恰尔迪尼（Piero Guicciardini）和马可·马尼（Marco Magni）主持完成的。

　　从博物馆学的角度来看，将雕塑作品再度放置于较高的楼层是一项明智之举。这使参观者得以重新找到原有的观看视角。当年，雕塑者特意将其置于高处，让它们从下向上地被观察和研究。在那些杰作之中，不乏多纳泰罗和米开朗琪罗等名人的作品。若是对佛罗伦萨在文艺复兴时期所创作的那些大型雕塑感兴趣，则会不可避免地将上述两座博物馆联系在一起。

　　最后，在寻找当年的繁华盛景的过程中，还可以去看一看佛罗伦萨大学的自然历史博物馆。该博物馆位于那座古怪的布翁塔伦蒂宫——俗称"未完宫"。这座博物馆也创立于佛罗伦萨成为意大利王国首都的那段时期，准确地说，是在1869年。创办者保罗·曼特伽扎（Paolo Mantegazza）收集了来自美第奇家族的一部分人类学藏品，又增添了一批来自世界各地的其他藏品。在那些富有年代感的橱窗里展出的，既有因纽特人的服饰，也有关于藏传佛教的展品，还有来自非洲的武器。这些橱窗相互对话。令人感动的是，橱窗的玻璃，还都是当年的老玻璃。

佛罗伦萨学院美术馆（佛罗伦萨）
——"聋子"与"傻子"：关于学院的历史

其实，单凭一件米开朗琪罗的《大卫》，这里便足以成为一座不容错过的博物馆，何况这里还有同样出自米开朗琪罗之手的著名的《囚徒》组像，令参观者心潮澎湃。不过，说实话，学院美术馆不仅藏有上述杰作，还讲述着一个更为复杂也更为引人入胜的故事。这座博物馆的创始人是奥地利的玛丽亚·特蕾莎和洛林的弗兰茨·斯特法诺之子——哈布斯堡-洛林王朝的利奥波德二世（Leopoldo II di Asburgo-Lorena，即大公彼得·利奥波德一世）。他的父亲在被迫放弃了洛林家族的原有领地后，于1737年成了托斯卡纳大公，也是新王朝的开创者。1745年，他又放弃了大公头衔，在维也纳登上了神圣罗马帝国的皇位，史称弗兰茨一世（Francesco I）。这位皇帝只在1739年在佛罗伦萨有过短暂停留，且并不被托斯卡纳人喜爱，因为他在去往维也纳时，带走了当地博物馆的部分藏品。

◀ 米开朗琪罗·博纳罗蒂，《大卫》（*David*），1504年，大理石，佛罗伦萨学院美术馆从某种意义上说，洛林的弗兰茨·斯特法诺的离开对托斯卡纳的未来不失为一件幸事。1765年，当他去世之时，儿子彼得·利奥波德继承了托斯卡纳大公的头衔，彼得的兄弟则成了神圣罗马帝国的皇帝，史称约瑟夫二世（Giuseppe II）。利奥波德是该家族里第一个真正在佛罗伦萨居住的人：他很喜欢这里，也为托斯卡纳人做了许多好事。他成长于维也纳宫廷，那里的启蒙主义文化氛围与共济会的主张颇为接近。此前，特伦特人卡尔·安东·马尔蒂尼（Carlo Antonio Martini）就向利奥波德宣传过共济会的思想。此人支持启蒙派的主张，也是重农主义（一种以农业作为国家财富基础的经济理论）运动的推动者。

随着1786年法令的颁布，利奥波德成了西方世界第一个取消死刑和酷刑的政府领袖。不过，早在二十年前，他就已经多番筹谋，试图让沉睡的托斯卡纳跨入现代社会——当美第奇家族的最后一位成员、好吃懒做的吉安·加斯托内将托斯卡纳交给利奥波德的父亲时，托斯卡纳就一直处于裹足不前的状态。他取消了中世纪的行会制度，鼓励现代企业的诞生；他支持农业的发展，治理改良了马雷玛的土壤；正是因为具备这样的眼光，他格外重视刚刚成立的农学院，将其视为实现农村生产创新的研究中心。同样，他也不可能不重视另一所历史更为悠久的学院，致力于培养视觉艺术家的艺术绘画学院。1692年，宫廷画家彼得·斯特鲁德尔（Peter Strudel）创办了维也纳美术学院，利奥波德效仿上述学院，于1784年将佛罗伦萨的艺术绘画学院更名为美术学院。17世纪末的维也纳正在萌发为欧洲的中心，1696年，出现了第一份制作"strudel"[1]的菜谱。一个"strudel"牵出另一个"strudel"。彼得·斯特鲁德尔成立的美术学院得到了皇帝约瑟夫一世的赞赏。1705年，约瑟夫一世将这座学校改造为一所皇家研究院。1725年，皇帝查理六世最终将其命名为皇家宫廷画家、雕塑家和建筑家学院。至于彼得·斯特鲁德尔，他是以1577年在罗马创办的圣路加美术学院为模板，才创建维也纳美术学院的。罗马美术学院创建于教宗格列高利十三世（博洛尼亚人）在任期间。这位教宗的功劳还包

---

[1] 德文，意为"苹果馅酥皮卷"。

▲ 蓬佩奥·巴托尼，《皇帝约瑟夫二世和托斯卡纳大公彼得·利奥波德》（*L'imperatore Giuseppe II e il granduca Pietro Leopoldo di Toscana*），局部，1769年，布面油画，173cm×122cm，维也纳艺术史博物馆

括于1582年颁布了《至要大事》（*Inter gravissimas*）教谕，制定了科学的历法，该历法一直沿用至今。圣路加美术学院是画家费德里科·祖卡里（Federico Zuccari）在枢机主教费德里科·博罗梅奥的授意下创办的。这位枢机主教十分重视根据特伦特大公会议的准则对画家进行意识形态教育。在那一时期，大公会议的执行者之一、同为枢机主教的加布里埃尔·帕莱蒂（Gabriele Paleotti）以博洛尼亚总主教的身份发表了一篇题为《艺术家指南：论神圣图像和世俗图像》（*Discorso intorno alle immagini sacre e profane come guida per gli artisti*）的文章。同年，也是在博洛尼亚，卡拉齐家族的三兄弟阿尼巴列（Annibale Carracci）、卢多维科（Ludovico Carracci）和阿戈斯蒂诺（Agostino Carracci）也成立了他们的启迪学院。

▼ 约翰·佐法尼，《皇家学院的院士们》（*Gli accademici della Royal Accademy*），1771—1772年，布面油画，101cm×147.5cm，温莎，皇家自治市博物馆

▼ 乔尔乔·瓦萨里，《圣路加绘圣母像》（*San Luca dipinge la Vergine*），局部，约1565年，
湿壁画，佛罗伦萨，圣母领报大殿

意大利各大学院的诞生历史与文艺复兴运动的发展史是同步前行的：早在14世纪，在正规大学发展的同时，一些古怪的自由组织也在诞生，文学领域最早出现端倪，后来才正式拉开了文艺复兴运动的大幕。起初，这些自由组织并不以授予学位为目的，只是纯粹地想为参与者提供持续的教育。后来，它们纷纷为各自起了一些讳莫如深或具有讽刺意味的名字。锡耶纳的文学组织自称为"Intronati"[1]学院（1525），后来，他们的敌对者将其改称为"Rintronati"[2]学院——第二个词一直沿用至今，通过这段历史，我们能够找到它的词源；帕多瓦的组织自称为"发炎者"学院（1540）；佩鲁贾的组织自称为"傻子"学院（1561）；比萨的组织自称为"清醒者"学院（1588）；罗马的组织自称为"不育者"学院（1613）；佛罗伦萨的组织自称为"秕糠"学院（1583）。所有这些名称都是为了迎合文艺复兴时期那些意大利知识分子的心理怪癖。在今天看来，这些名称似乎与文人社团应有的名称大相径庭。1560年，在那不勒斯成立了第一所科学院，其名称颇为玄妙："秘密"学院。1599年，帕多瓦效仿那不勒斯，成立了"治愈者"学院，也就是伽利略所在的那座学院。八十五年后，法国人安托瓦内特·德·胡利埃（Antoinette des Houlières）成了第一位当选的女性院士。著名的法兰西学院致力于法兰西语言的推广，这所学院是意大利境外的第一所文学学院，由枢机主教黎塞留在其庇护人儒勒·马萨林（Mazzarino）的支持下于1635年创建。1631年，黎塞留与马萨林在凯拉斯科相识。黎塞留去世后，马萨林成了新一任首席大臣和枢机主教，并在1648年巴黎皇家绘画和雕塑学院（依据罗马圣路加美术学院的模式）的创建过程中扮演了主角。

此前，佛罗伦萨早已创办了一所名副其实的艺术学院，名为绘画艺术学院。该学院由美第奇家族的科西莫一世于1563年创立。提出建议的是乔尔乔·瓦萨里，他当时正忙于乌菲齐美术馆的建设工程。最初的命名意图在于涵盖包括建筑、绘画

---

[1] 意大利文，意为"聋子"。

[2] 意大利文，意为"聋子"。

和雕塑在内的所有视觉艺术门类，而其教学模式则承袭自伟大的洛伦佐在圣马可花园推动建立的美第奇家族学校。15世纪末，佛罗伦萨的贵族阶层——包括米开朗琪罗和两位未来的教宗：美第奇家族的利奥十世和法尔内塞家族的保罗三世——正是在那所学校里得到了艺术和文学的滋养。就这样，好比当年的学习者在美第奇家族的花园里面对着出土的古迹展开研究，学院里的学员在研习的过程中也能直接接触到那些随着岁月流淌而日渐丰富的作品。在最初用于教学的美术馆里，大部分藏品均是陈列于佛罗伦萨各大广场的雕塑在被熔铸成青铜成品之前的石膏模型。彼得·利奥波德在位期间，美术馆里的藏品得以增多。利奥波德的手段与奥地利在米兰实行的政策大同小异：镇压某些宗教修会，并将其丰富的不动产业洗劫一空。

随着宗教修会被镇压，他们收藏的艺术品也被转移至美术学院。如此，学院的馆藏得到了丰富。这些作品中的一大部分都是绘在金底画板上的。直到今天，它们仍然占据所有藏品的大部分数量。其他作品——如杜乔（Duccio）和契马布埃（Cimabue）各自创作的《圣母像》（*Maestà*）——于20世纪初被转移至乌菲齐美术馆。与此同时，在19世纪，学院美术馆继续发展：新的教学素材会以定期和不定期的方式被送到这里，雕塑家洛伦佐·巴尔托里尼（Lorenzo Bartolini）留下的石膏雕塑陈列馆就是例证之一。如今，无论是谁，只要是想深入了解意大利绘画的原始状态，去探查那个浩瀚无垠的宇宙，就不可错过学院美术馆。19世纪的英国画家曾在这些作品中获得灵感，勾勒出了拉斐尔前派的美学特质，与当时处于垄断地位的古典主义相抗衡。那些数不尽的藏品表达了一种介于形式和感受之间的持久的对话，通过这些藏品，他们在一个半世纪以前就发现了美学敏感的新端倪。今天的参观者在面对这些作品时仍能获得与他们极为相近的感受。所以说，佛罗伦萨美术学院的功能在于打破欧洲的学院派桎梏。直到今天，这仍是一种可贵的精神。

游览指南

风格

对于那些对风格主义的发展史感兴趣的参观者而言，本书有如下建议：每一位参观者，在漫步于放置《大卫》的讲坛之下，欣赏《囚徒》组像时，

◀ 米开朗琪罗·博纳罗蒂，《隆达尼尼圣殇》（*Pietà Rondanini*），1553—1564年，大理石，高195cm，米兰，斯福尔扎城堡，隆达尼尼圣殇博物馆

也会看到卡洛·波尔泰利（Carlo Portelli）的那幅《无玷受孕》（*L'Immacolata Concezione*）。当看到那些未完成的雕塑作品（其实，艺术家是有意为之，用以表现形象从材料中挣脱而出，从而赋予理念以生命）时，一定会想到目前存于米兰斯福尔扎城堡里的那尊《隆达尼尼圣殇》（*Pietà Rondanini*）——其形象永存于我们的记忆中。那是大师的最后一件作品。表面看来，那是一件未竟之作，但那只是外行人的看法。事实上，米开朗琪罗从1553年起就着手这件雕塑的创作，直至1564年去世前夕才终止。身体的扭曲将试图从大理石中挣扎而出的人物形象表现得更为生动。这种扭曲恰恰是一种极为重要的标志：风格主义的精神正在转变为下一时期的巴洛克审美品位。同样是在1564年，卡洛·波尔泰利开始创作一幅大型祭坛画。画作的主题是一个在当时颇具争议的问题——直到教宗庇护九世于1854年颁布《莫可

◀ 卡洛·波尔泰利，《无玷受孕》（*L'Immacolata Concezione*），局部，1566年，木板油画，佛罗伦萨学院美术馆

▲ 卡洛·波尔泰利，《无玷受孕》（*L'Immacolata Concezione*），1566年，
木板油画，410cm×248cm，佛罗伦萨学院美术馆

▲ 卡洛·波尔泰利，《无玷受孕》（*L'Immacolata Concezione*），局部，1566年，木板油画，佛罗伦萨学院美术馆

▲ 米开朗琪罗·博纳罗蒂，《创造亚当》（*Creazione di Adamo*），局部，1510年，湿壁画，梵蒂冈城，梵蒂冈博物馆，西斯廷教堂

名言之天主》（*Ineffabilis Deus*）教谕，才成为固定的教义。就在一年以前，特伦特大公会议结束了，作为对宗教改革的回应，天主教廷所倡导的反宗教改革运动拉开序幕：关于无玷的玛利亚便是神学辩论的核心论题。这一运动对艺术史的发展产生了相当重要的影响。当时，负责实施大公会议决定的，主要有两位执行人。一位是博洛尼亚的枢机主教加布里埃尔·帕莱蒂——他将于1582年发表那篇《艺术家指南：论神圣图像和世俗图像》。另一位是枢机主教卡洛·博罗梅奥（Carlo Borromeo），他采取的方式更为严厉，直接改变了已然落幕的文艺复兴运动中所倡导的自由艺术品位：在所有针对神圣主题的图像表现里，裸体被刻意禁止。于是，形成了这样一种妥协。夏娃不可能不是裸体的，但观者只能看到她的背侧，且臀部还覆盖着一块虚伪的遮羞布。她站在《旧约》里的人物——大卫和所罗门之间，温柔地抚摸绝望的亚当——他受到惩罚，要去承受耕作之苦。在画作的上半部分，情形却大不相同了：无所不能的天主与西斯廷教堂天顶画中所绘形象身份相同，但此处的天主没有用手指向亚当，而是指向代表《圣经》的羊羔；圣母则看向她根据圣父的授意而产下的救世主。画面上的文字显然是用希腊文、希伯来文和拉丁文写的。无论是对于深谙艺术的专家，还是对于那些专门去观看画面呈现出的扭曲感的普通观者而言，该画作都堪称名副其实的艺术品。画面上的扭曲感与米开朗琪罗雕塑作品里的扭曲感颇为类似，通过观看画作的构图，可以发现玛利亚的目光与夏娃的目光居然背道而驰。敏感的观者马上会想到米开朗琪罗的另一幅作品——创作于16世纪中叶的《班迪尼圣殇》（*Pietà Bandini*）。在那件雕塑里，托住耶稣的是尼苛德摩（Nicodemo），这让人不禁猜想米开朗琪罗是否对宗教改革怀有好感。事实上，尼苛德摩派指的就是教廷里的众多意大利批评派。他们像尼苛德摩一样，白天是法利赛人，对教廷言听计从，然而在夜间沉思时，他们却是耶稣的亲密追随者。

▶ 米开朗琪罗·博纳罗蒂，《班迪尼圣殇》（*Pietà Bandini*），
1547—1555年，大理石，高226cm，佛罗伦萨，主教座堂博物馆

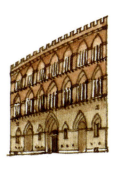

锡耶纳国立美术馆（锡耶纳）

——时光机器的魔法

　　整座锡耶纳城就是一座博物馆。今天，当旅行者们行驶在佛罗伦萨到锡耶纳的高速公路上，现代交通工具的飞驰或许会让他们的目光变得漫不经心。事实上，那些山丘和由丛林和葡萄园组成的景观在两个世纪以前曾是佛罗伦萨人和锡耶纳人之间血流成河的战场。如今，两座城市的市民怀着彼此接受的容忍之心呼吸着同样的空气，至多只会因为支持不同的足球队或不同的赛马节队伍而产生冲突。所以说，佛罗伦萨和锡耶纳可以成为世界和平的典范和象征。然而，两个城市之间的差异却是相当多的。佛罗伦萨呈现出包括21世纪在内的各个历史时期的风貌，而锡耶纳则完好地保留着中世纪时期的样子。

　　在锡耶纳，时光仿佛停止了。正因如此，整座老城区被列入了联合国教科文组织的世界遗产名录。锡耶纳美术馆也神奇地停留于时光之中，仿佛定格于它诞生的那一年。1932年，锡耶纳美术馆作为一家国立博物馆对公众开放，该博物馆收藏的大量金底画作有力地见证了当时的收藏品位。18世纪由修道院院长朱塞佩·恰凯利（Giuseppe Ciaccheri）收藏的作品构成了最初的核心藏品，后来，在各大修道院遭到镇压时，来自修道院的作品又使该馆的馆藏得到了进一步丰富。如今，这座美术馆位于两幢毗邻的楼宇之内。这两幢楼宇同样修建于那个见证锡耶纳荣光的时期，是理想的馆藏地。较大的一座楼名为布里吉迪宫，两层楼均装饰有哥特式双扇窗，并保留有当年的螺旋式楼梯——根据传闻，这便是那个在马雷玛惨遭丈夫杀害的皮娅·德·托勒密（Pia de' Tolomei）使用过的楼梯。在《神曲·炼狱篇》（*Purgatorio*）的第五歌里，但丁遇到了她的灵魂：

> 请记住我，我是皮娅，
>
> 锡耶纳生育了我，马雷玛毁了我，
>
> 那个曾为我戴上宝石指环的人，
>
> 对此应当知晓。

另一幢楼宇名为邦西尼奥里宫，是15世纪中叶由银行家乔瓦尼·迪·古乔·比奇（Giovanni di Guccio Bichi）在创办牧山银行前不久修建的。相对于在竞争对手佛罗伦萨城里已然相当流行的建筑风格而言，该建筑的哥特式三扇窗似乎有些过时，但这种风格见证了在锡

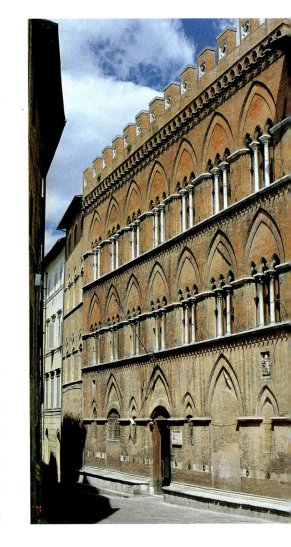

耶纳这座保守的圭尔甫派（从该城的城墙垛的形态便可看出其政治立场）城国里，传统能够保留何等长久。如今，这两幢相邻的建筑已合二为一。守护者收藏于其中的藏品可谓"绝无仅有"，之所以这么说，乃是因为建筑和画作之间有着独一无二的同步性：当年的建筑里保存着当年的画框，当年的画框里镶嵌着当年的画作。

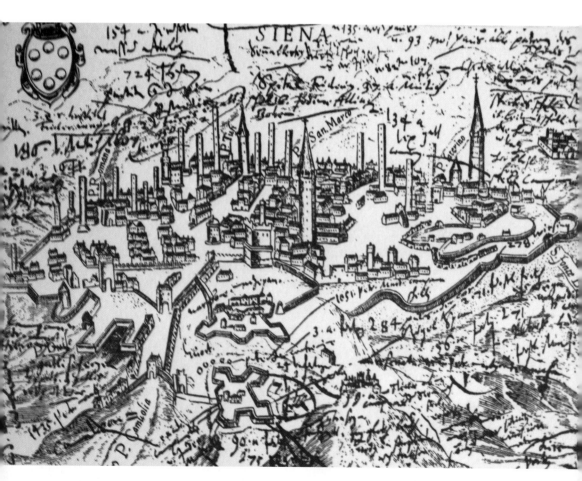

▲ 美第奇家族统治时期的锡耶纳平面图，版画

◀ 布里吉迪–潘诺基耶斯基宫和邦西尼奥里宫，锡耶纳国立美术馆所在地

整座锡耶纳城已与它在中世纪的荣光成为一体。那荣光让老城中心的建筑从未发生过丝毫改变；那荣光勾勒出整座城市的轮廓，包括遥远的乡野；那荣光至今仍弥漫在它的各类节庆以及各城区的赛马节比赛之中——赛马节并不是为了唤醒夏日里筋疲力尽的旅行者而恢复的历史习俗，而是各城区之间动真格的较量，只有城区内的居民才有资格参与。整座锡耶纳城活在过去的荣光中而不愿面对现实的心态其实很好理解。1555年，锡耶纳共和国失去了主权。这一结果在实质上是由皇帝查理五世的背叛导致的。当时，在围城整整一年后，查理五世将锡耶纳交给了佛罗伦萨大公国，其目的只是保障西班牙对小小的从属驻兵国（位于奥尔贝泰洛和阿真塔里奥周边）的控制，从而保住一个稳固的海军基地，以控制第勒尼安海。

▼ 锡耶纳，主教座堂博物馆，展厅内景

　　锡耶纳共和国或许是意大利唯一一个由民众自主选择了寡头政府的城市国家。在超过三个世纪的时间里，它在意大利半岛的复杂政局中一直扮演着极为重要的角色。1260年，锡耶纳（当时仍在实质上处于支持皇帝的吉伯林派当政时期）在与佛罗伦萨对抗的过程中取得了蒙塔佩蒂战役的胜利。自那时起，锡耶纳就因其占据两条联通南北的交通要道而幸运地获取了一系列利益。其中一条是卡西亚古道，从罗马出发，经由阿雷佐通往佛罗伦萨，随后通往位于海滨的卢尼；另一条是奥雷利亚大道，在延伸至维图洛尼亚以前，它与克洛迪亚大道合为一体，随后沿海继续前行，在差不多抵达如今的阿文扎（那里是卢尼山脚的滨海区）时与卡西亚古道合并。佛罗伦萨除了与锡耶纳为敌，也与吉伯林派当政的比萨存在冲突。佛罗伦萨人沿阿尔诺河南下，于1406年秋季攻占了比萨共和国。在这样的四角政局里，锡耶纳的民众力量和商业力量欣欣向荣。可能正是这个原因，锡耶纳并没有像它的对手——佛罗伦萨那样，孕育出大量的优秀人文主义者。这个城市的生产劳作似乎与强烈的知识诉求毫不相干。自科鲁乔·萨卢塔蒂（Coluccio Salutati）开始，佛罗伦萨就培育了一大批人文主义者和文人，参与最高层次的政治事务，并在后来加入了位于美第奇家族花园的学校。相比之下，从1240年开始算起，锡耶纳只成立了一所以研究医学和法学为主的大学。

　　在那遥远的历史时期，各个城市若是只根据圭尔甫派当政还是吉伯林派当政就决定其政治选择，进行相互结盟，是远远不够的。在13世纪，支持吉伯林派势必意味着强烈支持皇帝及那不勒斯和西西里国王腓特烈二世的政权并得到该政权的保护，同时也意味着与安茹家族的查理一世为敌。1266年的主显节当天，安茹家族的查理一世在拉特兰教堂被加冕为西西里国王，并在短期内担任罗马元老院的领袖，以此迎合圭尔甫派人，表明自己的反帝国立场。不久后，他离开罗马，前去攻打整个意大利南部地区，在还未完全击败士瓦本王朝的最后一位成员曼弗雷迪（Manfredi）以前就将比萨和锡耶纳的商人驱逐出了那不勒斯。锡耶纳城感到自己已完全摆脱了佛罗伦萨的威胁，变成了亲近圭尔甫派的城市。无论是从地理位置、商业贸易还是银行金融的角度来看，锡耶纳都不可避免地与罗马教廷及其两任教宗密切关联。这两位教宗都是法国人，雅克·潘塔利翁（Jacques Pantaléon）出生于香槟地区的特鲁瓦，于1261年至1264年在位，史称乌尔班四世（Urbano Ⅳ）。他与安茹家族的查理一世一样，是士瓦本家族的死敌。他的继任者居伊·福尔克（Guy Foulques）出生于朗格多克，于1265年至1268年在位，史称克雷芒四世。接下来的教宗格列高利十世（Gregorio X）本名为蒂奥巴尔多·维斯孔蒂（Teobaldo Visconti），是皮亚琴察人，曾在法国居住。他刚一上任就于1274年召开了里昂大公会议。两年以后，格列高利十世去世，继任者又是一个法国人——来自萨伏依的多明我会修士皮埃尔·德·塔朗泰斯（Pierre de Tarentaise）。这位史称英诺森五世（Innocenzo Ⅴ）的教宗只在位五个月，随后便去世了。下一位教宗几乎可以忽略不计：来自热那亚菲耶斯基家族的阿德里安五世（Adriano Ⅴ），他是由时任罗马执政者安茹家族的查理一世推举上位的，履职期只有三十九天。于1281年至1285年在位的又是一位法国教宗，此人本名为西蒙·德·布里翁（Simon de Brion），史称马丁四世（Martino Ⅳ）。所以说，在1287年，一个完全由圭尔甫派人组成的"九人政府"在以商业为基础的锡耶纳开始执政，是完全合乎情理的：只有教廷才能保障锡耶纳共和国的独立地位。教廷是亲法国的，其审美语言也倾向于在比萨和锡耶纳根深蒂固的哥特风格。在兴建锡耶纳主教座堂的那一时期，这种品位被强烈地"意大利化"了。

早在尼古拉·皮萨诺（Nicola Pisano）的雕塑引发一场伟大演进的时候，就兴起了一股全新的古罗马派风潮，一直持续到文艺复兴时期。1260年，尼古拉·皮萨诺完成了比萨洗礼堂的布道台。后来，他的儿子乔瓦尼·皮萨诺（Giovanni Pisano）成了锡耶纳主教座堂的总设计师，其雕塑理念又进一步发生了变化：对古典文物雕塑品位的追随与法国的哥特式雕塑艺术开始完美结合。这种对阿尔卑斯山北麓的艺术风格（更准确地说，是第勒尼安海北岸的艺术风格）的偏好早在杜乔绘制的玻璃窗中的王冠形象和人物形象里就有所体现。人物形象的黑色轮廓线似乎表明法国的绘画品位已经在取代原先木质祭坛画中的拜占庭风格形象了。事实上，同样的迹象也出现在阿西西的圣方济各圣殿上教堂的彩绘玻璃窗中。

▲ 杜乔·迪·波尼赛尼亚，《圣母像》（反面）（*Maestà, verso*）之《走向以马忤斯》（*Cammino verso Emmaus*），局部，1308—1311年，木板坦培拉，213cm×296cm，锡耶纳主教座堂博物馆

　　倘若参观国立美术馆是一种预先铺垫，那么接下来就必须得去看一看主教座堂博物馆。在这里，参观者能够再次看到杜乔的《圣母像》——18世纪，这幅作品曾遭分解，如今已被重新组合。通过这幅作品，参观者能够感受到原始绘画语言的延续性。同样是在这座博物馆里，各位还能近距离观看杜乔绘制的大型彩绘玻璃窗，从而了解每一种表达手段都有其独特的语言体系。倘若杜乔的祭坛画反映了一种超越其拜占庭渊源的绘画视角——换言之，倘若杜乔的祭坛画已经抛却了一个高

等世界的纯美境界，去靠近一种具体的新审美品位，以表达神圣与世俗的对话，倘若那幅杰作已奠定了意大利画家的乔托式绘画语言基础，那么杜乔的玻璃窗彩绘则体现出一种更为模糊，却更具国际化视野的概念，这种概念也与乔瓦尼·皮萨诺的雕塑作品所表达的审美品位更为接近。

一个半世纪以后，斯卡拉圣玛利亚教堂里的湿壁画以一种更为现代的手法确立了锡耶纳画派的独立性。这座教堂除了具有针对锡耶纳市民的教化功能，对旅行者也颇具意义。早在13世纪末和14世纪的最初十年里，与主教座堂同期修建的市政厅已体现出教化民众的意愿。观众不可能不惊艳于安布罗吉奥·洛伦泽蒂（Ambrogio Lorenzetti）于二十年后创作的《好政府和坏政府的寓言》系列画作，那时的锡耶纳城已经达到人丁兴旺的顶点，周边的农村亦有序且繁荣。正是在这一时期，西蒙尼·马蒂尼（Simone Martini）也创作了他的《圣母像》（Maestà）。

在那些年里，锡耶纳社会的复杂程度和国际化程度远超我们的想象。新近从

主教座堂下方的地下室里发掘出的神秘的作品便是这一现象的证据。那是一处被遗忘的地方，在七个多世纪里，关于那里的记忆被删除了。如今，那里的新发现仍然未曾带来相应的研究，更未曾引发世人的惊叹。值得一观的有抹大拉的玛丽亚（Maddalena）的目光：她的目光投向基督的下腹部，那里覆盖着一层腰布，腰布上居然呈现出两个太阳的形象，而这两个形象同样也出现在先前那幅《犹大之吻》（Bacio di Giuda）里，出现在抹大拉的玛丽亚的胸腹部。这或许是对流传于法国南部的那个传闻的某种诠释？根据这则传闻，抹大拉的玛丽亚曾与圣母玛利亚一道，在耶稣于加尔瓦略山受难及复活后来到法国南部的桑泰斯-马里耶德拉-梅，且抹大拉的玛丽亚在那里生下救世主的儿子，这个孩子便是卡佩王朝的始祖！这则法国的传闻随着那些宣扬"自由之爱"的团体的兴起传播开来。这些团体在法国和雷诺河地区组织淫乱的宗教聚会，曾遭到教廷的严厉镇压。一面是与清洁派和阿尔比派相关的性恐惧群体，另一面则是那些毫无羞耻心的性乱群体……总之，这是一幅有待更深入研究的作品。

◀ 安布罗吉奥·洛伦泽蒂，《好政府和坏政府的寓言》系列画作之一，《好政府对城市的影响》（Effetti del Buon Governo in città），局部，1338—1339年，湿壁画，锡耶纳市政厅

其实，锡耶纳也有不那么压抑的一面。1503年，教宗庇护三世（Pio Ⅲ）授意在主教座堂里修建了皮科罗米尼（Piccolomini）藏书室。尽管他只担任了不到一个月的教宗，他却是极为博学的教宗庇护二世（Pio Ⅱ）——本名埃尼亚·西尔维奥（Enea Silvio，"当我还是埃尼亚时，无人认识我。如今我有了'庇护'之名号，人人都唤我伯父"）——的侄子。在这座极为高雅的藏书室里，可以看到宾杜里乔在阿米科·阿斯佩蒂尼（Amico Aspertini）和年轻的拉斐尔的协助下创作的一系列壁画。此外，在被书柜环绕的藏书室的中央，还有一尊名为《美惠三女神》（Tre Grazie）的古代雕塑。这尊裸体雕塑是如此优雅，后来成了拉斐尔于1505年创作的那幅小型画作的模板。

锡耶纳极为诚挚地保留了赛马节的传统，每年夏天举办两次。这成为纪念这座城市的黄金年代及其中世纪文化的最为显著的标志。在欧洲各国的诸多历史节庆之中，锡耶纳赛马节是唯一一个并非以唤醒历史为宗旨的节日。在一年又一年里，赛马节始终是具有当代意义的大事。不错，该节庆的确有其古老的根源：需要穿上古代的服饰，吹奏古代的音乐，但节庆所展现的中世纪精神不是一种在当下被唤醒的过往，而是一种本就流传不朽的意蕴。

（图1）锡耶纳画派，《耶稣受难》（Crocifissione），局部，13世纪下半叶，湿壁画，锡耶纳主教座堂地下室

1	2
	3

（图2）锡耶纳画派，《耶稣下葬》（Deposizione），13世纪下半叶，湿壁画，锡耶纳主教座堂地下室

（图3）锡耶纳主教座堂，皮科罗米尼藏书馆

游览指南

慢行细品

　　我们不想冒犯任何人——尤其是易怒的佛罗伦萨人，但我们仍然要说，锡耶纳人凭借他们的非常规艺术在托斯卡纳大区中脱颖而出，成了最具人情味的一个群体。在主教座堂地下室里，抹大拉的玛丽亚的目光是极其具有人情味的。两个世纪以后，多梅尼科·迪·巴托罗（Domenico di Bartolo）绘制的那幅《谦卑的圣母》（*Madonna dell'umiltà*）也展现了一幅极为温柔的场景：两位天使得知耶稣基督在结束少年时期后就将走上受难之路后露出关切的（甚至是忧心忡忡的）神情，而童子耶稣则是那样无忧无虑，他的一根手指含在口中，另一只手托着脚跟，圣母饱含深情地用自己的手托住了童子耶稣的另一只小脚丫。在那个年代里，此种展现人间情感的场面是十分鲜见的。同样值得关注的还有木板坦培拉画《圣女加大肋纳的神秘婚礼》（*Sposalizio mistico di santa Caterina*），画家米凯利诺·达·贝索佐（Michelino da Besozzo）超越了他对风靡各国的哥特风格的钟爱，赋予了圣安多尼（Sant'Antonio，小猪的主保圣人）以悲情的目光。画面上的小猪并不是通常的肉粉色，因而很可能是锡耶纳特有的黑猪。在这幅作品里，身为伦巴第人的米凯利诺并不是为了呈现当时的锡耶纳（因为他是直接前往锡耶纳美术馆的），而是让自身

　▶ 米凯利诺·达·贝索佐，《圣女加大肋纳的神秘婚礼》（*Sposalizio mistico di santa Caterina*），约1420年，木板坦培拉，75cm×58cm，锡耶纳国立美术馆

与一个永恒的锡耶纳合二为一。至于多梅尼科·迪·巴托罗作品中的人性色彩，只要前往斯卡拉的圣玛利亚医院的朝圣者房间去看看那幅《治愈病患》（*La cura degli infermi*）就足够了。画面上的一切都在表达人的情感：痛苦、关怀。这种表达是具有现实主义色彩的：拖鞋摆在地上，狗让猫竖起了背毛。对于悲情的展现成为长久的主题。在后来的巴洛克时期，贝纳尔蒂诺·梅（Bernardino Mei）再次对同样的情感进行了呈现，他将17世纪的文化注入对薄伽丘文字的悲情解读中，绘制了吉斯蒙达（Ghismunda）的形象。画中的女子是坦克雷迪（Tancredi）的女儿，在自杀以前，她手中紧握着的是那颗被她嫉妒熏心的父亲从她的情人的胸膛挖出的心。

▶ 多梅尼科·迪·巴托罗，《治愈病患》（*La cura degli infermi*），局部，1440—1441年，湿壁画，锡耶纳，斯卡拉圣玛利亚医院，朝圣者房间

▲ 多梅尼科·迪·巴托罗，《治愈病患》（*La cura degli infermi*），局部，1440—1441年，湿壁画，锡耶纳，斯卡拉圣玛利亚医院，朝圣者房间

▶ 贝纳尔蒂诺·梅，《吉斯蒙达》（*Ghismunda*），1650—1659年，布面油画，66.5cm×47.5cm，锡耶纳国立美术馆

布雷拉画廊（米兰）
——卢浮宫的姊妹

　　人们若是在参观布雷拉美术学院的丰富藏品时忘了这些藏品及这座美术学院诞生的历史，那着实是不应该的。在经历了米兰城区的多次历史变革之后，该学院才在那片区域落户。学院的名称来自它所在的"Braida"[1]区。中世纪时，那里是城市边缘的一片牧场，14世纪时被划入运河区，15世纪时被划入西班牙城墙区。在很长一段时间里，那里一直是屈辱者修会的修道院所在地。该修会以贫穷主义为理想，成员有男有女，既有世俗百姓也有教廷人士，所有人都全身心投入劳作。早在12世纪初期，该修会就形成了一张以位于维博尔多尼的中央修道院为核心的生产网络，其分支机构遍布整个伦巴第地区。由于该修会的纺织产业十分兴旺，带来了丰

[1] 法文，意为"葱郁的草地"。

◀ 拉斐尔·圣齐奥，《圣母的婚礼》（*Sposalizio della Vergine*），1504年，木板油画，170cm×118cm，米兰，布雷拉画廊

厚的资本积累，因此，该修会变得极其富有。据野史所述，特伦特大公会议结束后，生性严厉的卡洛·博罗梅奥年纪轻轻就成为枢机，并担任米兰主教。他采取了一系列极其严酷的举措，贯彻执行大公会议的决议。由于他禁止上演戏剧和举办节庆活动，屈辱者修会的纺织贸易遭到重创。三位修会成员意欲刺杀这位主教，在主教祷告时用火绳枪击中了他。然而，这一枪却没能让主教毙命；相反，他奇迹般地康复，后来还成了他被封圣的证据。至于那三位刺杀者，则被西班牙人的法庭逮捕并正法了。刺杀事件发生后，博罗梅奥借机将屈辱者修会赶出了布雷拉区，等待教宗庇护五世（Pio V）将其解散。

　　布雷拉的建筑被清空后，博罗梅奥主教借花献佛，将其赐予成立不久的耶稣

▼　布雷拉庭院初期，皇家科学学院与美术学院的所在地

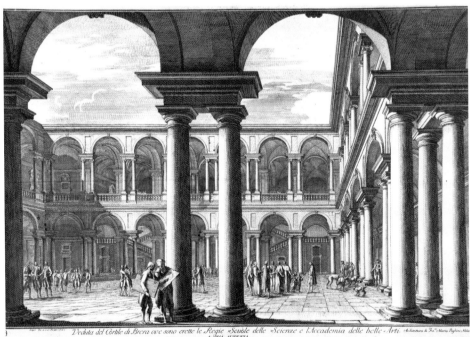

会。耶稣会士在那里创办了神学院和学校，还对其中一幢楼宇进行了大力整修。翻修工作由弗朗切斯科·马利亚·里奇尼主持，但他没能等到该工程完工的那一日。米兰的公共工程常常一拖再拖，此项工程也是在17世纪末才被批准开工的。在那个世纪里，布雷拉一直是一个科学培养基地。学者们在这里的植物园里持续开展草药研究。此外，关于历史、思想史和科学的研究也在同步前进。18世纪中期，这里甚至还创建了一座天文观象台。鲁杰罗·朱塞佩·博斯科维奇（Ruggero Giuseppe Boscovich）是一位达尔马提亚数学家，他出生在拉古萨海上共和国，母亲是贝尔加莫人。当年，一尊镀金圣母雕像被置于米兰主教座堂屋顶上最高的尖塔塔顶，这项工程的数据计算就是由他完成的。早在1773年，耶稣会就已被奥地利的玛丽亚·特蕾莎镇压，因此，鲁杰罗·朱塞佩·博斯科维奇是以被驱逐的耶稣会士的身份完成这一奇迹的。由于财富过剩，屈辱者修会遭到了解散；由于权力过大，耶稣会士也遭到了驱逐。从此之后，布雷拉的艺术生涯才正式开启。

在这一过程中，奥地利帝国的全权代表卡尔·约瑟夫·冯·菲尔米安（Karl Joseph von Firmian）伯爵功不可没。他于1759年至1782年执政米兰，直至去世。伯爵是一位狂热的藏书爱好者（留下了足足四万部藏书），也热爱各种艺术。在布雷拉转变为宫廷学校（后来成为公共学校）的过程中，他扮演了主角。1791年，菲尔米安的友人、受其庇护的朱塞佩·帕里尼（Giuseppe Parini）担任了这所学校的负责人。于是，人们将此事归功于奥地利女皇玛丽亚·特蕾莎的高瞻远瞩和改革精神，称颂她改变了布雷拉区的命运走向。不错，确实是她在一个信奉天主教的帝国里做出了决定，将葡萄牙蓬巴尔侯爵早先提出的想法真正付诸实施——1758年，这位侯爵曾以若泽一世（Giuseppe I Emanuele di Braganza）的大臣的身份，指控耶稣会试图谋害国王（居然每一次指控都与谋杀有关），并从教宗那里获得许可，没收了耶稣会的财产。1761年，路易十五统治下的法国依样效仿；五年后，西班牙的卡洛斯三世（Carlo III）也采取了同样的政策。耶稣会士被逐出了西班牙，也被逐出了那不勒斯。1773年，教宗克雷芒十四世宣布解散了该修会，其残余组织只在信奉新教的普鲁士和信奉东正教的俄罗斯得到宽容。

▼ 安德里亚·阿皮亚尼，《身着首席执政官制服的拿破仑·波拿巴肖像》（*Ritatto di Napoleone Bonaparte nelle vesti di primo console*），1803年，布面油画，100cm×70cm，贝拉焦，梅尔齐别墅，加拉拉蒂-斯科蒂收藏

▼ 圭多·卡尼亚齐，《克利奥帕特拉之死》（*Morte di Cleopatra*），1660—1663年，布面油画，120cm×158cm，米兰，布雷拉画廊

如此，布雷拉于1773年扭转了命运，变成了帝国的官方图书馆。被纳入其中的，有佩尔图萨迪（Pertusati）基金的收藏，有来自耶稣会内部的收藏，还有来自圣斐德里堂和圣热罗尼莫堂的收藏。布雷拉的裁缝车间变成了目前的图书馆大厅。1776年，玛丽亚·特蕾莎女皇通过其全权代表卡尔·约瑟夫·冯·菲尔米安在这里创办了美术学院。当年仅22岁的年轻艺术家安德里亚·阿皮亚尼（Andrea Appiani）将成为美术学院的主角。那时，他还未曾开始他的朝拜之旅，前往意大利去寻找古迹。后来，当他成为执政官拿破仑最为青睐的新古典主义画家时，他完成了这一旅程。最新研究结果显示，安德里亚·阿皮亚尼并不是出生在米兰，而是与朱塞佩·帕里尼一样，出生在普夏诺湖畔，莱科附近的博西肖。这一点可以更好地解释为何身为画家的阿皮亚尼和身为作家的帕里尼会在布雷拉建立友情。可以确定的是，阿皮亚尼参与了当时的共济会组织——米兰的康卡迪亚会所。该组织源于维也纳的共济会，年轻的莫扎特也是其中的成员。18世纪70年代初，15岁的莫扎特曾造访米兰，并在书信中称米兰是全欧洲最为活跃的音乐之都。同样是在那个年代，大公国新剧院的建设也已开工。总建筑师朱塞佩·皮埃尔马里尼（Giuseppe Piermarini）曾于1773年被委托为玛丽亚·特蕾莎之子——奥地利哈布斯堡王朝的斐迪南大公修建位于米兰的宫殿。1776年，他拆除了斯卡拉的圣玛利亚大公教堂，在原址修建大公国新剧院。原先收藏于这座教堂里的画作大多被转移至布雷拉，成为布雷拉美术学院最初的藏品，而朱塞佩·皮埃尔马里尼也亲自担任建筑系的讲席教师。自那时起，布雷拉就成为一座为教学服务的博物馆，为绘画、湿壁画和建筑学的研究助力。

1796年，法国人到来，赶走了奥地利人，也掀起了雅各宾派的革命风潮。1797年，身为将军的拿破仑在博洛尼亚依照法兰西学院的模式建立了阿尔卑斯山南共和国国立学院。自1802年起，亚历山德罗·伏打（Alessandro Volta）担任院长。1810年，已经登上帝位的拿破仑下令将这所新建的学院也搬迁至布雷拉。如此一来，布雷拉区就成了一处堪与巴黎各大学院和卢浮宫比肩的真正的文化中心。倘若我们可以"以小比大"的话，那么这座博物馆的成长是显而易见的。尽管拿破仑将其掠夺的大部分艺术品都带去了巴黎，布雷拉却有幸收藏了大量来自处于法军控制之下的地区（如最初的米兰、威尼斯和后来的亚得里亚海沿岸地区）的作品。至于将那些作品置于何处，其决定权并非总是集中于某个人手里。政治局势的变化往往会影响那些作品的去处。拉斐尔著名的祭坛画《圣母的婚礼》（*Sposalizio della Vergine*）便是一个典型的例子：画作的诞生之地是卡斯泰洛城的圣方济各教堂，1789年，在雅各宾派将军朱塞佩·莱希（Giuseppe Lechi）的勒索下，卡斯泰洛城的市政府将画作赠予了他，他随后将其卖给了商人桑那扎里（Sannazzari）。桑那扎里临去世前将这幅画留给了米兰综合医院。最后，拿破仑的继子，时任意大利总督欧仁·德·博阿尔内（Eugène de Beauharnais）购入了这幅画，将其置于布雷拉美术学院。

当拿破仑用征收来的艺术品去丰富布雷拉的馆藏时，他的操作是相当有选择性的。因为在很长一段时间里，建筑、透视和绘画一直是这所新创办的博物馆的核心主题。其中一些高品质的艺术品就来自米兰本地。例如，枢机主教塞萨雷·蒙蒂（Cesare Monti）的收藏就是被强行转移至布雷拉的。此人是费德里科·博罗梅奥的继任者和堂兄弟，于1632年至1650年执掌米兰教区。拿破仑倒台后，奥地利帝国复辟，其统治氛围并不像后来意大利统一运动时期的史学家描写的那般严苛。美术学院成为美学教育中心和市民的教化中心，也成为孕育民族复兴运动的策源地：弗朗切斯科·海耶兹（Francesco Hayez）在此反思意大利在"米兰五日"事件后所遭遇的不幸；在他的领导下，年轻的革命者吉洛拉莫·因杜诺（Gerolamo Induno）参加了"米兰五日"暴动，随后又加入了于1849年成立的短命的罗马共和国。弗朗切斯科·海耶兹继续推进藏品的购入，他成功地说服了奥地利政府将那幅由圭多·卡尼亚齐（Guido Cagnacci）在维也纳为利奥波德一世创作的《克利奥帕特拉之死》（*Morte di Cleopatra*）转运至米兰。后来，这幅画成为海耶兹那幅反奥地利政权的画作（他笔下的痛苦的少女手握着一本名为《意大利史——18世纪》的书）的灵感来源。此外，当米兰刚刚被并入撒丁王国时，海耶兹又说服国王购置了由洛伦佐·洛托（Lorenzo Lotto）绘制的费伯·达·布雷西亚（Febo da Brescia）及其

▲ 翁贝托·博丘尼，《画廊里的骚乱》（*Rissa in galleria*），布面油画，74cm×64cm，米兰，布雷拉画廊

妻子劳拉（Laura）的肖像，并将其赠予学院画廊。当年的意大利极其渴望国家统一，所以，自拿破仑三世在索尔费里诺战役中取胜，那尊由卡诺瓦在半个世纪以前创作的拿破仑青铜雕像就被放置在博物馆庭院的中央，相应的大理石雕塑则在伦敦落脚。这就是布雷拉画廊里的教学藏品，其收藏格局与意大利别处的美术馆存在明显差异：那些博物馆的馆藏大多来自王公贵族的遗产，也常常成为斯卡拉剧院布景变化的依据。

20世纪，博物馆仍在继续购入作品，这得益于慷慨的米兰市民成立的布雷拉友好协会。这或许是依靠市民参与来资助公共博物馆的最初几家机构之一。1939年，通过一次公开募捐，卡拉瓦乔的《以马忤斯的晚餐》（*Cena in Emmaus*）被赠予博物馆。与此同时，修复后的斯福尔扎城堡博物馆诞生，一部分非画作藏品涌入了那里，包括中世纪文献、手工装饰品、古埃及系列藏品、考古发掘系列藏品等。20世纪30年代，建筑学教育被转移至米兰理工大学新建的建筑系，布雷拉美术学院从此专攻艺术。自那时起，布雷拉就变成了一个兼容并包之所，既是博物馆，也是教学机构，既是高中的所在地，也是1924年成立的米兰国立大学理工科院系的所在地。不过，布雷拉的博物馆一直是米兰人心中的关注点；布雷拉友好协会仍在继续开展工作；布雷拉的藏品也在不断丰富。例如，艺术评论家和收藏家兰贝托·维塔利（Lamberto Vitali）与他的友人埃米利奥·杰西（Emilio Jesi）和玛丽亚·杰西（Maria Jesi）夫妇就将各自遗留的藏品赠予了布雷拉博物馆。他和友人一道同意将藏品纳入20世纪的艺术品，包括翁贝托·博丘尼（Umberto Boccioni）的《画廊里的骚乱》（*Rissa in galleria*），以及乔治·莫兰迪和马里诺·马里尼（Marino Marini）的诸多杰作。

游览指南

建筑教学

　　与所有那些有着复杂发展史的博物馆类似，布雷拉画廊也为参观者提供了多种路径选择。毫无疑问，最为引人入胜的，还是那条能够体现藏品教学功能的路径。对于细心的参观者而言，一条备选路径便是去发现19世纪初这座博物馆在进行画作藏品甄选时的动机：《发现圣马可的遗体》（*Ritrovamento del corpo di san Marco*）中的建筑透视便是一个极好的例子。

◀ 丁托列托（原名雅各布·罗布斯蒂），《发现圣马可的遗体》（*Ritrovamento del corpo di san Marco*），局部，1562—1566年，布面油画，396cm×400cm，米兰，布雷拉画廊

▶ 奥拉齐奥·詹蒂莱斯基，《天使拜访殉道圣人圣则济利亚、瓦莱里亚诺和蒂武西奥》（*I santi martiri Cecilia, Valeriano e Tiburzio visitati dall'angelo*），1607年，布面油画，350cm×218cm，米兰，布雷拉画廊

▲ 埃尔科莱·德·罗伯蒂，《波尔图的祭坛画》（*Pala portuense*），1481年，木板油画，324cm×240cm，米兰，布雷拉画廊

▲ 皮耶罗·德拉·弗朗切斯卡，《蒙特费尔特罗的祭坛画》（*Pala Montefeltro*），1472年，木板坦培拉油画混合技法，248cm×170cm，米兰，布雷拉画廊

▲ 维托雷·卡巴乔，《在犹太公会与众长老辩论的圣斯德望》（*Disputa di santo Stefano tra i Dottori nel Sinedrio*），局部，1514年，布面油画，147cm×172cm，米兰，布雷拉画廊

　　同样出色的还有奥拉齐奥·真蒂莱斯基（Orazio Gentileschi）所作的《圣塞西利亚的幻象》（*Visione di santa Cecilia*）中管风琴风管构成的透视灭线；乔瓦尼·贝利尼（Giovanni Bellini）和真蒂莱·贝利尼（Gentile Bellini）所作的《圣马可在亚历山大布道》（*Predica di san Marco in una piazza di Alessandria*）里对于建筑的典范式描绘；更不用说安德烈·曼特尼亚（Andrea Mantegna）在那幅《死去的基督》（*Cristo morto*）中所呈现的望远镜透视视角了。1803年，新古典派画家和文人朱塞佩·博西（Giuseppe Bossi）担任布雷拉美术学院章程的起草人，他曾将这幅画作置于自己的书房，后来又留给了布雷拉美术学院。

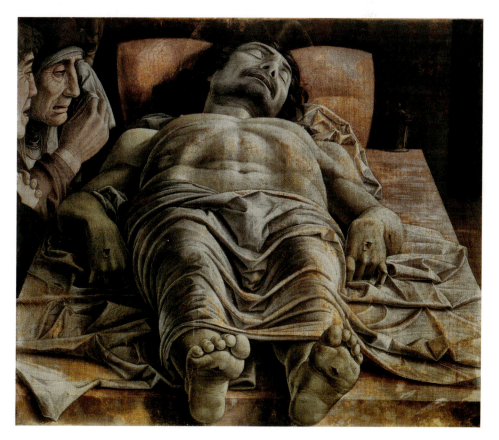

▲ 安德烈·曼特尼亚，《死去的基督》（*Cristo morto*），约1475—1478年，布面坦培拉，68cm×81cm，米兰，布雷拉画廊

▲ 詹蒂莱·贝利尼和乔瓦尼·贝利尼，《圣马可在亚历山大布道》（*Predica di san Marco in una piazza di Alessandria*），1504—1507年，布面油画，347cm×770cm，米兰，布雷拉画廊

威尼斯学院美术馆（威尼斯）

——日不落强国

又一次，我们要将大部分罪过归于拿破仑·波拿巴。就意大利的艺术品而言，拿破仑是名副其实的抢掠者。然而，谈到这些作品的教化作用，他同样是一个值得尊重的人。瞧，他占领了威尼斯，把这座城市洗劫一空，将所有的杰作都带去了巴黎和米兰。不过，与此同时，他也尝试在这里建立一所全新的绘画学院。这所学院于18世纪中叶正式成立。1807年，它有幸从简陋的面粉仓库被搬迁至圣马可广场旁那座相当舒适的圣玛利亚慈善修道院——自从拉特兰圣职修会被镇压后，那里就一直被闲置着。

在拿破仑帝国时期，威尼斯美术学院的功能与米兰布雷拉美术学院以及更加古老的博洛尼亚克雷芒学院的功能是类似的。布雷拉美院设在被玛利亚·特蕾莎镇

◀ 提香·韦切利奥，《圣母入圣殿》（*Presentazione della Vergine al Tempio*），局部，1534—1538年，布面坦培拉，335cm×775cm，威尼斯学院美术馆

压的耶稣会修道院内；1706年由教宗克雷芒十一世创办的克雷芒学院也是在另一处耶稣会的修道院内变成了美术学院——早在拿破仑入侵以前，那一处修道院就被罗马教廷镇压了。如同米兰和博洛尼亚的那两所美院，威尼斯的这所学院也以透视学和装饰学为主要教学内容，其宗旨不仅是培养画家，更是培养建筑设计师。

自共和国肇始，威尼斯就不曾拥有一座博物馆。它并没有这样的需求，因为整座城市就是一座博物馆。城里有数不尽的教堂，收藏着数不尽的画作；教堂附近有各种各样的学校，为共和国培养贵族和平民；公爵府自身就是一座具有强大舞台效果的建筑。所以说，威尼斯的一切都是绘画教材。这座城市是艺术家们的创造力之源。这里的艺术家们往往有着很强大的势力，其中一些——如提香和委罗内塞

▲ 卡纳莱托（又名乔瓦尼·安东尼奥·卡纳尔），《威尼斯，圣维达理堂广场和圣玛利亚慈善教堂，石匠庭院》（*Venezia, Campo S. Vidal e Santa Maria della Carità, Cortile dello scalpellino*），约1725年，布面油画，123.8cm×162.9cm，伦敦，英国国家美术馆

（Paolo Veronese）——在经济上也相当富有。只有丁托列托的收入不高，这或许是他古怪的性格所造成的。在为果园圣母堂绘制大幅画布油画作品时，丁托列托除了要求委托人提供画布、颜料和用于提神的葡萄酒，只要求了一份非常微薄的薪酬。正因如此，他在去世后获得了在这座教堂安葬的殊荣。在威尼斯，绘画只是一种谋生手段，这一点从提香的做派就能看出来。他出生于一个以经营卡多列木材维生的相当富有的家族，因此天生就非常关注我们今天所说的"营业额"。关于这一特点，保存于威尼斯学院美术馆的那幅油画《圣母入圣殿》便是佐证。1534年至1538年设计的初稿规模原本只打算跨越画作右侧大台阶下方的一扇门。后来，当修道院向提香（当时已获查理五世赐封的伯爵头衔）提出要求，请他扩大画面，令其也能跨越画作左下方的那扇门时，提香回答说并无不可，但前提是修道院需自行承担这一修改费用——倘若他们认可这笔资金投入的价值。关于上述问题的往来信件至今仍保存在学院的档案馆里，这让博物馆本身也成为一处迷人的历史圣地。

19世纪初，威尼斯第一座真正意义上的博物馆诞生了——有人说这是一种掠夺，也有人认为这是一种政治举措。因为在那一刻之前，共和国从不曾有过类似需求，让某种公共机构来保存或展陈其藏品。在此以前，艺术品创作的主要委托方不是共和国的最高政权机构——公爵府，就是各级教廷。在这样一个格外繁盛的共和国里，高品质的艺术品是大有用武之地的，与其说是为了供岛上居民欣赏，不若说是为了让来自全世界的使节感到震撼。除此以外，城国里的贵族家庭也会委托艺术家进行创作，去美化他们在城市里的豪华居所，或是位于其领地内的其他别墅。毫无疑问，威尼斯人青睐湿壁画胜过油画，这是因为房屋的主人们都很担心可移动的物件被盗。因此，在从一处居所搬往另一处居所时，他们会不厌其烦地将各种大小物件随身携带，或是乘船（倘若是前往布伦塔河），或是驾车（倘若是前往特拉利奥大街），搬来搬去，包括银器、餐具、来自穆拉诺工坊的钩针编织品、床上用品以及来自东方的地毯，如此等等——上述物件频繁地出现于各种画作之中。

▲ 吕埃-马尔梅松，马尔梅松城堡，拿破仑藏书馆，约1800年，摄影

▶ 威尼斯，圣玛利亚慈善教堂，安德烈·帕拉迪欧设计的圣器收藏室

就这样，当帝国无可奈何地步入黄昏阶段，美术学院就成了它的第一座博物馆。今天，由国家运营的博物馆联盟包括黄金宫、东方艺术博物馆、国立考古博物馆。市立博物馆则包括公爵府博物馆、科雷尔博物馆、雷佐尼科博物馆〔某些房间至今还摆放着安德烈·布鲁斯托隆（Andrea Brustolon）制作的家具，散发出那个时代的馨香〕、佩萨罗博物馆（该馆保存有近期画作的所有文档信息）、莫契尼戈宫博物馆（有着原汁原味的装饰和气息）。此外，威尼斯还有一些大型私立博物馆机构，最重要的当数奇尼基金会（Fondazione Cini）及其下辖的两处博物馆。上文中列出的仅是部分博物馆的名称清单，参观者无论前往何处，总有精美的装饰、天顶画作及展陈物件相伴相随。

不过，学院美术馆始终处于最核心的地位。它的庭院由帕拉第奥设计建造，是第一处维特鲁威式古典风格的集大成者。此外，新近重新对参观者开放的圣器收藏室亦是一处小巧精致的建筑，曾是法国皇家建筑师皮埃尔–弗朗索瓦–莱昂纳尔·方丹（Pierre-François-Léonard Fantaine）和夏尔·佩西耶（Charles Percier）——两者都曾在巴黎和意大利学习——为马尔梅松城堡进行室内设计时的重要参考对象。马尔梅松城堡是拿破仑的发妻约瑟芬的居所。她的儿子欧仁·德·博阿尔内（Eugenio di Beauharnais）后来成为威尼斯亲王和意大利王国的总督。正如法国人所说，历史总是"环环相扣"的。

1815年维也纳会议结束后，威尼斯和伦巴第都成了奥地利帝国的领地。其实，早在一个世纪以前，伦巴第就已处于奥地利帝国统治之下，在法律（"特蕾莎地籍登记体系"或许是这一领域最为重要的遗存成果）和经济（兴建斯卡拉歌剧院、米兰王宫、蒙扎王室别墅）方面均得到了相当高的重视。威尼托地区则是维罗纳堡垒周围的战略中心。海运重镇由威尼斯的潟湖转移至的里雅斯特——该城的规模显著扩张。无论是透纳（Turner）的旅行，还是海耶兹逃往米兰之举，都说明这座城市已日渐衰落。列奥波德·齐科尼亚拉（Leopoldo Cicognara）伯爵曾短暂地掌管美术学院。这位在罗马成长起来的费拉拉人后来成了一位严谨的艺术史学家，并被任命为阿尔卑斯山南共和国的首相。他先是向拿破仑进献了他的《关于美的探讨》（*Del Bello. Ragionamenti*），接着又撰写了《意大利民族复兴运动至拿破仑时期的雕塑史》（*Storia della scultura dal suo risorgimento in Italia sino al secolo di Napoleone*）。后来，他很快向奥地利臣服，将创作于1818年的第三部作品《威尼托地区向奥地利皇后陛下的献礼》（*Omaggio delle province venete alla Maestà Augusta imperatrice d'Austria*）进献给皇帝弗兰茨二世的妻子。随后，由于他发表了一些对哈布斯堡家族统治不利的言论，只好辗转于罗马和比萨，并成为纽约绘画学校的荣誉院士。威尼斯人大举向外地迁徙的时代开始了。与此同时，经济利益也逐渐转移至的里雅斯特，那里是维也纳的天然港口。帕斯夸莱·雷沃尔泰拉（Pasquale Revoltella）的职业生涯见证了这一过程。此人出生于威尼斯，于20世纪

30年代前往的里雅斯特创办了忠意保险公司，并以象征威尼斯的飞狮作为公司的徽章标志。1853年，在劳埃德军舰修造厂成立期间，他加入了的里雅斯特的劳埃德公司。劳埃德军舰修造厂是当时最大的造船厂，也是货物仓储基地，完全取代了原先的威尼斯造船厂。1848年至1849年暴动期间，威尼斯再度苏醒，成立了短命的圣马可共和国，随后便彻底衰败了。那时的歌曲这样唱道："带着常日的忧伤，我看着你，流下眼泪，我的威尼斯！疾病肆虐，饥饿横行，甲板上飘着的，是白色的旗！"1861年，小安德烈·阿皮亚尼（Andrea Appiani, Jr.）创作了他的最后一幅画作《希望中的威尼斯》（*Venezia che spera*）。后来，威尼斯再度成为意大利的领土，获得了新生：玻璃加工厂的炉膛重新燃起（此前，为了避免商业竞争，拿破仑曾强行关闭了威尼斯的玻璃加工厂），又一次带来了希望之光。威尼斯美术学院也迎来了复兴，通过购置和捐赠获得了全新的藏品。

起初，威尼斯美术学院是一座因政治因素而创建的博物馆。随着时光的流逝，该机构见证了威尼斯城的所有历史变迁。如今，该学院在文物整饬和修复领域享有盛誉。从这座处于核心地位的博物馆出发，参观者便可逐渐了解威尼斯的庞大博物馆体系。

游览指南

对社会生活的颂扬

今天的威尼斯居民很少，游客很多——更确切地说，是居民太少，游客太多。美术学院的参观者则可利用漫步于博物馆的机会尝试去探寻当年那个威尼斯居民遍布的城市。那时的街道、广场、宫殿和普通民宅都曾出现在皮耶特罗·隆吉（Pietro Longhi）的小幅油画作品里，画面上尽是专注于音乐或玉米粥的饮食男女。从这个意义来说，维托雷·卡巴乔（Vittore Carpaccio）以圣乌尔苏拉（Sant'Orsola）为题创作的一系列作品倒是见证了威尼斯当年的勃勃生机，令人不禁浮想联翩：那时的威尼斯是欧洲最活跃的外交中心，它派往世界各地的使节会定期向总督的政务厅提交通报。直到今天，这些文献仍然保留在市政府的档案馆里，构成了探寻欧洲政治秘密的宝贵资料来源。参观者倘若没能被维托雷·卡巴乔的笔触说服，还可前去看一看乔瓦尼·曼苏埃提（Giovanni Mansueti）的作品和委罗内塞笔下盛大的晚宴。鉴于整座威尼斯城就是一座博物馆，有勇气步行游览的参观者还可前去探寻一些其他能够体现这座城市往昔活力的佐证。参观者将会在那座游人与鸽子遍布的圣马可广场发现雅各布·桑索维诺（Jacopo Sansovino）设计的小敞廊，那是委罗内塞的许多画作的灵感来源。

▶ 皮耶特罗·隆吉，《小型音乐会》（*Il concertino*），局部，1741年，布面油画，60cm×48cm，威尼斯学院美术馆

乔瓦尼·曼苏埃提，《圣马可生平要事》（*Episodi della vita di san Marco*），局部，约 1525—1527年，布面油画，376cm×612cm，威尼斯学院美术馆

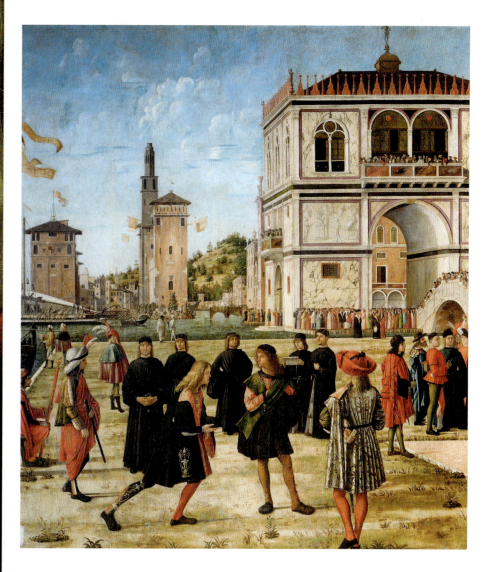

▲ 维托雷·卡巴乔，《圣乌尔苏拉的故事：使节归国》（*Storie di sant' Orsola: Ritorno in patria degli ambasciatori*），局部，1490—1495年，布面油画，297cm×526cm，威尼斯学院美术馆

◀ 皮耶特罗·隆吉，《草药店》（*La bottega dello speziale*），局部，约1750年，布面油画，59cm×47cm，威尼斯学院美术馆

▲ 保罗·委罗内塞（原名保罗·卡利亚里），《列维家宴》（*Convito in casa di Levi*），1573年，布面油画，555cm×1280cm，威尼斯学院美术馆

▲ 雅各布·桑索维诺，威尼斯圣马可钟楼下的小敞廊，1537—1546年

◀ 维托雷·卡巴乔，《里阿尔托桥的十字架奇迹》（*Miracolo della reliquia della Croce al Ponte di Rialto*），局部，约1496年，布面坦培拉，365cm×389cm，威尼斯学院美术馆

那不勒斯国家考古博物馆（那不勒斯）

——朝至那不勒斯，夕死可矣

少年国王费迪南多四世出生于1751年1月12日，全名叫费迪南多·安东尼奥·帕斯夸莱·乔瓦尼·奈波姆切诺·塞拉菲诺·热纳罗·贝内德托（Ferdinando Antonio Pasquale Giovanni Nepomuceno Serafino Gennaro Benedetto）。他的母亲是德意志人，而父亲则是以那不勒斯方言为主要语言的半个法国人和半个帕尔马人。意大利统一后，持有皮埃蒙特视角的编史工作总是试图将这位国王归于玩物丧志的傀儡之列——他热衷于捕杀野猪，也热衷于追求农村少女。他的母亲是萨克森的玛丽亚·阿玛利亚（Maria Amalia），而外曾祖父——"强力王"奥古斯特二世——则是萨克森的一个幸运的选帝侯：由于他由原先信仰的路德新教改信了天主教，才有机会登上波兰的王位，为自己信仰天主教的后代留下机会，能够与几位笃信天主

◀ 古罗马艺术，斯塔比亚，《春》（*La primavera*），又称《花神》（*Flora*），15—45年，湿壁画，那不勒斯国家考古博物馆

教的西班牙国王的子嗣缔结姻亲。他的父亲——波旁王朝的卡洛斯三世——是费利佩五世之子，而费利佩五世则因为是"太阳王"（法国国王路易十四）的孙子而有幸成为西班牙的国王。

说到费迪南多四世的德意志外祖父，他人生中的最大幸事莫过于曾庇护过一个古怪的炼金术士：约翰·弗里德里希·博格尔（Johann Friedrich Böttger）。此人获得了资助，在迈森城堡的阁楼里闭门不出，于1708年发现了烧制瓷器的秘方。在那个年代，瓷器价值高，堪称"白色的金子"。不像原先用陶土烧制的盘子，用过不久便会透水，这种新型材料既耐用又卫生，因而备受欢迎。同样幸运的还有这位选帝侯所在的家族：这种新材料迅速占领了欧洲市场，与英国人和荷兰人的印度公司所售卖的中国瓷器难分高下。由于费迪南多四世的母亲也有权从她的家族获得该材料的生产配方，她便说服丈夫于1743年在刚刚完工的卡波迪蒙特王宫里开设了一家瓷器工厂。

埃马努埃尔·莫里斯·德·吉斯–洛林（Emmanuel Maurice de Guise-Lorraine）出生于洛林世族的一个旁系家族，15世纪初，该家族便迁到了诺曼底。这位古怪的贵族也有过一项伟大的发现。毫无疑问，他是一个幸运的人，于1677年出生，1763年逝世。在八十六年的人生历程中，他见过了命运的各种脸色。作为埃尔伯夫[1]公爵的儿子，他于1706年离开了出生地法国，前往维也纳效力于约瑟夫一世。后来，已处于高龄、容颜老去的路易十四将他以叛逃罪论处：他仿造戏剧中的正法情节，对此人的雕像实施了绞刑。对于这位年轻小伙子来说，这可不是一桩小事。不过，他幸运地获得了奥地利哈布斯堡家族的派遣，以皇家骑兵队少将的身份去了那不勒斯，负责监视西班牙军队的一举一动——他们正在那里观望西班牙的最后一位哈布斯堡家族成员卡洛斯二世（Carlo Ⅱ，人称"着魔者"，这一说法其实不无道理）去世后的王位继承情况。在这一时期，埃马努埃尔·莫里斯爱上了那不勒斯的海岸，并命人在波蒂奇修建了一座宅邸：因为有人告诉他，说在那一片区域，只

---

[1] 地名，位于塞纳河入海口附近。

▲ 安东·拉斐尔·门斯，《两西西里国王、波旁王朝的费迪南多四世九岁时的肖像》
（*Ritratto di Ferdinando IV di Borbone, re delle Due Sicilie, a nove anni*），1759年，布面油
画，180cm×126cm，那不勒斯，卡波迪蒙特博物馆

要稍加留意，就能轻易挖出古代的大理石柱。他的确找到了一切：柱子、大理石、雕塑……他大开眼界，将其中的一些寄给了法国和奥地利帝国的友人。于是，埃尔科拉诺开始得到世人的关注。1734年，波旁王朝的卡洛斯三世终于登上了西班牙王位，他决定从这个法国人手中买下那片被挖掘的区域，开始进行系统的研究。同样是在那些年里，这位新任国王决定在波蒂奇修建自己的别墅。1738年，他派出了另外一位工程师军官去镇守那不勒斯。这便是西班牙人罗克·华金·德·阿尔库比埃尔（Roque Joaquín de Alcubierre），他的任务是监督别墅的修建工程。与此同时，他从国王那里获得了继续发掘埃尔科拉诺遗址的许可。十年以后，也正是他开启了庞贝遗址的发掘工程。

对于年轻的那不勒斯国王而言，这些古迹的挖掘具有双重作用。一方面，通过售卖部分出土文物，可以充盈国库；另一方面，这些文物可以丰富卡洛斯三世的

▲ 在埃尔科拉诺的阿耳戈之家廊柱庭院里的挖掘现场

既有考古收藏——那些藏品来自他母亲的家族。他的母亲是法尔内塞家族的最后一位成员，拥有该家族在帕尔马和罗马的藏品。其中，罗马的藏品来自法尔内塞家族的教宗保罗三世于16世纪主持的考古发掘。

　　1766年，费迪南多的祖母埃丽莎贝塔·法尔内塞（Elisabetta Farnese）去世。她是一位泼辣的女子，以费利佩五世（出生于法国的凡尔赛）之妻的身份在西班牙宫廷里扮演王后的角色。埃丽莎贝塔是法尔内塞家族的最后一位女公爵，有一半帕尔马血统和一半德意志血统。她的母亲是富有且果决的巴伐利亚纽伦堡公主——普法尔茨的多萝西娅·索菲（Dorothea Sophie）。由于埃丽莎贝塔·法尔内塞没有波旁家族之外的继承人，既然儿子卡洛斯已于1759年做回了西班牙的国王，其巨大的收藏遗产就由孙子费迪南多继承。几年以前，一部分藏品已经得到了转移，不过，藏品的整体搬迁是在1788年才完成的。就这样，来自罗马考古发掘的文物以一种非

▲ 安吉莉卡·考夫曼，《费迪南多四世的家族肖像》（*Ritratto della famiglia di Ferdinando Ⅳ*），1782年，布面油画，310cm×426cm，那不勒斯，卡波迪蒙特博物馆

◀ 古罗马艺术，《法尔内塞天球仪》（*Atlante Farnese*），2世纪，大理石，高191cm，那不勒斯国家考古博物馆

同寻常的方式与当时那些在那不勒斯的考古发掘中持续出土的文物融为一体。一些最具装饰性的雕塑被暂时安置在王室位于城内的别墅花园里。日积月累，所有这些文物都在寻找它们的命运之所。

1777年起，这条通往命运之所的道路逐渐开启。当时，波旁王室博物馆成立，地点位于王宫——直到1766年耶稣会士被逐出王国，那座楼宇才改变名称。那是欧洲大陆上诞生的第一座现代博物馆，从某种程度上也可被视作波旁家族对城市改革作出的贡献。圣卡洛歌剧院诞生于1737年：其设计者是出生于夏卡的西西里人乔瓦尼·安东尼奥·梅德拉诺（Giovanni Antonio Medrano）。此人曾参与城中王宫的改造，而剧院与王宫则是彼此紧贴着的。一年以后，卡波迪蒙特王宫开始施工。1749年，由费迪南多·富加（Ferdinando Fuga）主持的那不勒斯济贫院动工，同期动工的还有位于巴勒莫的一处类似的建筑。与此同时，那不勒斯的凡尔赛宫——卡塞塔王宫正在建设。根据当时盛行的重农主义思潮（该理论认为国家财富的积累取

▲ 那不勒斯的济贫院，19世纪，水粉画，私人收藏

▲ 弗朗切斯科·科莱奇尼，卡尔迪泰洛王室庄园或王宫，18世纪，圣塔姆马罗

▲ 费迪南多·富加，那不勒斯，卡波迪蒙特王宫，1743年，面朝花园的正立面

决于其农业生产能力，而非仅仅取决于纺织业和商业），在离该王宫仅有一步之遥的地方，又建起了卡尔迪泰洛王室庄园，用作畜牧中心和新农业试验基地。全世界的人都应感谢卡尔迪泰洛王室庄园，因为圣马尔扎诺番茄、压面机和马苏里拉奶酪都是在这里产生的。1778年，生产丝绸的圣莱乌乔"营地式工厂"成立，这是一种具有先锋色彩的实验：该厂的工人们就住在工厂附近的宿舍里。

将藏品置于一处特殊的场地，供公众享用——这种想法与上述政策有着相同的视角。费迪南多·富加是第一位设计师。不过，三年以后（主要是由于经济因素），他被他的副手——年仅33岁的蓬佩奥·施安塔雷利（Pompeo Schiantarelli）取代了。1778年，国王费迪南多顶着来自教宗庇护六世的压力，将留在罗马的法尔内塞家族的藏品转运至那不勒斯，用以丰富新创立的博物馆的馆藏。在成立初期，这座博物馆既收藏考古文物，也收藏大量的画作。意大利统一以后，卡波迪蒙特王宫的命运也发生了变化：起初，那里成了奥斯塔公爵的居所，后来，王宫里的部分物件被搬走，送去装饰罗马的奎里纳尔宫。王宫最终被改造为一所只以第二次世界大战后的文化为主题的博物馆，原先藏于那里的画作都被转移至如今的考古博物馆了。

▶ 萨摩斯的狄奥斯库里德斯，《流动乐师》（*Musicisti ambulanti*），来自庞贝，西塞罗别墅，公元前2—前1世纪，马赛克镶嵌，那不勒斯国家考古博物馆

游览指南

神话、戏剧与现实

　　那不勒斯是永恒的。长久以来，它一直是一座相当神秘且独特的城市，在神话、戏剧和现实中彰显出一种奇特的张力。这话说得不全对，但这的确是世人普遍认同的一种特征。这里有着熠熠生辉的考古收藏。神话故事被栩栩如生地描

▲ 古罗马艺术，悲剧诗人之家，《准备演出的演员》（*Attori che si preparano per una recita*），局部，马赛克镶嵌，那不勒斯国家考古博物馆

绘在《以弗所的阿耳忒弥斯》（*Artemide efesina*）里，颂扬着女神胸口无穷的丰满。至于戏剧性，参观者一看到悲剧里的种种面具角色，便一目了然。此外，也可通过精美的马赛克镶嵌画去观察当年的流动乐师以及在后台准备演出的演员。画面上的手势将在日后被"普钦内拉"[1]（Pulcinella）所用，其面部表情也预告了托托（Totò）和佩皮诺·德·菲利波（Peppino de Filippo）那令人熟悉的表情。而那尊《伪塞涅卡》（*Pseudo-Seneca*）所体现出的现实感是如此的直接和令人惊叹，对致力于表现非现代主题的最有实力的艺术家维琴佐·杰米托（Vincenzo Gemito）产生了不可否认的影响。不过，若是看看古罗马人所作的皇帝韦斯巴芗（Vespasiano）和图拉真（Traiano）的肖像雕塑，便会发现这些作品的现实感更胜一筹，其形象甚至与游客光顾的餐厅里的服务生或厨师有几分相似。这或许能更好地解释为何安东尼奥·卡诺瓦会画出一张并不像拿破仑本人的肖像画，却能雕出一尊活灵活现的费迪南多四世的塑像，其逼真程度简直达到要让雕像开口说那不勒斯方言。画中费迪南多四世活脱脱就是餐厅门口那个负责代客泊车的服务生。倘若上述作品中的现实感显得过于生硬，那么那尊《救世的阿佛洛狄忒》（*Afrodite Sosandra*，其形象与浑身长满乳房的阿耳忒弥斯截然迥异）则呈现出一种极其温柔的真实感。尽管这件作品是古希腊原作的复制品，但当西方雕塑忘却了黄金年代的古典风格，开始与各个世纪的风格对话——从瑙姆堡的《乌塔》（*Uta*）到存于奥尔维耶托的由弗朗切斯科·莫奇（Francesco Mochi）创作的《圣母领报》（*Vergine Annunziata*），那只透过斗篷的若隐若现的手却依然成了西方雕塑尊崇的典范。从另一方面说，既然"救世的阿佛洛狄忒"是拯救女神，人们也能轻易察觉到她完全有可能成为领报圣母的原型之一，然而，没有任何一位后世雕塑家见过他们前人的作品——对此，我们是确信不疑的。由此，我们可以认为荣格教授和瓦尔堡教授在研究原型的传承问题时，他们的结论是有道理的——只不过在那时，托托还没能成为他们的研究对象。

---

[1] 17世纪即兴喜剧中的角色。

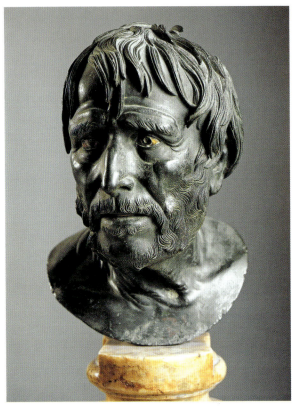

1
2	3

（图1）古罗马艺术，《头部肖像》（*Testa ritratto*）或《伪塞涅卡》（*Pseudo-Seneca*），约公元前49—前25年，青铜，熔铸，雕刻，高33cm，那不勒斯国家考古博物馆

（图2）安东尼奥·卡诺瓦，《装扮成密涅瓦的波旁王朝的费迪南多四世》（*Ferdinando IV di Borbone in veste di Minerva*），局部，1800—1820年，大理石，高360cm，那不勒斯，卡波迪蒙特博物馆

（图3）古罗马艺术，弗拉维王朝时期，《韦斯巴芗，大型胸像》（*Vespasiano, busto colossale*），75—99年，大理石，高147cm，那不勒斯国家考古博物馆

▲ 维琴佐·杰米托，《哲学家头像》（*Testa di filosofo*），1833年，青铜，那不勒斯，泽瓦洛斯·斯蒂利亚诺宫，意大利画廊

▲ 古罗马艺术，帝国时期，《以弗所的阿耳忒弥斯》（*Artemide Efesia*），150—199年，雪花石膏和青铜，高203cm，那不勒斯国家考古博物馆

◀ 卡拉米斯，《救世的阿佛洛狄忒》（*Afrodite Sosandra*），古罗马时期的复制品，1—2世纪，大理石，那不勒斯国家考古博物馆

弗朗切斯科·莫奇，《圣母领报》（*Vergine Annunziata*），1605—1608年，大理石，高210cm，奥尔维耶托，主教座堂博物馆

瑙姆堡的大师，《乌塔》（*Uta*），1260年，大理石，瑙姆堡，主教座堂

雅典国家考古博物馆（雅典）

——一切的源头

　　平心而论，"现代希腊"这一概念是一种集政治、文学和语言的发明。19世纪初，希腊国家经历了相当漫长而艰难的诞生过程。在那以前，在欧洲人的头脑里，希腊一直是一片遥远的地域：古代的希腊呈现在18世纪庞贝和埃尔科拉诺的考古发掘遗迹里；呈现在温克尔曼（Winckelmann）的帕埃斯图姆之行和歌德的西西里之旅中。事实上，人们印象里的古希腊已经相当模糊了。1687年，弗朗切斯科·莫罗西尼（Francesco Morosini）统治下的威尼斯人毫无羞耻地炸毁了帕提依神庙（先前，它虽被改造为清真寺，但其建筑本体却毫发无伤）。1801年，第七代额尔金伯爵托马斯·布鲁斯（Thomas Bruce）在出使土耳其期间征得了苏丹的许可，买下了在轰炸中坍塌的雕塑和幸存的三角墙。这些遗迹抵达了伦敦，在那里引起极大的关

◀ 古希腊艺术，《阿尔特米西昂的少年》（*Il fantino di Artemisio*），局部，公元前2世纪，青铜，雅典国家考古博物馆

注。神庙的其他塑像分别被藏于卢浮宫和哥本哈根的新嘉士伯美术馆。在今天看来，上述行为无异于艺术史上的罪恶。然而，正是这种行为，改变了欧洲以往对希腊所采取的麻木态度，再度点燃了对于希腊命运的关注。

针对奥斯曼帝国踏上第一只脚的，是拿破仑·波拿巴：自威尼斯共和国于1797年灭亡后，共和国所辖的海洋领地（从伊斯特里亚和达尔马提亚一直延伸至亚得里亚海深处）也逐渐陷落，在经过一番光荣却徒劳的抵抗之后成为法国的领地。1800年，在俄国海军上将乌沙科夫（Ušakov）的指挥下，俄国和奥斯曼帝国组成的盟军夺回了希腊半岛的西面诸岛。沙皇保罗一世在那里成立了一个小型独立国

▲ 雅克·卡瑞，《帕提侬神庙三角墙研究》（Studio per il frontone del Partenope），17世纪，纸上铅笔画，巴黎，法国国立图书馆

家——七岛共和国。尽管该共和国在名义上隶属于奥斯曼帝国，却是自君士坦丁堡陷落以后的漫长岁月里出现的第一个享有自主权的希腊政府，是未来希腊建国的种子。1807年，它再度被法国占领，1809年又落入英国人手中。1815年，它在维也纳会议中获得了独立。在一系列现代国家诞生的历史背景下，关于希腊问题的处理拉开了序幕。

说实话，那是一场席卷整个欧洲的风潮：法国人征服欧洲的野心在北欧地区也激起了反抗效应。1808年，也就是在拿破仑入侵柯尼斯堡后的两年，哲学家约翰·戈特利布·费希特（Johann Gottlieb Fichte）发表了《告德意志民族书》

▲ 阿奇博尔德·阿彻，《额尔金伯爵房间的临时装修》（*Primo allestimento della Elgin Room*），约1819年，布面油画，94cm×133cm，伦敦，大英博物馆

（*Reden an die deutsche Nation*）——这是最早的几篇文章之一，其中使用的德意志民族的概念已不再与普鲁士王国相捆绑。当时，德意志领土的内部也被划分为好几十个公国。1830年，在史称"十一月起义"的波兰革命期间，一场以争取波兰独立为目的的理想主义运动兴起。后来，由于沙皇尼古拉一世（Nicola I）想要同时保住两顶王冠，革命遭到了血腥镇压。那一时期，有着法国和波兰血统的肖邦身在维也纳，再也没能重返自己的祖国；后来，他在斯图加特为祖国写下了著名的练习曲《革命练习曲》（*Rivoluzionario*）。同样是在1830年，比利时从荷兰独立；法国通过革命对抗复辟君主政权，支持奥尔良主义和宪政；在意大利，第一次烧炭党运动兴起，摩德纳和大部分教宗国领地（博洛尼亚、费拉拉、弗利和拉文纳）短暂地脱离了教廷；古老的希腊领土切实地加入了这一股起义的风潮。

1821年，希腊发起了针对奥斯曼帝国百年政治统治的第一次反抗，成立了相当有行动力的议会，于次年的1月1日在埃皮达鲁斯国民大会上宣布希腊独立。欧洲各大列强作壁上观。伊斯坦布尔的最高朴特（即政府）召来了埃及的援兵，开启了一场漫长的内战，相关的消息迅速传至欧洲的各大城市，有时甚至被扩大化，对欧洲的舆论造成了重大影响。1823年，英国诗人拜伦勋爵在莱里奇海湾游泳，随后便前往那些起义的希腊诸岛，先是去了凯法利尼亚岛，后又去了迈索隆吉翁岛，于1824年因风湿热在那里病逝。苏丹政府对独立派人士的镇压在巴黎引发了强烈反响：1824年，德拉克洛瓦以1822年的希阿岛屠杀（造成大约两万人死亡）为主题，创作了大型布面油画。此后，欧洲的知识分子开始纷纷关注希腊的民族复兴问题——此前，他们脑海中的希腊只是祖先的故土。

如此，希腊的起义成了各大列强的核心政治话题之一。以所有东正教信徒保护者自居的俄国已于1813年支持塞尔维亚起义，并于1821年支持罗马尼亚、瓦拉几亚（包括当年的康斯坦察城及其黑海入海口）和摩尔多瓦起义。此时的俄国再次获得了希腊自由保护者的好名声，并以该身份与英国和法国一道，参加了1827年《伦敦条约》的签署，主张维护希腊的和平。随后，由于各国外交部门各有考虑，俄国另有算盘，法国派驻了军队，英国海军又贪恋小型海战，希腊问题变得越来越复杂，直到1830年对先前《伦敦条约》的条款作出修订，才最终尘埃落定。所以说，新希腊的洗礼是由欧洲各大列强联手完成的。

此刻，需要为希腊建立一个政府，比先前第一次起义时的政府更具保障力。作为新希腊政府的首任领袖，约安尼斯·卡波第斯特里亚斯（Ioannis Kapodistrias）不久就于1831年被刺。各国外交部门继而开始从各个并不具备很大影响力的欧洲家族中寻找一位置身于当地恩怨之外的君主。起初，他们找到了萨克森–科堡–哥达王朝的利奥波德，但他更愿意去刚刚成立的比利时当国王。最后，各国外交机构达成一致，选择了巴伐利亚国王路德维希一世的次子奥托。在欧洲

▼ 贾科莫·特雷科特，《拜伦勋爵在希腊的海岸边》（*Lord Byron sulle sponde del mare ellenico*），1850年，布面油画，114.5cm×153cm，帕维亚，市立博物馆

政治格局中，巴伐利亚只是一个无足轻重的君主国。该国由拿破仑一世于1805年创建，其目的是整饬神圣罗马帝国的残余势力，为其所用。因此，他将自己的盟友——巴伐利亚大公马克西米利安一世（Massimiliano Ⅰ）送上了这个新生国家的国王宝座。

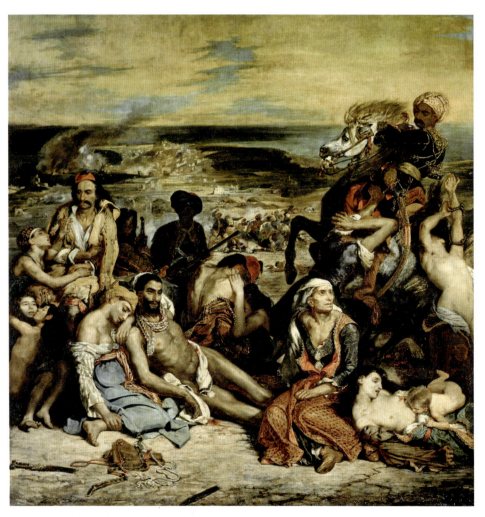

▲ 欧仁·德拉克洛瓦，《希阿岛屠杀》（*Massacro di Scio*），布面油画，1824年，419cm×354cm，巴黎，卢浮宫博物馆

　　于是，年轻的奥托于1832年春成了希腊国王，他承诺自己的所有子嗣都不可继承这个凭借馈赠获得的家族王位。当时，奥托年纪尚轻，直到1835年才真正独立执掌王权。不过，他在获得国王头衔后就去往了希腊，呼吸那里的空气，并学习那里的语言。他先是定居于沿海城市纳夫普利翁，学会了通俗希腊文（那时，他似乎已经掌握了古典希腊文），随后便去重建雅典，意在将其改造为希腊的首都。此前，他在慕尼黑求学时，担任他的教师的居然是哲学家弗里德里希·威廉·约瑟夫·谢林（Friedrich Wilhelm Joseph Schelling）——当时，谢林已在歌德的举荐下在耶拿大学取代了费希特的位置，徜徉在大学周边的也都是声望素著的知名人物。所有这些思想家都被希腊的古典文化所吸引。1779年，歌德完成了《伊菲格尼亚在陶里斯》（*Iphigenie auf Tauris*）的第一版，其中遭到流放的女英雄正"用自己的灵魂寻找希腊人的家园"。1790年，歌德给语言学家卡尔·奥古斯特·伯蒂格（Karl August Böttiger）写了一封信，字里行间洋溢着对前基督教时期的古典文化的眷恋之情，堪比彼特拉克对消没的古罗马文化的赞誉。事实上，歌德再度提出了异教文化和基督教文化之间的冲突："当我再度开始研究荷马时，终于感受到犹太教和基督教对我们造成了何种难以名状的灾难。我们原本永远无法知晓蟋蟀原来有同性恋的习性，也不知道埃及和巴比伦人的世界！荷马的诗篇原本将成为我们的《圣经》！人类世界原本将会有另外一番模样！"

　　1821年，希腊革命爆发数月之后，兴起了一股颂扬古希腊文化的风潮，从伯尔尼一直蔓延至摩纳哥，程度越发升级，路德维希一世甚至下令将"baiern"[1]一词中的字母"i"更改为希腊字母中的"y"。那些歌德笔下"将人生之梦做到极致"的希腊人吸引了所有的知识分子，以至于在那些年里，新生的语言学尝试着重新发明现代希腊文——"纯正希腊文"（Katharevousa），与"通俗希腊文"（Dimotiki）并驾齐驱。

---

[1] 德文，意为"拜仁"。

▲ 慕尼黑，古代雕塑展览馆，约1900年，摄影

◀ 彼得·冯·赫斯，《雅典迎接希腊国王奥托》（*Re Ottone di Grecia accolto ad Atene*），1839年，布面油画，250cm×415cm，慕尼黑，巴伐利亚国立绘画陈列馆，新绘画陈列馆

▼ 慕尼黑，国王广场上的州立古典珍品陈列馆，约1800年

▼ 雅典国家考古博物馆的外立面

对历史的重构也对雅典的改造产生了重要的影响，使其从一座被遗忘的乡村变成了希腊的首都。没有哪一座首都缺少博物馆，更何况第一座"Mouseion"原本就是为神话英雄阿卡德摩斯（Akademos）而建的雅典学园里用来供奉缪斯女神的场所。这一想法曾被国王托勒密一世重拾，早在4世纪（那时还远未进入现代）时，他就在埃及的亚历山大建立了一座博物馆机构。在巴伐利亚，国王路德维希一世已经委托莱奥·冯·克伦兹（Leo von Klenze）实施修建一座多利安式卫城山门的计划，那便是国家的主广场——国王广场。广场上并肩而立的两座建筑分别是有着爱奥尼亚柱式的古代雕塑展览馆和有着科林斯柱式的古典珍品陈列馆。当巴伐利亚国王的这两幢建筑的修造工程进入尾声的时候，他的儿子已成为希腊国王，正准备在雅典筹建博物馆。自1854年起，新希腊政府每年拨款1万德拉克马，用于该工程的实施。两年后，一位来自圣彼得堡的富商德米特里奥斯·贝纳达基斯（Dimitrios Bernardakis）又向该工程捐赠了20万德拉克马。因此，这座工程是在相当现代的融资模式下诞生的。兴建一座古代文明博物馆的念头始于19世纪30年代。当时，国王宣布要在原先的赫菲斯托斯神庙建馆，收藏和保护古代藏品，尽管主要藏品都会被定期运出。

由于命运的玩笑，直到1866年，博物馆才最终竣工。此前，1862年爆发的民众起义已让国王奥托一世被迫逃离，带着妻子和王冠上的珍宝回到了巴伐利亚。1867年，奥托在班贝格去世，留下了这样的遗言："希腊，我的希腊，我深爱的希腊。"（Griechenland, mein Griechenland, mein liebes Griechenland.）他曾经把自己错付给一个已经过时，因而被国民大会置于险境的绝对君主专制政体，但他却将他的博物馆留给了希腊。这座新建的博物馆有着相当明确的特征：如果说欧洲的大多数博物馆都是在既有藏品的基础上建立的，那么这座博物馆在建馆之初则十分贫穷。

欧洲列强给希腊安排了一位新国王：石勒苏益格–荷尔斯泰因–索恩德堡–格吕克斯堡王朝的克里斯蒂安·威廉·斐迪南·阿道夫·乔治（Christian Vilhelm Ferdinand Adolf Georg von Schleswig-Holstein-Sonderburg-Glücksburg）。这个年轻的丹麦人因迎娶了英国维多利亚女王的女儿才获此荣幸，成为希腊的乔治一世。在他统治期间，这座博物馆开始被藏品填充。此时，希腊与德意志世界的关系并未消亡，海因里希·谢里曼（Heinrich Schliemann）先在美国发家致富，随后便来到了希腊，满足自己对考古的热爱：他发现了特洛伊古城和国王普里阿摩斯（Priams）的宝藏。从那时起，雅典博物馆的收藏便不断丰富。1926年至1928年，阿尔特米西昂海角出土的文物引发了一片哗然，其中包括如今被称作《宙斯像》（Zeus）的《阿尔特米西昂青铜像》（Cronide di Capo Artemisio）和《阿尔特米西昂的少年》（Il fantino di Artemisio）。这两件青铜雕塑或许与那件《里亚切青铜像》（Bronzi di Riace）有着类似的命运——都曾在古时被运往罗马，或是被熔铸，或是被售卖。自那以后，博物馆的馆藏就变得越来越丰富了。

◀ 古希腊艺术，《阿尔特米西昂青铜像》（Cronide di Capo Artemisio），公元前5世纪，青铜，雅典国家考古博物馆

游览指南

永恒的价值

雅典适于漫步。国家考古博物馆的参观体验结束后，一系列市立博物馆又构筑起一条相当考究的巡游路径。如果说整个史前文明都在国家博物馆里得到了完

▲ 古希腊，基克拉泽斯艺术，克罗斯岛，《竖琴演奏者》（*Suonatore d'arpa*），公元前2300—前2100年，大理石，雅典国家考古博物馆

◀ 古希腊阿提卡艺术，《橡树叶花环》（*Ghirlanda di quercia*），约公元前2世纪末至前1世纪初，带压纹和水印的金箔，雅典，贝纳基博物馆

整地呈现，那么基克拉泽斯艺术博物馆——一座兴建于20世纪最后几十年的现代建筑——则会出人意料地激起观者的好奇心，与其藏品展开对话：该馆收藏有全世界最为丰富的基克拉泽斯艺术品，其诞生归功于尼古拉·古兰德里斯（Nikolaos Goulandris）和凯瑟琳·古兰德里斯（Aikaterini Goulandris）的热爱和慷慨。另一对希腊夫妇保罗·卡内洛普洛斯（Pavlos Kanellopoulous）和亚历山德拉·卡内洛普洛斯（Alexandra Kanellopoulous）留下的一份相当珍贵的考古收藏则被保存在一

座华美的19世纪小型建筑里。鉴于古希腊的历史也在东罗马帝国时期延续，拜占庭和基督教博物馆也就成了参观者的必经之地，最为著名的当数小型雕塑《善良的牧人》（*Il buon pastore*）。当然，在所有博物馆之中，藏品最为齐全的无疑是贝纳基博物馆。该馆位于雅典国立花园对面的一座极为高雅的20世纪建筑内部，收藏有10万余件藏品，讲述着希腊近四千年的历史。在修复一新的博物馆里，参观者可尽情欣赏新石器时期的小型陶土雕像、令人激动的古代经典金器收藏以及奥斯曼时期的日常生活物件。最后，雅典货币博物馆也值得一观，因为那里不仅有数不清的货币引发观者的兴趣，还能激起参观者去想象当地考古之父海因里希·谢里曼的宅邸是多么辉煌。

至此，勤奋的旅行者已做好准备，去完成一次神秘而艰辛的行程：穿过那座位于卫城脚下的19世纪的小城，向帕提侬神庙和卫城山门方向攀登。那里的博物馆今日被翻修一新。参观者可在那里看到《肩负牛犊者》（*Moscoforo*）雕像——那可算作《善良的牧人》（*Il buon pastore*）的祖先。如此，参观者便会明白在其他宗教文化和基督教圣像之间是存在一贯的延续性的。

1 ｜ 2

（图1）古希腊艺术，《肩负牛犊者》（*Moscoforo*），约公元前570—前560年，大理石，卫城，卫城博物馆

（图2）早期基督教艺术，柯林斯，《善良的牧人》（*Il buon pastore*），4世纪，大理石，雅典，拜占庭和基督教博物馆

埃及博物馆（开罗）

——大冒险

随着罗塞塔石碑（Stele di Rosetta）的发现，埃及学研究兴起。不过，促使这块石碑被发现的，却是一种基于先前既有的"埃及热"的新冒险精神。

这一次，人们不能归罪于拿破仑：这位波拿巴家族的将军不过是一位在欧洲叱咤风云的好胜者。1798年5月19日，在结束意大利的冒险后，一支船队心怀壮志地驶向埃及。组成船队的各个船只同时从马赛、热那亚、奇维塔韦基亚以及拿破仑的家乡阿雅克肖（如此，可以更好地展现这位凯旋将军的豪情）出发。人们许久没有见过规模如此之大的航队了：1万名水手和4万名士兵登上了400艘吨位不一的船只。此时的拿破仑将军年纪不足30岁，心中洋溢的雅各宾派情怀促使他在航行途中对部队说出了以下这番话："我们即将接触的民族，是信仰穆罕默德的民族；他们的首要信条是：'天主只有一位，穆罕默德是代表他的先知。'你们不要与他们发

◀ 古埃及艺术，《美杜姆群鹅图》（*Le oche di Meidum*），局部，古代王国（第四王朝），干壁画，开罗，埃及博物馆

生冲突；要像对待犹太人和意大利人那样对待他们；你们要尊重他们的穆夫提和伊玛目，如同尊重拉比和主教；你们要包容《古兰经》规定的庆典和清真寺，如同包容修道院和犹太会堂；你们要像对待梅瑟的宗教和耶稣基督的宗教那样对待他们的宗教。"一年以后，法国人发现了用三种语言写就的、神秘莫测的罗塞塔石碑。再后来，英国海军上将纳尔逊击败了法军舰队，带领英国军队赢得了战争。于是，这块石碑作为进献给国王乔治三世的战利品被运往大英博物馆，法国人只留下了大致的碑文及相关的图稿。在接下来的一个世纪里，埃及学研究在英国和法国同时兴起。那位出生于科西嘉岛的将军当年留给了来自阿尔萨斯的让-巴普蒂斯特·克莱贝尔（Jean-Baptiste Kléber）将军一个任务：务必保住已经征服的领地。随后，他从威尼斯人那里弄到了一艘护卫舰，返回了法国。此时，对埃及文化的痴迷已步入

▼ 让-里奥·杰洛姆，《拿破仑在埃及》（*Napoleone in Egitto*），1867年，木板油画，58.4cm×88.2cm，私人收藏

现代阶段。当克莱贝尔于1800年6月被一个信仰伊斯兰教的学生谋杀时，关于现代中东世界的问题也正在凸显。1804年，拿破仑登上帝位，效仿古罗马的恺撒，再度使用"恺撒"头衔。恺撒的政治生涯也是始于埃及的：他在那里迎娶了克利奥帕特拉（Cleopatra），与她生下了一个儿子。那时，罗马兴起了第一次崇拜埃及文化的潮流，贵妇名媛梳着埃及发式，伊西丝（Iside）神像也来到了台伯河畔。

而拿破仑时代的巴黎出现了十分类似的情况：雅克-路易·大卫（Jacques-Louis David）笔下的雷佳米埃夫人（Mme Récamier）既像罗马妇人，又有埃及法尤姆名媛的风采；后来即将成为卢浮宫博物馆馆长的多米尼克·维旺·德农（Dominique Vivant Denon）曾陪同拿破仑出征，回国以后，他于1802年发表了两卷本插图版的《波拿巴将军征战期间的上下埃及之行》（*Voyage dans la Basse et la Haute Égypte pendant les campagnes du général Bonaparte*），对巴黎人的艺术品位产生了重要的影响。可以说，一粒种子落在了欧洲，而欧洲已经做好了准备，迎接它的到来。

毫无疑问，第一次痴迷埃及文化的热潮发生于古罗马时期，罗马也的确继续弘扬了被征服的埃及的文化。1709年，法老内克塔内布一世（Nectanebo Ⅰ）的浮雕在罗马附近的阿文提诺山出土，之后被教宗本尼迪克十四世送给了博洛尼亚——他出生的城市。教宗此举的动机并不令人费解：因为此前，阿塔纳修斯·基歇尔（Athanasius Kircher）——1680年在罗马逝世的德意志耶稣会士、现代博物馆学的先驱，也是率先尝试将圣书文与科普特文结合起来进行研究的先行者——已经将著名的《伊西丝铜板》（*Mensa Isiaca*）安置在罗马学院的奇珍柜之中。在16世纪，那块铜板曾是枢机主教本博（Pietro Bembo）的收藏，后来辗转于各大文人雅士之手，先是从罗马到了曼托瓦的天上艺廊，后来落入拿破仑的抢掠之手，在被归还给意大利以前，一直陈列于法国国立图书馆。回归意大利后，该铜板被新建的都灵王室考古博物馆购入。卡尔·贝德克尔（Karl Baedeker）正是在那里看到了这件藏品，将其载入自己的那部《旅行者指南》（*Handbuch für Reisende*）之中。

很长一段时间以来，埃及就一直让欧洲人魂牵梦萦。他们是如此热爱埃及的奇妙的神话，以至1779年，建筑师安东尼奥·阿斯普鲁齐开始按照埃及风格去装饰罗马博尔盖塞别墅的一间大厅，其中既有玄妙的圣书文，也有货真价实的雕塑——这些雕塑都是从别墅主人在罗马城挖掘出的大量文物中精选出来的。1791年，莫扎特的《魔笛》（*Flauto magico*）就是以对埃及文化的痴迷为主题而创作的作品。剧中的萨拉斯妥（Sarastro）——在日之界的君主——这样唱道："噢，伊西丝和奥西里斯（Osiris），请你们将智慧共同赋予这对新婚夫妇。"年轻的拿破仑或许不曾听闻莫扎特的名字，但他对共济会应该相当熟悉：在他登上帝位后不久，就宣称他的兄长约瑟夫·波拿巴曾被任命为"法兰西大东方社总会长"。

后来，帝国覆灭，但法国依然关注着试图摆脱伊斯坦布尔苏丹控制的埃及。从某种意义来说，正是这种关注使得让-弗朗索瓦·商博良（Jean-François Champollion）于1828年前往埃及。与他同行的是意大利首位现代埃及学研究学者伊波利托·罗塞利尼（Ippolito Rosellini），此人是商博良的精神传人，于1832年出版了《埃及和努比亚的纪念碑》（*I monumenti dell' Egitto e della Nubia*）。就在他们在埃及考察期间，以提出光的波动说而闻名的科学家托马斯·杨（Thomas Young）也在尝试破解罗塞塔石碑上的圣书文。在欧洲人眼中，埃及已经成了一个谜。众多学者和冒险者纷纷涌现，例如那个来自帕多瓦的极为古怪的大高个乔瓦尼·巴蒂斯塔·贝尔佐尼（Giovanni Battista Belzoni），他原本是威尼托地区的理发师，随后前往罗马成为修士，接着当了马戏团演员，又在伦敦结了婚，最后成了一位中东地区的探险者，于1818年幸运地找到了卡夫拉金字塔的入口。与此同时，商博良完成了石碑文字的破解工作。在德意志，莱比锡大学和柏林大学的学者正专注于语言学的研究，其中的一位学者卡尔·理查德·莱普修斯（Karl Richard Lepsius）对商博良的研究成果表示高度关注，并进一步优化了商博良的解读。

1
———
2

（图1）安东尼奥·阿斯普鲁齐，博尔盖塞别墅埃及厅的墙面，未能实施的设计，约1771—1793年，纸上铅笔、棕色墨水和水彩，保罗·盖蒂基金会

（图2）约翰·赫格，为萨尔斯堡圣伯多禄修道院设计的新埃及风格的柜子，1828年，樱桃木贴金，131cm×200cm×86cm，私人收藏

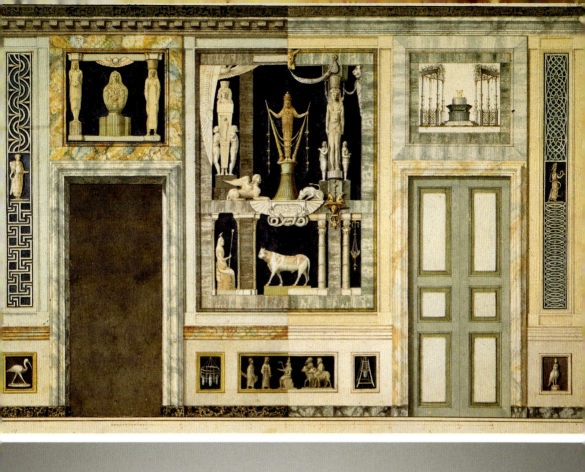

  1863年至1879年，被欧洲人热切关注的神秘埃及处于伊斯迈尔帕夏[1]（Isma'il Pascià）的统治下。这位致力于推进埃及现代化的领袖曾在法国求学，尽管曾在理论上俯首于伊斯坦布尔的最高朴特，却对法国文化深有好感，他推动投资开挖苏伊士运河，并委托朱塞佩·威尔第（Giuseppe Verdi）为这项工程创作歌剧《阿依达》（Aida）。显然，法国的考古工作也是其整个外交策略的组成部分。卢浮宫的一位年轻职员即将成长为第二大埃及学研究者，他就是奥古斯特·马里埃特（Auguste Mariette）。1850年，马里埃特抵达开罗，开始针对萨卡拉墓地进行挖掘。埃及的挖掘式考古研究应运而生，成为西方世界格外钟情的研究方式。马里埃特是个有主见、运气好且直觉强烈的人，他在大型金字塔下安营扎寨时，看到了微露端倪的斯芬克司像的头部，便立刻展开挖掘，发现了上百尊斯芬克司像。在1867年开幕的巴黎世界博览会上，他展出了首批出土的古代珠宝。也正是在那里，奥古斯特·马里埃特遇见了加斯通·马斯伯乐（Gaston Maspero，1846—1916年）。这个出生于巴黎，有着意大利血统的人将成为他在埃及的后继者，也将成为埃及学和博物馆事业的领军人物。

  埃及政府对出土文物的重要性心知肚明。早在1835年，埃及政府就颁布了最初的保护性条款，其措辞极富先见之明，至今仍值得引起高度重视："确实有外国人破坏古代建筑，从中盗取石材和其他工艺品，将其运往其他国家。但我们同样也听闻欧洲人有神圣的建筑，也保存着古代的文物。那些装饰有图案和铭文的石头及类似的物件都被妥善保存，用于展示给本国居民或旅游者，供其欣赏和了解。此类机构能够大大提升国家的知名度。鉴于此，政府认为有必要禁止将那些在埃及古代建筑中找到的文物运往国外。因为这些文物具有极高的价值。政府应在首都指定一处场所，用于保存这些已经出土和即将在后续考古工作中出土的文物。政府认为有必要将这些文物进行展出，供前来我国观光的游客参观；有必要禁止上述埃及地区出现的破坏古代建筑的行为，且有必要尽一切可能对其进行维护修缮。"

---

[1] 帕夏是奥斯曼土耳其人对文武官员的尊称。

▲ 塞夫尔手工艺品，新埃及风格的商博良瓶，1832年，陶瓷，私人收藏

19世纪的埃及历史是十分令人痛心的。自1805年脱离了法国的统治后，出生于阿尔巴尼亚的穆罕默德·阿里帕夏（Muhammad Ali Pascià）——奥斯曼帝国军队的自治主义领袖——在当地建立了王朝，该王朝的统治一直持续至1952年的革命。在纳赛尔发动政变期间，埃及政局一直处于伊斯坦布尔、巴黎和伦敦的交替影响下。从受法国势力影响过渡至受英国势力影响的过程是相当柔缓的，直到1914年，第一次世界大战爆发的最初几个月里，英国才宣布了对埃及的保护权。不同的政治势力对考古发掘产生了相应的影响。

第一座博物馆的建立应归功于奥古斯特·马里埃特。在王朝建立者及其儿子阿巴斯（Abbas）去世后，1854年，曾留学于巴黎的亲法派——穆罕默德·赛义德帕夏（Muhammad Saïd Pascià）开始掌权。他与法国企业家雷赛布（Ferdinand de Lesseps）签订了协议，修建苏伊士运河，开辟现代航运公司，并为一家冶金企业（这家企业将超过意大利统一后的那家冶金企业）的成立奠定了基础。在奥古斯特·马里埃特的推动下，尼罗河畔的第一座博物馆得以修建：1858年，埃及文物局成立；1861年，在位于开罗和布拉克之间的尼罗河畔，第一座博物馆在一座先前废弃不用的清真寺里落成。

1	2
	3

（图1）皮埃尔-菲利普·托米尔，新埃及风格烛台，1805年，巴黎，国家家具管理处，戈布兰手工场和博韦手工场

（图2）乔治·史密斯设计的手扶椅，约1804年，伦敦，维多利亚和阿尔伯特博物馆

（图3）奥古斯特-斐迪南-弗朗索瓦·马里埃特，法国考古学家和埃及学研究专家，版画

随后，历史的风向发生了改变。英国是法国在地中海地区的长期对手。1881年，英法两国签订协议，在埃及政府中安排双方信任的人员，确保苏伊士运河的利益。第二年，英国人又向埃及强加了某种针对土耳其的保护条款。最初的英国考古学家开始在埃及的沙漠中巡察。加斯通·马斯伯乐发现了一个英国青年霍华德·卡特（Howard Carter），将其推荐给了第五代卡那封伯爵乔治·赫伯特（Lord George Herbert），并让他于1907年同行，参与国王谷的发掘工作。1922年，霍华德·卡特发现了图坦卡蒙的坟墓——那处坟墓曾引起某些探险者的神秘死亡，因而被美国媒体大肆宣扬。卡那封伯爵本人也是这些死者之一，他在刮胡子时造成了一处伤口，表面看来并不严重，最后却因此丧命。经最初的X射线检测，伯爵的伤口与图坦卡蒙颧骨上的伤口有着相似的形态。

埃及学研究在所有欧洲国家都变成了一种时尚。1898年，德国东方学会在柏林成立后，德国人派出了一支考古队，他们取得的令人惊叹的成果是于1912年发现的雕塑家图特摩斯（Thutmosis）的作坊，从中出土的最为精美的物件如今都在柏林展出，包括纳芙蒂蒂（Nefertiti）和埃赫那顿（Akhenaton）的塑像，这些文物是经过埃及政府的允许才被运出境外的，因为它们属于被认可的考古成果。

埃及政府与欧洲各国建立了实质上的合作关系，引入了欧洲的科学家和商人，让他们将一部分发掘成果带走，最重要的部分则留在本国。开罗成为世界主义的最为神秘的中心。1876年，富家子弟菲利波·托马索·马里内蒂（Filippo Tommaso Marinetti）在埃及出生，他在耶稣会兴办的法国学校念书期间，创办了期刊《纸莎草》（Papyrus），他是未来主义的创始人。1888年，在希腊的佛洛斯，一位工程师的儿子，日后的超现实主义画家基里科出生。在亚历山大出生的还有诗人朱塞佩·翁加雷蒂（Giuseppe Ungaretti）——他的父亲是苏伊士运河的工人。地中海东部地区得到了长足发展，而开罗则是那一地区的金融、工业和精神之都。

此时，奥古斯特·马里埃特创建的博物馆已不足以放置海量的出土文物。1889年，该馆临时搬迁至吉萨宫。同时，博物馆委托马塞尔·杜尔尼翁（Marcel Dourgnon）在解放广场设计一座新馆。该馆于1902年开放。如今，在册的藏品约有16万件。

▲ 布拉克博物馆中央大厅，由奥古斯特·马里埃特创建，1872年，摄影，伊波利特·德里耶（Hippolyte Délié）和埃米尔·贝查德（Émile Béchard）

▲ 古埃及艺术，底比斯，图坦卡蒙的王座，新王国（第十八至二十五王朝）时期，木材贴金，开罗，埃及博物馆

▶ 古埃及艺术，底比斯，图坦卡蒙的护身符，佩戴于胸前的隼形配饰，中王国（第十一至十七王朝）时期，金，硬石，玻璃，长12.6cm，开罗，埃及博物馆

游览指南

关于永恒符号的符号学万岁！

对于好奇的参观者而言，谁也不会阻止他们去参观那些令人惊叹的古代斑岩塑像。斑岩是罗马帝国的皇家岩石，在巴勒莫举行的腓特烈二世的葬礼上，出现的

也是这种岩石。斑岩之所以成为皇家岩石，乃是因为它所呈现出的紫色。这种颜色最初提取自一种名叫"染料骨螺"的软体动物的分泌液，是皇家服饰的颜色。后来，教宗的服装也采用这一颜色，直到18世纪才改为白色。作为犹太人之王，被鞭笞的耶稣身上也覆盖着一件紫色的披风。

我们惊讶地发现，古埃及的大量图像后来都被基督教所吸收。其实，这并不

▲ 古埃及艺术，底比斯，图坦卡蒙的护身符，佩戴于胸前的隼形配饰，局部，中王国（第十一至十七王朝）时期，金，硬石，玻璃，长12.6cm，开罗，埃及博物馆

◀ 古埃及艺术，"生命之符"形的镜框，图坦卡蒙宝藏，约公元前1337年，木材，金箔和银箔，硬石和玻璃，开罗，埃及博物馆

值得大惊小怪，因为"安卡"是一个表示生命的古老的圣书文字母，由一个十字架和上部的孔眼组成。同样的孔眼也出现在图坦卡蒙的胸饰上。此外，那面安卡形的、可以映射出生命奥秘的镜子也属于这位法老。然而，安卡并不是唯一一个随同那些神话抵达西方的符号。怀抱婴儿的女神伊西丝也是圣母玛利亚的原型。关于此类影响，最为奇特的例证于公元1000年前后首次出现在托尔切洛岛（该岛是威尼斯

◀ 古埃及艺术，给荷鲁斯哺乳的伊西丝，图坦卡蒙墓，第十八王朝，木材贴金，开罗，埃及博物馆

人的第一处定居点）主教座堂立面内侧的镶嵌壁画上：大型壁画两侧的大天使有着彩色的翅膀，而这一元素在埃及装饰中随处可见，例如图坦卡蒙的胸饰和他的王座。不仅如此，早在6世纪，离潟湖不远的地方，亚得里亚海对岸的波雷奇，也有

一个有着同样配色的天使。这并不奇怪，事实上，当哥特人根据（圣马力诺共和国）多玛尼亚诺出土的宝藏制作金器的时候，已经吸收了埃及翅膀的大部分形象和配色设计。

1世纪时，圣马可在亚历山大殉难，后来，他的遗体于828年由潟湖地区的商人运回了威尼斯。若是了解这一历史，就能明白威尼斯与埃及之间的关系。之所以作出这一选择，乃是因为威尼斯意图从亚历山大（当时已成为一座阿拉伯人的城市）继承某种角色，继续与君士坦丁堡竞争。威尼斯一直扮演着这一角色，直到那座东罗马帝国的都城陷落为止。

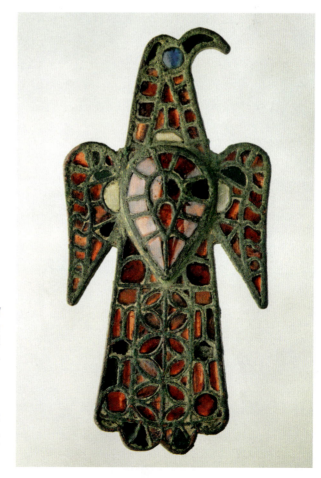

◀ 《最后的审判》（*Il Giudizio universale*），局部，11世纪末，马赛克镶嵌，托尔切洛，圣母升天主教座堂

▶ 西哥特艺术，鹰形饰针，多玛尼亚诺宝藏，约7世纪，玻璃浆、贵重宝石及半宝石，马德里，西班牙国立考古博物馆

卢浮宫博物馆（巴黎）

——伟大的博物馆

　　戴高乐将军说："法国是一个来自历史深处的国家。"的确，卢浮宫作为巴黎历史的见证，其历史可谓与法国的历史并行前进，因为自古以来，巴黎的历史就左右着法国的历史进程。巴黎向来是个注重时尚和现代的城市：总在不断拆除，不断改变，不断建设。卢浮宫建筑的变迁过程便是一个最为典型的例子。

　　13世纪初，法国的王室原本不在巴黎，他们从一座城堡迁往另一座城堡，在离卢泰西亚岛大约2里格（约9.7千米，陆地及海洋的古老测量单位）的地方，将政府中心安置在圣但尼修道院里，并在那里建起了一座主教座堂。这座教堂是最早的哥特式建筑的典范之一，一直在与桑斯主教座堂争夺第一的位置。在1622年以前，桑斯主教座堂是法国教省（基督教的教会管区制度中的一种行政区划）总教区的

◀ 雅克-路易·大卫，《雷佳米埃夫人》（*Madame Récamier*），局部，1800年，布面油画，174cm×244cm，巴黎，卢浮宫博物馆

所在地，享有对巴黎、沙特尔和奥尔良等地区的管辖权。国王的就职仪式在兰斯举行，因为那里的圣勒弥爵隐修道院保存着法兰克人的国王克洛维一世在皈依天主教时使用的圣油瓶。此外，查理大帝的儿子"虔诚者"路易也是在那里以"路易"的名字成为国王和皇帝的。后来，他把帝国分给了子侄，他们将帝国一分为四，引发了欧洲的争端。其中一个儿子——出生于美因河畔法兰克福的"秃头"查理成了"正在成形中的胚胎法国"的君主，他见证了诺曼人入侵巴黎，而后在萨伏依逝世。

10世纪末，巴黎伯爵于格·卡佩（Ugo Capeto）创立了卡佩王朝，但其势力只是局限在小王国的领地里。待到腓力二世·奥古斯都成为国王，法国已经逐渐变得强大。腓力二世决定赋予巴黎以首屈一指的地位。他在索邦地区筹建了第一所王室大学。1191年，在前往墨西拿参加第三次十字军东征前夕，他又在最内圈城墙的外部建起了一座堡垒。这座建立在城外的瞭望建筑包括一座高15米的城堡主楼，后来，路易九世对该建筑进行了装饰。14世纪中期，在"贤人"查理五世统治期间，这幢建筑变成了王室宅邸。国王将他的大型藏书室搬到了那里，这便是国立图书馆（目前，图书馆新馆藏有逾3000万部书）的前身。此外，楼内的大厅也被改造为接见场所。与此同时，巴黎城继续环绕着中心城堡扩张，这座建筑最终也被包围在新建的城墙之内。1527年，弗朗索瓦一世命人拆除了原有的高塔，委托皮埃尔·莱斯科（Pierre Lescot）设计一座符合文艺复兴时期全新审美品位的建筑，这就是新的卢浮宫。此外，亨利二世的妻子凯瑟琳·德·美第奇——正是她把使用餐叉的习惯带入了法国——也不甘落后，于1564年在前方修建了杜伊勒里宫及配套花园。在那个年代兴建的建筑中，美轮美奂的论坛厅保存至今，让·古戎（Jean Goujon）仿造雅典卫城厄瑞克特翁神庙的立柱雕刻的女像柱依然耸立。路易十三和路易十四统治期间，宫殿的装饰工作继续推进。尽管路易十四将宫廷和居所都搬移至凡尔赛宫，却仍继续对这座宫殿加以装点和扩建。投石党动乱发生后，路易十四将这里变成了政府所在地，并强制大部分被镇压的贵族居住在这里。法兰西最优秀的设计师都云集在此，如路易·勒·沃

（Louis Le Vau）、克劳德·佩罗（Claude Perrault）、夏尔·勒·布伦（Charles Le Brun）……就这样，卢浮宫成了收藏王室珍品的地方，在某种程度上，已经算是一座博物馆。国王在这里保存着王室的藏品，还有来自其神通广大的教父——枢机主教马萨林的丰富遗产（这部分藏品收藏在刚刚落成的阿波罗画廊里）。不过，当时的卢浮宫还是一处封闭的场所，有权来此参观的只有少数廷臣和由学院推荐的艺术家。

▼ 梅利安·马修，1615年的巴黎平面图，巴黎，卡纳瓦雷博物馆

18世纪中期，发生了一件颇具创新色彩的事情：路易十五的农税征收大臣和王室建筑总管夏尔·弗朗索瓦·保罗·勒·诺尔芒·德·图尔讷姆（Charles François Paul Le Normant de Tournehem）仗着自己有国王的情人——著名的蓬帕杜尔（Pompadour）侯爵夫人——撑腰，于1751年将卢森堡宫改成了第一处向公众开放的画廊。此前，卢森堡宫曾是玛丽亚·德·美第奇（法国王室的"金主"）的居所，里面保存着鲁本斯以她和亨利四世的婚姻为主题创作的一系列画作。

后来，一系列事件接踵而至。随着大革命的爆发，花园附近的网球厅成为一系列会议召开的场地，包括1789年的国民制宪议会、1791年的国民立法议会甚至1793年1月将路易十六处以死刑的国民公会。此时的卢浮宫已是人去楼空。早在

▼ 保罗·林堡，《十月：播种者》（*Mese di ottobre: i seminatori*），局部，摘自《贝里公爵的豪华时祷书》（*Les Très Riches Heures*），1478年，细密画，29cm×21cm，尚蒂利，孔蒂博物馆

1792年8月10日，在不伦瑞克–吕讷堡公爵（他曾率领普鲁士军队入侵，后于9月20日在瓦尔米被击溃）发表了那篇不合时宜的声明以后，国王就以勾结国外势力罪被废黜。1793年1月，国王死在了断头台上。1793年8月10日，也就是国王被废黜的整整一年后，罗伯斯庇尔亲自为卢浮宫剪彩，将其改造成了一座向国民开放的博物馆。在1793年6月2日的暴动中，温和派吉伦特派议员被雅各宾派驱逐，雅各宾派专政时期开启；从各大贵族那里征收而来的艺术品丰富了卢浮宫的馆藏。不过，说到藏品的激增，还要待到拿破仑一世统治时期：他带来了从意大利抢掠的大量艺术品，此外，他还从妹妹宝琳娜·波拿巴的丈夫卡米洛·博尔盖塞那里购入了其考古收藏。

▼ 让·古戎，女像柱阳台（Balcone delle Cariatidi），1550年，石灰石，巴黎，卢浮宫博物馆

历史仍在前行。拿破仑一世的侄子对1848年发生在杜伊勒里宫（后来被焚毁）前的街垒暴动极为关注；后来他成为拿破仑三世，先在色当战役中遭遇惨败，后在1871年的巴黎公社运动中结束了自己的政治生涯。不过，拿破仑三世执政期间也曾产生过杰出的想法：进一步扩建卢浮宫，沿里沃利街修建另一座建筑，与塞纳河畔的那幢楼平行而立，将财政部设在其中。20世纪，整个建筑群都变成了博物馆，贝聿铭为其设计了现代派的金字塔形尖顶。不仅如此，卢浮宫博物馆还在周边地区和国外开设了分馆。如今，每年约有1000万人次的游客到此参观。人们不得不高抬手臂，从头顶上方越过前方的人群，去拍摄那些最为知名的杰作。

▶ 罗伯特·休伯特，《大博物廊》（*La Grande Galerie*），1801—1805年，布面油画，37cm×46cm，巴黎，卢浮宫博物馆

游览指南

意大利“疫病”

倘若读者有意避开人人必至的《蒙娜丽莎》(*Gioconda*),以及位于台阶最上端的《萨莫色雷斯的胜利女神像》(*Vittoria di Samotracia*),笔者可以向各位推荐一些非主流的参观路径。今天的卢浮宫博物馆有时确实人满为患,但某些逃离人流的观展路线还是存在的。在参观完那间展示15世纪意大利艺术品的展厅以后,便会看见一条走廊。穿过走廊,公众就会涌入那间展出《蒙娜丽莎》的大厅。在这间大厅里,人们往往因关注《蒙娜丽莎》而对位于对面墙上的那幅保罗·委罗内塞的经典之作《迦拿的婚礼》(*Le nozze di Cana*)置若罔闻。这幅画是拿破仑从威尼斯的圣乔治岛抢掠而来的。如今,人们在威尼斯看到的,是一幅完美的复制品,由于那幅画所在的修道院餐厅至今仍保存着原貌,所以那幅复制品虽不是原作,却胜似原作。

不过,在走进那间大厅以前,千万不要像其他的参观者那样行色匆匆,忘记去看列奥纳多·达·芬奇的《圣约翰》(*San Giovannino*),也不要对安德烈·曼特尼亚的杰作——那幅令人动容的《帕尔纳索斯》(*Parnaso*)无动于衷,正是这幅画作让大师克劳德·列维-施特劳斯(Claude Lévi-Strauss)臣服于绘画的魔力。第一次世界大战爆发以前,年轻的克劳德常在父亲的陪伴下,在卢浮宫空荡的长廊里闲逛。周日的冷清适于沉思:正是通过青少年时期的某种直觉,他在心灵深处播下了未来的文化人类学研究的种子。

在更高的几层楼里,参观者还可以尝试在电梯和卫生间入口之间的部分去寻

▲ 保罗·委罗内塞（原名保罗·卡利亚里），《迦拿的婚礼》（*Le nozze di Cana*），局部，
1563年，布面油画，666cm×990cm，巴黎，卢浮宫博物馆

找那几幅从乌尔比诺的费德里科·达·蒙特费尔特罗（Federico da Montefeltro）的
书房里取下的木板油画：它们会令观者感到惊喜。接下来，在位于高层的那几间大
厅里，参观者在欣赏完一批数量极大的弗拉芒派画作之后，便会看到一间大厅：那
批曾经保存在卢森堡宫里的由鲁本斯为庆贺玛丽亚·德·美第奇的婚礼所作的布面
油画，后来都被转运到了这里。

倘若参观者还有耐心，可去看看那些17世纪的青铜器以及阿波罗画廊的匣子里收藏的奢侈品，并不妨注意一下那些藏品的购置日期，倘若标签上写着是在1661年至1666年购入的，就说明该物件曾属于枢机主教马萨林，后来由他的教子路易十四继承。据小道传闻，主教马萨林很可能是王后的情人，且路易十四很可能是主教的私生子——因为路易十三似乎更加钟情于他的士兵。

▲ 安德烈·曼特尼亚，《帕尔纳索斯》（*Parnaso*），1497年，布面油画，159cm×192cm，巴黎，卢浮宫博物馆

▲ 根特的尤斯图斯和佩德罗·贝鲁格特，《圣托马斯·阿奎那》（*San Tommaso d'Aquino*），摘取自乌尔比诺的费德里科·达·蒙特费尔特罗的书房，约1473—1476年，木板油画，114cm×76cm，巴黎，卢浮宫博物馆

▲ 彼得·保罗·鲁本斯，《昂杰议和》（*Conclusione della pace ad Angers*），局部，1622—1624年，布面油画，394cm×295cm，巴黎，卢浮宫博物馆

（图1）带有美人鱼和法翁神形侧耳的香炉，约1780年，青铜，镀金，蛇纹岩，38cm×37cm，巴黎，卢浮宫博物馆

1	2
3	

（图2）花瓶，约1540年，金，珐琅，宝石，高22.7cm，长9.8cm，直径7.7cm，巴黎，卢浮宫博物馆

（图3）船形香炉，约1535年，金，珐琅，宝石，11.7cm×13.5cm×5.5cm，巴黎，卢浮宫博物馆

▲ 古罗马艺术，《人称"濒死的塞涅卡"的老渔夫》（*Vecchio pescatore detto "Seneca morente"*），公元前4—前1世纪，黑色大理石和雪花石膏，巴黎，卢浮宫博物馆

◀ 船形器皿，约1670年，全方位珐琅贴金，青金石，银，41.5cm×37.5cm×18.5cm，巴黎，卢浮宫博物馆

▲ 拉斐尔·圣齐奥，《巴尔达萨雷·卡斯蒂里奥内肖像》（*Ritratto di Baldassar Castiglione*），约1514—1515年，布面油画，82cm×67cm，巴黎，卢浮宫博物馆

◀ 古罗马艺术，《密涅瓦女神坐像》（*Minerva seduta*），斑岩和青铜镀金，巴黎，卢浮宫博物馆

　　最后，你们还应向雅克-路易·大卫的一系列杰作致敬。正是因为曾在罗马求学，他才会成长为一名新古典主义艺术家。大部分博尔盖塞藏品系列中的古代文物也来自罗马。19世纪初，让·奥古斯特·多米尼克·安格尔（Jean Auguste Dominique Ingres）也在罗马求学，仔细研习拉斐尔的作品。其实，早在前往罗马以前，安格尔就已经在博物馆里见过拉斐尔的许多重要作品，包括那幅题为《美丽的女园丁》（*La Belle Jardinière*）的圣母像，还有那些以精微的细节而打动人心的肖像画，如巴尔达萨雷·卡斯蒂里奥内（Baldassar Castiglione）的肖像和伊莎贝尔夫人的肖像。总之，卢浮宫是一个巨大的容器，里面装满了来自意大利半岛的艺术品。

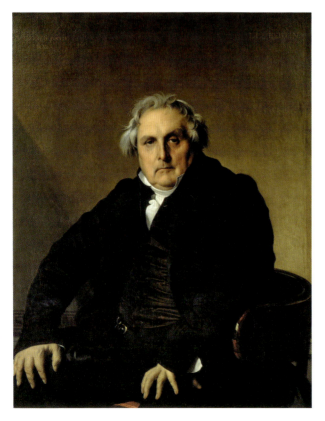

◀ 让·奥古斯特·多米尼克·安格尔，《路易-弗朗索瓦·贝尔登像》（*Ritratto di Louis-François Bertin*），1832年，布面油画，116cm×95cm，巴黎，卢浮宫博物馆

▶ 拉斐尔·圣齐奥，《圣母、圣婴和圣约翰》（*Madonna col Bambino e san Giovannino*），又称《美丽的女园丁》（*La Belle Jardinière*），约1507—1508年，木板油画，122cm×80cm，巴黎，卢浮宫博物馆

奥赛博物馆（巴黎）

——关于现代的神话

　　巴黎是一个井然有序的城市，至少其博物馆的分布情况确实如此。这得益于两大彼此相关的要素：一方面是文化部有能力对参观路径进行集中规划，另一方面也是因为法国博物馆的发展历程一直承担着强大的教育职能。的确，对于艺术爱好者而言，查询这座城市的博物馆分布是相当简单的：关于全世界古代艺术的一切，都在卢浮宫里；若要看法国艺术——有时，人们将法国艺术局限于印象派，其实，法国艺术还包括资产阶级最早兴起时的历史篇章——则应前往奥赛博物馆；至于现代艺术，目标就应该是蓬皮杜艺术中心了。瞧瞧，就这么简单！

　　法国经历过数次脱胎换骨式的变革。当我们回望历史，甚至可以认为自从1789年三级会议召开起，法国的革命之路就一直在延续，贯穿于第一帝国时期的

◀ 克洛德·莫奈，《圣拉查车站》（*Gare St. Lazare*），局部，1877年，布面油画，75.5cm×104cm，巴黎，奥赛博物馆

"六角之国"，贯穿于王政复辟时期，贯穿于1830年那场以路易·菲利普建立君主立宪制政权而告终的革命，贯穿于1848年那场点燃整个欧洲而后让法国在四年以后建立第二帝国的革命，贯穿于1871年那次以普法战争失败收场的巴黎公社运动。政治的动荡也引发了艺术和风俗的变革，其力量之大，令法国成为19世纪欧洲最富创造力的国家。不同的艺术语言竞相出现，如同各种政治思想彼此争鸣。正因如此，历史主义与自然主义并驾齐驱，学院派画法与印象派的画法各美其美，画室绘画与户外绘画共存共荣。

无论是试图在民族复兴运动中实现国家统一的意大利和德国，还是拉斐尔前派的梦想家和维多利亚时期的宁静诗人并存的英国，都经历了类似的发展历程。整个19世纪是一个各种理念逐渐酝酿成熟的时期，而法国则当仁不让地扮演了灯塔的角色。以火车站为前身的奥赛博物馆就是这个时期的最佳见证者。

▼ 巴黎奥赛车站（建筑师维克多·拉卢），1905年的明信片

出于国家发展的野心，也为了得到周边地区的政治支持，拿破仑三世让法国成为全欧洲铁路网覆盖程度最高的国家。显然，居于这张蛛网般的铁路网络中心的，只能是巴黎。于是，大型车站的设计便应需产生了。蒸汽革命所带来的交通方式的变革是彻底的：1837年，法国仍处于君主立宪制时期，圣拉查火车站投入运营。1867年巴黎世界博览会——威尔第的《唐·卡洛》（*Don Carlos*）在此首演——举办之际，该车站经历了改建，当年的旅客吞吐量就已达到2500万人次。1846年，在未来的皇帝发动政变以前，巴黎北站（巴黎—亚眠—里尔）落成，二十年后被詹姆斯·罗斯柴尔德（James Rothschild）男爵改造成目前的状态。主持该工程的是建筑师雅克·伊尼阿斯·伊托尔夫（Jacques Ignace Hittorff）。他出生于德国科隆，在大革命时期，尚处幼年的他变成了法国人。1849年，巴黎东站启用，与斯特拉斯堡相连。1900年世界博览会期间，连接巴黎和地中海的里昂火车站投入运

▼ 埃米尔·安托万·布尔德尔，《弓箭手赫拉克勒斯》（*Eracle arciere*），1909年，青铜镀金，248cm×247cm×123cm，巴黎，奥赛博物馆

营。世博会期间，巴黎地铁也得到了扩建，赫克多·吉玛（Hector Guimard）为其设计了新艺术风格的出站口。

在远程铁路和城市铁路的配套挖掘工程中，巴黎这座"光之城"的现代照明系统也应运而生。在这个当时颇具未来色彩的系统里，需要修建一个连接城区和近郊地带的火车站——奥赛火车站就这样诞生了。这座车站位于市中心的塞纳河畔，对面就是卢浮宫和协和广场之间的地带。在该车站乘车的旅客最远只能抵达奥尔良，但这个车站让巴黎的心脏跳动起来。就在不久前的1895年10月22日，巴黎西站（今天的蒙帕纳斯站）发生了一起令人匪夷所思的事故：火车头从到达大厅的立面冲出，掉在路面上。正因如此，出于城市安全考虑，奥赛火车站选择建在地下。或许是因为车站建得过多，奥赛火车站很快就被弃置不用了；1939年，该车站仅用于郊区运输；第二次世界大战后，该车站在实质上被彻底废弃。

▲ 盖·奥伦蒂，《奥赛博物馆：室内设计，横截面》（*Musée d'Orsay: allestimento interno, sezione trasversale*），1982年，水彩，84cm×104cm，巴黎，奥赛博物馆

当巴黎以法国特有的集权式决断作出决定，要重新整饬城内的博物馆及其藏品安置问题时，一项富有野心的工程让这座车站重获新生：历史艺术品留在卢浮宫；庞大的印象派系列作品被转移至塞纳河左岸那座由奥赛火车站改造而成的新博物馆；而20世纪以后的现代艺术则应拥有一个全新的收藏地：这个地点就设在原先的巴黎大堂地区——位于塞纳河右岸平民区核心地带的食品大市场。相当有意思的是，这两项改造工程都由意大利建筑师担纲。1978年，吉斯卡尔·德斯坦（Giscard d'Estaing）担任法国总统期间，盖·奥伦蒂（Gae Aulenti）当选奥赛火车站室内设计的负责人。车站的结构改造工作则交由巴黎的ACT工作室开展：这部分改造对第一任设计师维克多·拉卢（Victor Laloux）设计的原有铁结构保持了高度尊重。八年以前，乔治·蓬皮杜（Georges Pompidou）担任法国总统期间，博堡博物馆的翻新改造工程被交由一家意大利工作室主持进行，建筑师包括理查·罗杰斯（Richard Rogers）、伦佐·皮亚诺（Renzo Piano）和詹弗朗科·弗朗基尼（Gianfranco Franchini）。巴黎大堂地区的拆除工程给许多人留下了苦涩的记忆，人们表示蓬皮杜中心的现代感在相当程度上损害了那片区域的历史感——在这座不断拆毁和翻新的城市里，这种历史感才刚刚形成。因此，当奥赛火车站即将被赋予新的功能时，这一决策也引发了公共辩论。这一次，公共舆论热衷于保留原有建筑——就这样，一座火车站里的博物馆诞生了。其实，奥赛车站的改造工程属于巴黎博物馆整改计划的一部分。1958年，戴高乐筹建法国文化部，委任安德烈·马尔罗（André Malraux）——竞选期间，他曾在新闻办公室工作——出任部长，从那时起，关于博物馆的整改计划就在酝酿。1959年，文化部着手收集原先存放于卢森堡宫内（鲁本斯为玛丽亚·德·美第奇绘制的一系列作品原先就收藏于此，如今存于卢浮宫）的藏品、四下散落的印象派藏品（主要位于国立网球场现代美术馆）以及一系列收藏于特罗卡德罗地区的东京宫内的现代派藏品。

从某种意义上说，奥赛博物馆是一座象征"美好年代"的博物馆——倘若19世纪下半叶的确可以算是一段美好年代。笔者所指的，是从1848年法国革命后的第二帝国时期到第一次世界大战开始以前的那段时期，比人们惯有思维里的美好年代

（直到色当战役结束，拿破仑三世的帝国倒台，法国失去了阿尔萨斯和洛林，法兰西共和国诞生之后，才算开始）有着更宽的历史区间。如果以更为审慎的态度，按照马克思主义史学家的观点，为资产阶级取得胜利的那一完整的历史时期贴上"美好年代"的标签，那么奥赛博物馆中的展品的确与"美好年代"高度吻合。从隐喻美学的角度来看，这些年也是铁路凯旋的年代。即使从技术层面来看，这种称法也是合乎逻辑的。因为"美好年代"的终点，是柴油机发明的时期，是航空事业的起步时期，是电话取代气动邮件的时期——气动管道系统能在短短几小时内将邮件从城市的一端传输至另一端，曾深得这一时期最动人也最深刻的歌颂者普鲁斯特的喜爱。事实上，"美好年代"是在马恩河畔的泥泞战壕里结束的。关于那场战争，另一位著名法国作家路易-费迪南·塞利纳（Louis-Ferdinand Céline）曾在他的《暗夜旅程》（*Voyage au bout de la nuit*）里有所描述。那时，恐怖的暗夜已在这座其乐融融的"光之城"的上空降临。

◀ 托马斯·库图尔，《罗马人的堕落》（*I Romani della decadenza*），局部，1847年，布面油画，472cm×772cm，巴黎，奥赛博物馆

游览指南

资产阶级的率真魅力

对于参观者来说，最古怪的游戏是避开按现代博物馆学提出的路线：将艺术的发展进程划分为彼此接续的流派，却忘记了不同的艺术潮流往往是并存的。从这个意义上说，笔者想请那些好奇的读者做一个奇特的游戏，游戏的开端就是托马斯·库图尔（Thomas Couture）这幅极具修辞意味的宏大画作：《罗马人的堕落》（*I Romani della decadenza*）。该作品创作于1847年，也就是1848年欧洲大革命发生的前一年。画家的本意是向观者提出道德忠告，结果却令观者的目光在裸体和肉欲之间左顾右盼，应接不暇。暂且不提现在的观众，就连当时的爱德华·马奈也在这幅作品面前失了神。马奈出生于一个优越的资产阶级家庭，他放弃了身为法官的父亲为他铺就的法律学习之路：1850年，18岁的他开始跟随托马斯·库图尔学习绘画。

1863年，当马奈绘制《奥林匹亚》时，画中侧卧的女性形象令人再度回想起提香的作品，这让该画作在第二年的巴黎沙龙上成为丑闻。如今，在我们看来，前一幅画或许比马奈的那幅画更能引起非议。与《奥林匹亚》创作于同一时期的，还有米勒笔下忧郁的牧羊女。从绘画风格的角度而言，上述两幅作品似乎相去甚远。此外，就在同一年，杰出的"学院派"画家欧内斯特·梅索尼埃（Ernest Meissonier）——其酬金高达其他画家的十倍之多——绘制了一幅拿破仑一世的肖像，这幅肖像极具银幕感，得到了时任统治者拿破仑三世的青睐。

1864年，弗朗兹·克萨韦尔·温德尔哈尔特（Franz Xavier Winterhalter）也为

里姆斯基-科萨科夫夫人绘制了肖像。将这些作品汇集在一处，是多么天才的想法！当然，这些画作的悬挂位置并非彼此相邻，但在它们之间穿梭观赏，却对回想当年的艺术盛况有着极其重要的意义。这样的观展经历，只有在大规模的博物馆里才可能拥有。

▲ 爱德华·马奈，《奥林匹亚》（*Olympia*），1863年，布面油画，130.5cm×190cm，巴黎，奥赛博物馆

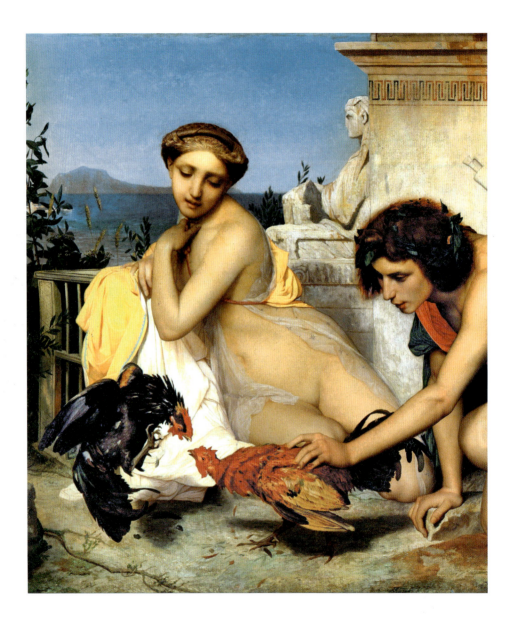

▲ 让-里奥·杰洛姆，《斗鸡》（*Un combattimento di galli*），局部，1846年，布面油画，143cm×204cm，巴黎，奥赛博物馆

▶ 奥迪隆·雷东，《佛》（*Il Buddha*），1906—1907年，米色纸上的粉彩，90cm×73cm，巴黎，奥赛博物馆

欧内斯特·梅索尼埃，《1814法国战役》（*Campagna di Francia, 1814*），1864年，木板油画，51.5cm×76.5cm，巴黎，奥赛博物馆

　　假如参观者有兴趣看一看装饰艺术品，那么惊喜会进一步放大。当参观者将埃米尔·加莱（Émile gallé）的玻璃工艺品与同一时期的丰富家具展品放在一起参观比较时，便会发现那些物件蕴含着超越时空的象征含义。通过这样的观展经历，参观者将亲身感受到什么样的先锋派居所才适合悬挂莫奈的印象派画作，会去想象在1905年（那一年，国际航空联合会在巴黎成立），一个巴黎人的头脑中会有怎样的想法。事实上，奥赛博物馆是一个珍宝匣，值得漫游者在此展开富有诗意的鉴赏。所谓的漫游者，就是那些能够不紧不慢地追随各自幻想的人。

◀ 弗朗兹·克萨韦尔·温德尔哈尔特，《里姆斯基-科萨科夫夫人肖像》（*Madame Rimsky Korsakov*），1864年，布面油画，117cm×90cm，巴黎，奥赛博物馆

▶ 埃米尔·加莱，《拿海藻和贝壳的手》（*La mano con alghe e conchiglie*），1904年，吹制水晶，（金属）包裹体与外层贴合的浮雕装饰，33.4cm×13.4cm，巴黎，奥赛博物馆

蓬皮杜中心（巴黎）

——现代阶段

　　艺术是对一个时代、一种文明的表现，或许也是对这种文明的对立面的表现。艺术是一个人，也是一个民族的身份感的最佳见证。

——乔治·蓬皮杜

　　有时，杰出的政治家知道历史可能格外严厉，会以迅雷不及掩耳之势对他们作出残酷的审判，因此他们具有敏锐的直觉力；而他们的声名则与这种直觉力紧密相关，尽管与他们相关的政治事态时有变化，但他们的名誉会因此变得比政局稳固得多。这就是乔治·蓬皮杜的亲身经历。蓬皮杜有幸在戴高乐将军的荫庇下成长，从戴高乐将军那里继承了对"伟大"风格的喜好。1944年，法国解放以后，他立刻成为戴高乐政府的内阁成员。随后，他改投罗斯柴尔德银行，待到再度回归政界

◀ 乔治·布拉克，《扑克牌静物》（*Natura morta con carte da gioco*），1913年，铅笔，炭笔，布面油画，80cm×60cm，巴黎，蓬皮杜中心

时，仍是将军的身边人，并最终成为他的政治继承人。

与出身名门的戴高乐不同，蓬皮杜的出身即使算不上卑微，也是极其普通的。当时的法国还是贫困的农业国家，他的家乡则位于法国的中心，那片严酷冷峻的中央高原。中央高原位于所谓的六角国的中心，却离一切都遥不可及。蓬皮杜出生的地方是一个只有两百人的小村庄。他的父母都是小学教师，信奉让·饶勒斯（Jean Jaurès）的社会主义神话。让·饶勒斯是和平主义运动的历史领导人，于1914年7月31日，即德国对法国宣战的前三天被杀害。少年时期的蓬皮杜有幸在路易大帝中学（法国从不缺"大"的事物）学习。路易大帝中学不仅是巴黎当时最好的中学，也是最适于备考大学校的中学。所谓大学校，是与普通大学平行的高等教育机构，专门培养国家的领袖阶层。1931年，蓬皮杜被巴黎高等师范学院（培养教育界精英的国立院校）录取。毕业后，他先是前往马赛任教，教授法文、希腊文和拉丁文，随后又在另一所巴黎的精英高中——亨利四世中学（在法兰西共和国里，那些最高端的公立学校却总是以君主的名字命名）就职。1940年，他应征入伍，参加了那场"静坐战"——在这场奇怪的战争里，法国决定自取其败，在维希成立贝当傀儡政府。战争结束后，蓬皮杜被遣散复员，在家乡没有担任任何政治职务，专心为17世纪拉辛（Jean Racine）的精彩剧作《布列塔尼库斯》（*Britannicus*）撰写剧评。法国解放后，他迅速回归政坛，成为戴高乐临时政府的内阁成员。当戴高乐当选法国总统后，他在接下来的四届政府中一直忠诚地出任总理一职。最后，鉴于戴高乐总统在经历了1968年5月的动荡和1969年4月全民公决的失败后，已决定放弃其政治生涯，蓬皮杜作为戴高乐的继承人当选为法兰西共和国总统，其履职期一直持续至1974年4月他去世为止。

戴高乐认为，知识分子是需要提防的对象——尽管他本人挑选了法国最著名的作家之一安德烈·马尔罗担任由他一手打造的文化部（法国是战后欧洲诸国中第一个设立文化部的国家）部长。然而，在当选总统六个月后，蓬皮杜便宣布了要在巴黎建立一座当代艺术中心。如今这座中心就以他的名字命名。就这样，一个出生于乡下小资产阶级家庭的儿子居然完成了一件古代君主式的壮举。

▲ 伊丽莎白二世与蓬皮杜总统及
其夫人在路易十五剧院，凡尔
赛，1970年

▶ 巴黎解放大庆期间，夏尔·戴
高乐行进在香榭丽舍大道上，
1944年

　　他的声明开门见山："我热切地期望巴黎拥有一座文化中心，如同美国建立的那些至今令人难以望其项背的文化中心那样，既是博物馆，也是创造中心。在那里，塑形艺术可以与音乐、电影、书籍以及音视频研究共存。由于我们已经有了卢浮宫，所以这座博物馆只能是现代博物馆。既然是创造，就必然是现代的，且会无止境地推陈出新。图书馆将吸引成千上万的读者，而他们在读书的过程中便会与艺术产生接触。"正如在历史上那些君主制王朝里发生的情形，蓬皮杜总统的妻子克洛德夫人（Claude Pompidou）在艺术文化乃至时尚方面扮演了关键的角色。她与戴高乐总统严苛的妻子伊冯娜夫人（Yvonne de Gaulle）是截然不同的两类人。伊冯娜夫人曾拒绝在爱丽舍宫接见明星碧姬·芭铎（Brigitte Bardot），只因对方曾经离过婚；此外，伊冯娜夫人也并不喜欢那座宫殿，甚至认为住在一处事先已经布置好家居的宅邸里是一种尴尬。相反，克洛德在成为总统夫人的当天即身着香奈儿为其设计的服饰，并决定改变爱丽舍宫的装饰风格，出人意料地引入当代设计的元素。她本人也收藏当代艺术品，其甄选藏品的谨慎程度和审美品位非同一般。她爱好古典音乐先锋派，是皮耶·布莱兹（Pierre Boulez）的好友。她成了引领官方形象新风范的领袖。

　　这座新生的博物馆的地址选在了一个被政府称为"污秽之岛"的地方，因为那几幢废弃的建筑是在19世纪城市改造的过程中被遗忘的角落。的确，博堡高地曾是一片被废弃的区域。为此，政府组织了一次竞标，向任何自由创意开放，取消了体量和高度的限制。最后，由意大利建筑师伦佐·皮亚诺、理查·罗杰斯（此人尽管有着英国国籍，却出生在佛罗伦萨）和詹弗朗科·弗朗基尼构成的三人组合奇迹般地胜出。不惜一切代价追求创新的巴黎为这三个人提供了机遇。于是，一座形似太空飞船的奇特建筑在这座古老城市的中心落成了。那一时期，人们正在为巴黎打造一番全新的形象——毫无疑问，这一过程自然不乏因循守旧者的诸多非议。蒙帕纳斯大楼拔地而起，成为全法国最高的建筑。巴黎大堂地区的老旧市场被逐渐拆除。新凯旋门工程正在筹备，这幢建筑为那条从协和广场延伸至香榭丽舍大街再到凯旋门的轴线画上终点。

▲ 巴黎，蓬皮杜中心，外景

　　这座由皮亚诺、罗杰斯和弗朗基尼共同设计的建筑具备未来主义风格的所有特质，既能点燃想象，也能满足对于"伟大"风格的喜好。它满足了委托方的各方面需求，不仅是一座博物馆，也是一座有着强大吸引力的"中心"，常驻展厅和临时展厅相互对话，规模宏大的图书馆立刻引起了公众极好的反响。与位于中心的博物馆区域相连的，还有伦佐·皮亚诺设计的法国音乐与声学协调及研究学院（IRCAM）大楼，是当代音乐的创意制作中心。1979年，博堡地区的改造达到了顶峰。这一年，经济学家让·富拉斯蒂埃（Jean Fourastié）将从1946年至1975年（那一年，由于汽油价格出现了不可控的突然上涨，法国经济遭遇到第一次危机）的三十年界定为法国国力突飞猛进的"黄金三十年"。这是法国经济在战后重建的三十年，失业率降至5%以下，年经济增长率超过5%。继1957年6个发起国成员签订《罗马条约》后，法国总统戴高乐与德国总理阿登纳签署的《法德友好协议》点

燃了建立统一独立的欧洲的未来梦想。在那些年里，法国航空制造业为协和式客机的旅客打造了超音速商用飞机。雄心勃勃的核试验正在开展，既是为了开发电力能源，也是为了通过核弹的研发为戴高乐心心念念的"打击武力"助力。1966年春，法国退出了北约军事组织。同年，法国国家铁路公司启动了TGV高速铁路建设计划，于1981年3月正式投入运营。同样是在那些年里，法国《快报》周刊的主编让-雅克·塞尔旺-施赖贝尔（Jean-Jacques Servan-Schreiber）在他于1967年出版的畅销书《美国的挑战》（*Le Défi américain*）里这样写道："如今，能够体现实力的标志和工具不再是兵团、原材料和资本……需要挖掘的矿藏并不蕴藏在地底、数字和机器之中。这矿藏蕴藏于精神，更确切地说，蕴藏在人们的思考和创意之中。"值得深思的，还有在那个充满活力的年代里最为流行的一首歌：《此刻我该做什么？》（*Et maintenant que vais-je faire?*）。

◀ 巴黎，蓬皮杜中心，外景

▼ 巴黎，蓬皮杜中心，内景

聪明的参观者在常驻展厅内漫游时，应该选择从美苏冷战时期新旧大陆的"挑战"主题开始参观。第二次世界大战结束后，美国在资本主义世界（号称是当时"唯一可能的自由世界"）里建立了具有说服力的"美利坚治世"系统。后来，欧洲政治格局的变化引发了不少担忧。在意大利，天主教民主党领袖阿尔多·莫罗（Aldo Moro）和社会党领袖彼得罗·南尼（Pietro Nenni）打造了第一个中左派政府。同年，联邦德国兴起了能源工人的罢工潮。与此同时，戴高乐将军开始在北约组织面前耍起了独立主义的小性子。"美利坚治世"系统在欧洲嘎吱作响。于是，美国决定发出一个信号：不是政治信号，而是艺术信号。在1964年的威尼斯双年展上，人们看见一群海员走下了第六舰队的一艘战舰，手持罗伯特·劳森伯格（Robert Rauschenberg）的成卷画布。这一行为似乎来自纽约著名的画廊经纪人利奥·卡斯特里（Leo Castelli，祖籍意大利的里雅斯特）及其妻子伊莱亚娜·松阿本德（Ileana Sonnabend）的创意。这些画布的展陈地并不是以往位于花园区域的美国馆——那一区域已经被一位更为传统的艺术家占据了，而是位于格列高利修道院的前美国领事馆。就在双年展正式开幕的前夜，凤凰剧院上演了由美国著名编舞梅尔斯·康宁汉（Merce Cunningham）执导的舞蹈演出，使用的是约翰·凯奇（John Cage）和大卫·都铎（David Tudor）的前卫音乐。舞剧在欧洲巡回上演，从斯特拉斯堡到巴黎，再到维也纳、曼海姆和科隆。在科隆，这场演出遭到了超级艺术家约瑟夫·博伊斯（Joseph Beuys）的学生的批判。

在威尼斯，展览的影响越来越大——在舞剧表演开始以前，观众对走进演出大厅的罗伯特·劳森伯格报以热烈的掌声。所有人都知道这位艺术家尽管只是在平行展区里展出了自己的作品，却赢得了双年展的金狮奖。"美利坚治世"系统在欧洲旧大陆存活下来，曾经的"温柔新诗派"从此让位于凯旋的波普艺术。在美国人那里，艺术成了证明其优越性的标志！

从那一刻起，博堡便被赋予了新的职能——在那个紧张、热烈且锐意创新的历史年代里激发欧洲的创意。对于参观者而言，参观蓬皮杜中心（如今看来，已被划分成许多单个的展馆）将是一场对批判思维、艺术思维和历史思维的绝佳锻炼。

游览指南

迷失在先锋派的世界里

穿行于蓬皮杜中心的各个展厅，注定是会迷路的——这恰恰是理应出现的效果。除了作为官方语言的法语，参观者还会听到多种语言——这也恰恰是理应发生的状况。对于观者而言，最大的收获便是欣赏那些来自世界各国的作品，正是这些国际作品让巴黎成为20世纪前半叶毋庸置疑的艺术中心，投入前卫派的风潮，并自然而然地获得了一种大都市的味道，继而感染了全世界。说到法兰西做派，没

► 弗朗西斯·皮卡比亚，
《乌德奈》（*Udnie*），
又称《舞者》（*La danza*），1913年，布面油画，290cm×300cm，
巴黎，蓬皮杜中心

▲ 吉诺·塞维利尼，《红磨坊的熊之舞》（*Il ballo dell'orso al Moulin Rouge*），1913年，布面油画，100cm×73.5cm，巴黎，蓬皮杜中心

▲ 马克斯·恩斯特，《视线之内》（*A l'intérieur de la vue*），1929年，布面油画，100cm×81cm，巴黎，蓬皮杜中心

▲ 曼·雷，《安格尔的提琴》（*Le Violon d'Ingres*），1924年，摄影

有人能超过马塞尔·杜尚，他尝试打破一切中规中矩的事物，绘出光棍在注视新娘时的眼馋心热，躁动不安，并通过描绘巧克力研磨机的动态形象将上述情绪展现得淋漓尽致。说到那些在日后创造出超现实主义风格的艺术家，他们所有人都有着根植于西方世界的渊源，包括罗马尼亚的崔斯坦·查拉（Tristan Tzara）和康斯坦丁·布朗库西（Constantin Brâcuşi）、西班牙的弗朗西斯·皮卡比亚（Francis Picabia）——他似乎与托斯卡纳的未来主义画家吉诺·塞维利尼（Gino Severini）有着色彩上的亲缘关系，而后者则是著名诗人保尔·福尔（Paul Fort）的女婿。两位画家画出了一个在1913年大战爆发前夕歌舞升平的巴黎——恰如一年以前，当"泰坦尼克号"沉入大海时，人们也在跳舞。在第二次世界大战后的经济危机期间，相似的艺术表现再度出现，西班牙人约安·米罗（Joan Miró）和法国人伊夫·唐基（Yves Tanguy）笔下的梦幻形态与德国人马克斯·恩斯特（Max Ernst）笔下的焦虑平行出现，与美国人曼·雷（Man Ray）的摄影实验交相呼应。

▲ 伊夫·唐基，《缓慢的一天》（*Jour de lenteur*），1937年，布面油画，92cm×73cm，巴黎，蓬皮杜中心

▲ 约安·米罗，《绘画》（Peinture），又称《构图》（Composition），1937年，布面油画，
146cm×114cm，巴黎，蓬皮杜中心

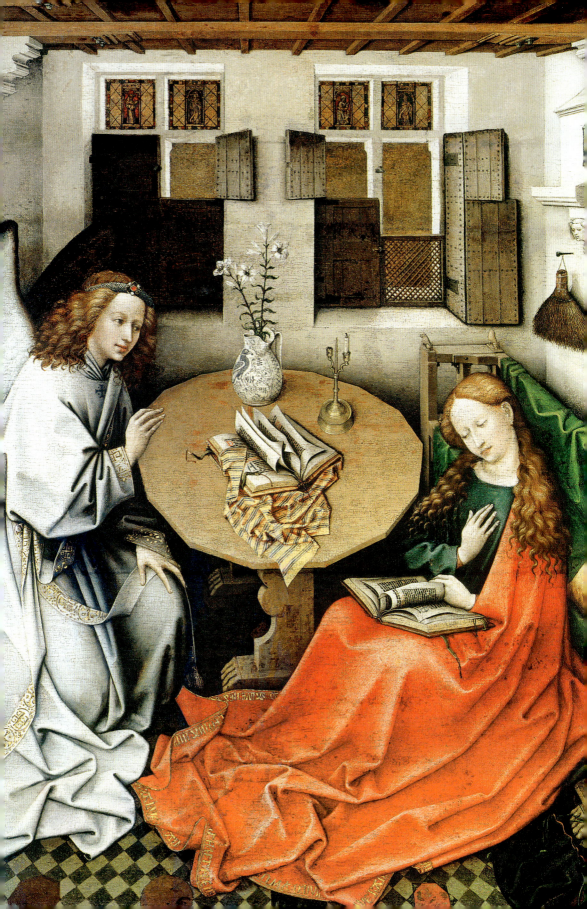

比利时皇家美术博物馆（布鲁塞尔）

——这是比利时，这是美好

　　早在1794年，即卢浮宫成立的第二年，布鲁塞尔就在被法国大革命波及的短暂时期里积攒了第一批征收而来的公共收藏藏品。共和历9年果月14日（1801年9月1日），作为首席执政官的拿破仑要求内政部部长让-安托万·夏普塔尔（Jean-Antoine Chaptal）颁布了一条著名的《行政决议》（*Arrêté*），宣布在里昂、撒赛、波尔多、日内瓦（作为莱芒省的首府）、南特、里尔、斯特拉斯堡、南锡、第戎、图卢兹和布鲁塞尔（作为新成立的戴勒省的首府）建立地区性博物馆。后来，这一政令进一步扩展至新近被征服的德意志领地——例如1795年被征服的低地国家，即美因茨（托内尔山省的所在地）。欧洲的第一批博物馆网络就这样建立起来，与米兰的布雷拉美术馆和威尼斯及博洛尼亚的学院美术馆遥相呼应。上述所有

◀ 罗伯特·坎平，《圣母领报》（*Annunciazione*），局部，约1415—1425年，布面油画，61cm×63.7cm，布鲁塞尔，比利时皇家美术博物馆

博物馆都处于卢浮宫的中央管理之下。卢浮宫也会时常将征收来的藏品分配至布鲁塞尔的博物馆。

如今，人人都知道布鲁塞尔是欧盟的"首都"。但这座城市（市内人口约为18万，郊区人口超过100万）的真实历史却鲜有人知。这座城市曾从幸运坠入灾难，或许也正是这个原因，它才成为一个难产的欧洲的最佳象征。这座沼泽地上的城市从11世纪开始发展，对于来自北部海域的人而言，这里便是航行的终点。一条名为塞讷的小河从那里流过，它的发源地是埃诺地区的一个迷人小镇，其法语名称为"苏瓦尼"。埃诺位于如今的法语区瓦隆，当地的方言瓦隆语属于奥依语支。如今，仍在使用这种方言的地区包括法国北部兰斯教区的周边区域、德国特里尔教区的一隅，以及美国威斯康星的东北部地区。请注意，这条塞讷河与流经巴黎的塞纳河并无关联。这条河的流域不长，随后便汇入吕珀尔河。大约在前方的12公里处，吕珀尔河也将不满足于自身有限的水流量，汇入斯海尔德河。这是一条名副其实的大河，从根特一直流向安特卫普，然后从那里入海。不过，在从11世纪至15世纪的四百年里，这条在今天看来微不足道的塞讷河却发挥了极其重要的作用：当年，人们可以乘坐小型船只从海边上溯至如今的欧盟"首都"（当年是一片沼泽地），在那里设立货栈，对莱茵兰周边的居民产生极大的吸引力。所以说，自诞生之日起，布鲁塞尔就是位于北部沿海地区、欧洲中部和法国之间的一片中介地带。

后来，神圣罗马帝国布拉班特公国的历任公爵想到了一个好主意：在附近唯一的一处高地建立一座名为"库登堡"（意为"冷山"）的防御工事。接着，这座工事将变为城堡，又由城堡变成查理五世的豪华宅邸。那时，这位皇帝继承了包括奥地利、勃艮第和西班牙在内的半个欧洲，决定将那座城堡作为自己的定居地：当年，他曾在那里称帝。1555年，他也是在那里宣布退位（宣布退位显然比被迫退位显得更加主动）。所以说，早在16世纪，布鲁塞尔就已经在某种程度上成了欧洲的首都。15世纪时，勃艮第公爵"好人"菲利普（Filippo il Buono）有幸从他的堂弟媳巴伐利亚的雅克莲（无子嗣）那里继承了荷兰、泽兰、菲士兰和埃诺，又从她已经去世的丈夫那里继承了布拉班特公国。换言之，佛兰德斯地区已处于"好人"菲利普的统治之下，自那时起，他就对城堡进行过扩建，风格相当高贵。随着后续建筑的增加，那处华美的城堡群逐渐形成。对此，约翰·赫伊津哈（Johan Huizinga）将

▼ 扬·范德海登，《布鲁塞尔老王宫》（*Veduta del vecchio Palazzo di Bruxelles*），约1672年，木板油画，24cm×29cm，德累斯顿历代大师画廊美术馆

在他于1919年发表的经典之作《中世纪的秋天》（*L'autunno del Medioevo*）里有所描述。然而，就在这一时期，历史的魔盒里却钻出了一个政治幽灵，他不是别人，正是查理大帝三个孙子中的长孙——洛泰尔一世（Lotario I）。

查理大帝与后来的查理五世一样，都曾有过在欧洲旧大陆上建立一个独一无二的帝国的梦想。从某种意义上说，他通过一系列行政、外交和军事手段达到了这一目的。只可惜在814年，按照法兰克和阿勒曼尼部落的古老传统，他留下的帝国要像战利品一样被三个孙子划分继承：洛泰尔继承了皇帝的头衔以及位于帝国版图中部的地带，从雷诺河口一直延伸至意大利北部；"秃头"查理成了未来的法兰西王国的君主；而帝国的东部——即将成为德意志领土的那片区域——则被分给了"日耳曼人"路易。

请读者原谅笔者对上文中那段历史的粗糙概述，但这的确对理解接下来的问题大有裨益。

接下来，兄弟之间常常发生的事情如约而至："秃头"查理和"日耳曼人"的路易达成一致，图谋杀害长兄。842年2月14日，在这个不祥的日子里，两人签订了协议，且各自的军队在斯特拉斯堡进行了宣誓。自此，法、德两国的合作与纷争就成了欧洲大陆的常态，一直持续到第二次世界大战。正因如此，欧盟在诞生之初便将议会设在了斯特拉斯堡。鉴于查理大帝是在800年的圣诞日在罗马被加冕为皇帝的，所以，1957年，那个建立新欧洲的条约也是在罗马签订的。不仅如此，当时的六个缔约国恰恰也就是加洛林王朝统治下的六个地区：意大利、法国、德国和比荷卢联盟（包括荷兰、比利时和卢森堡）——这个联盟与洛泰尔一世继承的领地完全对应。

1 | 2

（图1）弗朗兹·克萨韦尔·温德尔哈尔特，《利奥波德一世》（*Leopoldo I*），约1846年，布面油画，215cm×135cm，凡尔赛宫

（图2）利奥波德二世，比利时国王，1898—1908年，摄影

对于洛泰尔一世的领地，勃艮第的"好人"菲利普早已有意重建，他的儿子"大胆"查理（Carlo il Temerario）则更是想在那里建立一个唯一的国家。不过，无论是法国人、英国人，还是帝国本身都不赞同这一主张。在1476年的格朗松战役和莫拉特战役中，"大胆"查理的野心遭到了瑞士人的阻挠，他本人也在第二年主显节前夜的南锡战役中被瑞士雇佣兵杀死。然而，他的梦想并没有完全落空。半个世纪后，哈布斯堡的查理五世继承了"大胆"查理和其他家族前辈的领地。这一

次，他试图建立一个更大的国家联盟，从北海一直延伸至西班牙和奥地利，将布鲁塞尔作为行政中心。此次尝试比上一次更成功一些，然而，随着哈布斯堡查理五世的遗产被奥地利的哈布斯堡家族和西班牙的哈布斯堡家族（由他的儿子腓力二世执掌）一分为二，他的梦想也和当年查理大帝的梦想一样，化为了泡影。正因如此，直至西班牙王朝结束前，布鲁塞尔一直是西班牙的领地。1713年至1714年，随着《乌特勒支条约》的签订，布鲁塞尔才重新被划归奥地利的哈布斯堡家族。1695年，路易十四轰炸了布鲁塞尔，将其四分之三的区域夷为平地，并将南部省份的许多零碎区域划入了自己的王国。

其实，早在先前，组成低地国家的17个省份——它们原先都是"比利时雄狮"地图的组成部分——已为反抗西班牙人的统治斗争了八十年，并于1648年《威斯特发里亚合约》签订后，形成了17世纪的强大而繁荣的荷兰。17世纪末，法国大革命期间，当巴黎革命党的军队将奥地利人驱逐而出时，曾先后经历独立时期、勃艮第时期、西班牙时期和奥地利时期的布鲁塞尔又一次点燃了独立的梦想。只可惜，那些赶走奥地利人的军队在不久后就成了拿破仑的武装力量。由于拿破仑也有一个欧洲帝国之梦，所以布鲁塞尔又被这些军队占领了。然而，拿破仑的梦想却坠入了俄国的冰窟。在距离布鲁塞尔约20公里的滑铁卢，拿破仑的"大军团"在平原搁浅。那个凭大炮说话的欧洲结束了它的噩梦，1815年的《维也纳条约》试图让政局回归至当时的"现状"，但没有完全取得成功。打造一个广大而统一的荷兰，这在当时实属空想，与真正的"现状"相去甚远，而布鲁塞尔也无法容忍置身于新生的海牙君主国。

的确，仅仅十五年后，信仰天主教的比利时人就发起了针对信仰新教的荷兰人的暴动。1830年7月，雨果的剧作《埃尔纳尼》（Hernani）在剧院上演期间，爆发了浪漫派和古典派之间的战斗。在这场战斗精神的鼓舞下，法国大革命得以完成。短短几个月后，路易·菲利普的立宪制君主国诞生。同年夏天，比利时为低地国王——奥兰治-拿骚的威廉一世（Guglielmo I di Orange-Nassau）举办了生日焰火庆典。一张写有以下文字的传单开始流传开来："8月23日：焰火庆典；8月

▲ 布鲁塞尔大广场

24日：国王寿辰；8月25日，革命。"这句公开召唤之语看似玩世不恭，实为一种文字宣言。就在那段时间，剧院上演了《波蒂奇的哑女》（*Muta di Portici*）。巴黎人奥古斯丁-尤金·司克里布（Augustin-Eugène Scribe）创作的剧本中提及了那不勒斯的马萨尼洛起义。被演出点燃激情的民众冲上街道，发起暴动，在短短几天内就演变成了起义。两个月后，比利时于1830年10月4日宣布独立。起初，欧洲各大列强都在观望，后来，他们在伦敦召开了会议，决定派遣老谋深算的塔列朗（Talleyrand）进行干预。他是法国政坛最长青的人物，早年在路易十六统治时期担任主教，后来经历了各种政府及革命运动，始终屹立不倒。就这样，英、法两国在历史上首次组建了军事联盟，共同阻止了荷兰的军事干预。

于是，欧洲各大家族纷纷行动，寻找一个可以驾驭这个新兴国家的王冠的人选。这情形与同一年诞生的现代希腊如出一辙。

当选的是德意志萨克森-科堡-哥达王朝的利奥波德。此人曾与俄国沙皇一道与拿破仑作战。他既得英国人的欢心（他是维多利亚女王的舅父），也让新生的法国感到满意：他的妻子是路易·菲利普的姐姐、奥尔良公主路易丝——与大部分比利时人一样，她也信仰天主教。比利时的这位利奥波德一世遂着手开展国家建设：在煤炭成为主要能源的时期，他通过议会推动比利时的工业蓬勃发展。他的统治一直持续至1865年去世为止。他的儿子——比利时的利奥波德二世因继承家族遗产已十分富有，此时，他决定将财产进行投资，在19世纪80年代将比属刚果攫为个人所有，财富剧增。当然，比利时的公共机构也从中获利：得益于市长查尔斯·布尔斯（Charles Buls）的决断，布鲁塞尔大广场经历了一番浪漫主义戏剧式的修复，重获新生，那些被路易十四炸毁的文艺复兴时期的建筑全都被大致复原了。

在近两个世纪里，布鲁塞尔博物馆茁壮成长。随着比利时的独立，这座市属博物馆变成了国立博物馆。1919年，布鲁塞尔美术博物馆更名为比利时皇家美术博物馆，1927年又将名称改为了复数形式，变成了比利时皇家美术馆群，将市内的其他博物馆也纳入其运营范畴。这些博物馆包括雕塑家康斯坦丁·默尼耶（Constantin Meunier）博物馆、画家安东尼·维尔茨（Antoine Wiertz）博物馆、展示颓废主义艺术和新艺术的世纪之交博物馆、马格利特（Magritte）博物馆和现代艺术博物馆。

▶ 雅各布·乔登斯，《国王饮酒》（*Il re beve*），局部，1638年，布面油画，156cm×210cm，布鲁塞尔，比利时皇家美术博物馆

游览指南

幻想当道

布鲁塞尔的居民认为自己拥有全世界最美味的食物之一（更确切地说，是没有之一）。无论是炸薯条还是奶油贻贝都能让人轻易想到那位来自安特卫普的画家雅各布·乔登斯（Jacob Jordaens）笔下的丰盛餐桌。他的出生和逝世年代与那

▲ 老彼得·布吕赫尔，《叛逆天使的堕落》（*Caduta degli angeli ribelli*），1562年，木板油画，117cm×162cm，布鲁塞尔，比利时皇家美术博物馆

一饮食习惯所持续的整整八十五年时间恰好吻合。在那一时期，这些食物与普通欧洲人的体质和肠胃并不相符。但所有这一切都不曾离开它的城市！当欧洲在三十年战争中饱受折磨的时候，布鲁塞尔的厨房正酝酿着美味，小酒馆里过于丰盛的珍馐佳肴散发着浓香。事实上，那位"饮酒的国王"是对主显节的漫画式描绘：宴会蛋糕里藏着一枚小小的国王标志，而嚼到那枚标志的人则是当夜被加冕的"国王"。在富有的资产阶级社会里，那些家族丝毫没有展现出同时代贵族宫廷里应有的彬彬礼节，有的只是迸发的疯狂情绪。同样的意境也表现在老彼得·布吕赫尔（Pieter Bruegel il Vecchio）于1562年绘制的那幅《叛逆天使的堕落》中。这幅画作见证了布拉班特公国里持续蔓延的倒错的幻想。人称"斯海尔托亨博斯的耶罗尼米斯"（Geromino del Bosco Ducale）的耶罗恩·安东尼松（Jeroen Anthoniszoon）也出生在这里。这股迸发的幻想一直持续至现代早期的詹姆斯·恩索（James Ensor），在费尔南德·赫诺普夫（Fernand Khnopff）、让·德尔维尔（Jean Delville）和保罗·德尔沃（Paul Delvaux）的梦幻式画布作品中也体现出异曲同工之妙。人们明白，是布鲁塞尔诞育了超现实主义文学大师亨利·米肖（Henri Michaux）以及顶级画家之一雷内·马格利特（René Magritte）。人们也明白，布鲁塞尔是最优秀的法语漫画作品的创作中心，例如丁丁和斯皮鲁的系列故事。

最后，人们也清楚，一些愚妄无知的欧洲议员也会在这里丧失理性之光。

$$1 \begin{array}{|c} 2 \\ \hline 3 \end{array}$$

（图1）詹姆斯·恩索，《面具》（*Le maschere*），1892年，布面油画，100cm×82cm，布鲁塞尔，比利时皇家美术博物馆

（图2）费尔南德·赫诺普夫，《斯芬克司》（*La Sfinge*），1896年，布面油画，50.5cm×150cm，布鲁塞尔，比利时皇家美术博物馆

（图3）让·德尔维尔，《神秘女郎斯图尔特·梅里尔夫人肖像》（*Ritratto di Mrs Stuart Merill-Mysteriosa*），1892年，铅笔，纸上蜡笔和彩色铅笔，40cm×32.1cm，布鲁塞尔，比利时皇家美术博物馆

▲ 保罗·德尔沃，《众声》（*La voce pubblica*），1948年，木板油画，152.5cm×254cm，
布鲁塞尔，比利时皇家美术博物馆

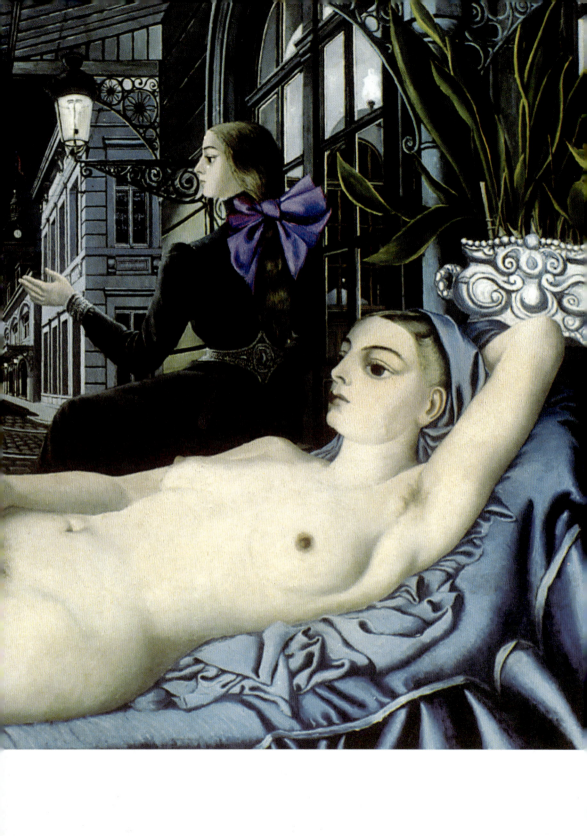

普拉多博物馆（马德里）
——权力与荣耀

　　如今，在马德里东面的那片草场上，坐落着世界上最大的博物馆之一。这座博物馆的诞生和成长历程相当漫长，而在哈布斯堡王朝覆灭后的那两个世纪里，西班牙在伊比利亚半岛上展开的历史也同样千头万绪。

　　毫无疑问，西班牙的藏品与哈布斯堡家族的历史密不可分。众所周知，卡洛斯一世——神圣罗马帝国皇帝查理五世对提香的肖像作品极其钟爱，继任的费利佩二世表面是虔诚的天主教徒，私底下却狂热地购买绘有裸体女子的画作，且为其子费利佩三世统治期间出现的西班牙文艺复兴（被称为"黄金时代"）奠定了基础。17世纪中期，费利佩三世的继任者费利佩四世幸运地购入了大量弗兰芒画派的杰作，让西班牙王室收藏的规模达到了堪与欧洲各大宫廷比肩的高度。西班牙哈布斯堡家族的最后一位成员，人称"中魔者"的卡洛斯二世是一个压抑而内向的人，他

◀ 提香·韦切利奥，《米赫尔贝格战役中的查理五世》（*Carlo V alla battaglia di Mühlberg*），局部，1548年，布面油画，335cm×283cm，马德里，普拉多博物馆

宣布王室的藏品并非私人收藏而是属于整个王国，这对日后伊比利亚半岛上一系列博物馆的诞生起到了根本性的作用。1700年的诸圣节当日，39岁的卡洛斯二世撒手人寰。尽管他曾有过两次婚姻，却没有留下直系子嗣。因此，他在去世前指定了"太阳王"的孙子费利佩五世（1683年生于凡尔赛，1746年殁于马德里，费利佩四世的曾孙子）为王位继承人。不过，直到十四年后，当法国与西班牙哈布斯堡王朝的漫长夺位之争结束，费利佩五世才正式开始其统治。纷争以王位落入波旁王朝手中而告终。

来自巴黎的清风吹散了虔诚信仰天主教的西班牙的沉闷气氛。这位在凡尔赛的繁华花园里出生和成长起来的国王并不喜欢西班牙王国那座古老而严肃的城堡，决定按照法式风格对其加以装饰。1734年的圣诞节前夜，他获得了一份突如其来的"大礼"：那座城堡在大火中被烧毁了四分之三。这正是重建一座新王宫的绝佳契机。国王将这一工程交由西西里人菲利波·朱瓦拉（Filippo Juvarra）设计。这位天才设计师去世以后，他的学生——都灵人乔瓦尼·巴蒂斯塔·萨凯蒂（Giovanni Battista Sacchetti）最终将其完成。王室的收藏继续增加。

不过，西班牙的局势却变得复杂起来：这位来自法国的国王幸运地娶到了一位会说法语的王后——12岁的萨伏依的玛丽亚·路易莎（Maria Luisa di Savoia）。这桩由祖父"太阳王"促成的联盟很合国王的心意。就这样，萨伏依的玛丽亚·路易莎从13岁起就开始摄政。当她年轻的丈夫不得不前往意大利，加入那场错综复杂的继位之争时，她表现出了强大的执政能力。1706年，她成功地说服丈夫不要返回法国，光荣地保卫了马德里。可惜的是，1714年，年仅26岁的她就英年早逝了。她为费利佩五世生下了四个儿女，最小的儿子于1746年成为西班牙的费尔南多六世（1713—1759年）。有着法国和皮埃蒙特血统的费尔南多六世的人生并不轻松。他五个月大时就失去了生母，在新王后执掌的宫廷里生活。新王后名为埃丽莎贝塔·法尔内塞，是帕尔马公国的继承人。她为费利佩五世新添了六个儿女。但费尔南多六世是第一任王后的所有子嗣中唯一存活下来的，因此注定是继承王位的人。埃丽莎贝塔·法尔内塞不可能奢望自己的儿女获得同样的地位，但她为自己最疼爱的儿子（有着法国和意大利的双重血统）谋得了

1 | 2

（图1）索福尼斯巴·安圭索拉，《费利佩二世肖像》（*Ritratto di Filippo II*），1565年，布面油画，88cm×72cm，马德里，普拉多博物馆

（图2）安东·拉斐尔·门斯，《卡洛斯三世肖像》（*Ritratto di Carlo III*），约1761年，布面油画，151.1cm×109cm，马德里，普拉多博物馆

帕尔马和皮亚琴察公爵（称卡洛一世）的头衔，成了自己的继任者（称卡洛斯三世）。他在各个王国之间谨小慎微，纵横捭阖：原本有意拿下托斯卡纳大公国，却在1734年获得了征服那不勒斯（1713年，哈布斯堡的查理六世为西班牙占领了这里）的机会，成了那不勒斯国王卡洛七世（Carlo VII），随后又成了西西里国王（称卡洛四世）。就这样，波旁王朝在意大利半岛上站稳了脚跟。最后，在他同父异母的兄弟费尔南多六世因疯癫去世（没有留下子嗣）后，他也退位并回到了西班牙，让8岁的儿子成为那不勒斯国王和西西里国王，1816年起为两西西里王国的第一任国王（史称费迪南多一世）。

所以说，这个由埃丽莎贝塔·法尔内塞诞下的儿子是格外幸运的。在不断变换身份、名字和头衔数字的过程中，卡洛斯三世有机会为两座至关重要的博物馆的建立撒下种子。1734年，当他抵达那不勒斯时，进行了一次前所未有的从台伯河畔

▲ 马德里的普拉多博物馆，19世纪初，石版画

到地中海边的大搬运，将存于罗马法尔内塞宫的大批藏品——包括《法尔内塞大力神像》（*Ercole Farnese*）在内的大批雕塑——和存于他母亲宅邸内的画作收藏都运至了波蒂奇宫。与此同时，他开展了埃尔科拉诺和庞贝的发掘，将一部分出土文物留作私人藏品，将一部分出售，然后将剩下的大量物件并入了承袭自母亲的15世纪罗马考古收藏系列。可以看出，他对艺术品的品鉴力正逐步提升。后来，他返回了出生地西班牙，但他没有带走任何一件考古藏品，除了一枚作为纪念物和幸运符的戒指。1777年，他26岁的儿子将藏品汇集起来，创建了那不勒斯国家考古博物馆。就在同一时期，卡洛斯三世也不甘落后，在马德里奠定了即将成立的普拉多博物馆的基础。那是启蒙主义兴起的年代：1750年，巴黎卢森堡宫内的王室艺术品收藏对公众开放；1753年，博物学家汉斯·斯隆（Hans Sloane）在伦敦奠定了未来的大英博物馆（作为一座科学博物馆）的基础。国王卡洛斯三世或许感到自己的血管里仍然流淌着法国祖先路易十四的血液，因而同样有着对不动产的痴迷。他在那不勒斯命人修建了圣卡洛剧院、卡波迪蒙特王宫（用于收藏来自法尔内塞宫的画作），此外还为当地的一座"凡尔赛宫"——卡塞塔王宫的修建奠定了基础。普拉多博物馆工程是卡洛斯三世有生之年的收官之作：当时，他启动了马德里的城市改造规划，希望将主广场补充完整。早在1735年，当他的父亲将位于马德里城西面的古老城堡改造成新王宫时，马德里就已经具备了都城的风范。1786年，卡洛斯三世完成了马德里的城市改造，将市中心东面的草场改造成普拉多大厅，包括王室自然历史实验室、王室植物园和王室天象台。卡洛斯三世的目标是打造所谓的"科学山丘"。这项工程被委托给新古典派建筑师胡安·德·维兰努瓦（Juan de Villanueva），但其实施过程极为艰辛。1788年，工程刚刚开始，卡洛斯三世便去世了。他的儿子卡洛斯四世并没有遗传父亲的天才头脑，且他的统治时期恰好是欧洲历史上最为凄风苦雨的时期：法国大革命爆发，拿破仑的帝国入侵西班牙，他被迫流亡罗马，寻求教宗的庇护。拿破仑的军队抵达西班牙后，将普拉多宫改成了兵营和马厩，将该建筑的铅顶拆除，用于熔铸炮弹。直到1818年，一系列政治风暴平息之后，费尔南多七世的第二任妻子伊莎贝尔·德·布拉干萨（Isabel de Braganza）才开始修复该建筑，1819年年末，她又将311幅原本属于王室的西班牙画派画作从王室建筑群内转移到了这里，供公众参观。然而，继拿破仑制造的腥风血雨之后，19世纪的西班牙依旧处于政治风暴之中。1872年，大部分原先为宗教机构所有、存放于三一博物馆的布面油画也被转移到了普拉多博物馆。该馆的馆藏继续增长。

1833年，费尔南多七世与第四任妻子所生的女儿登上王位，成为波旁–西班牙的伊莎贝尔二世，她是继卡斯提尔女王伊莎贝尔一世之后唯一的女王。后来，她登位所依据的法律条款遭到质疑，引发了内战，使她在1868年遭到流放。伊莎贝尔二世登位时只有3岁，她的母亲是波旁–两西西里的玛丽亚·克里斯蒂娜（Maria

▼ 扬·范·凯塞尔，《卡雷拉圣赫罗尼莫街和普拉多大道景观》（*Veduta della Carrera de San Jerónimo e del Paeseo del Prado*），局部，1680年，布面油画，164cm×445cm，马德里，提森–博内米萨国立博物馆

Cristina di Borbone-Due Sicilie，前述两西西里王国国王费迪南多一世的孙女），这便注定了她会成为王位的继承人。16岁时，她成为真正的女王，却痛苦地目睹着西班牙丧失了殖民地，王室也在议会面前丧失了绝对权力。1868年，一场民众起义迫使她流亡巴黎，给西班牙带去了几年的民主时光。在一场持续十二年的辩论结束后，西班牙再次从国外找到了一位立宪制国王萨伏依的阿马迪奥（Amedeo di Savoia），他勉强维持了仅仅三年的统治，给西班牙留下了一个在暴动之中保持沉默的王朝。就在这些年里，普拉多博物馆的地位进一步提升，并由一座王室博物馆变成了国立博物馆。

游览指南

现实主义的现实

　　普拉多博物馆收藏着一系列意大利参观者不可错过的画作：这些作品会增强他们的自信心！这些属于西班牙哈布斯堡王室的古老收藏大部分都是从意大利半岛去往伊比利亚半岛的。此外，该馆还收藏了伟大的委拉斯开兹（Velázquez）——他也是在意大利成长起来的——的许多作品；不过，值得细细观看的却是那幅他在前往意大利以前创作的杰作。该作品的意大利文名为《酒神的凯旋》（*Il trionfo di Bacco*），西班牙名叫《醉酒者》。意大利的神话在西班牙成了"民众"的话题——既是指词源意义上的民众，也是指审美品位上的民众。在西班牙人的审美体系里，并不存在意大利人所说的后卡拉瓦乔时期的现实主义概念。因为他们的现实感根植于内心深处，是一种完全不同于旁人的感受。倘若长时间地凝视这幅《醉酒者》，甚至可以闻到平民红酒的那股酸涩味！

▼ 迪亚哥·委拉斯开兹，《醉酒者》（*I beoni*），又称《酒神的凯旋》（*Il trionfo di Bacco*），1628—1629年，布面油画，165cm×225cm，马德里，普拉多博物馆

▲ 弗朗西斯科·何塞·德·戈雅-卢西恩特斯，《魔宴》（*Sabba*），又称《大山羊》（*Gran Caprone*），局部，1821—1823年，移至布面的油性壁画，140.5cm×435.7cm，马德里，普拉多博物馆

◀ 弗朗西斯科·何塞·德·戈雅-卢西恩特斯，《卡洛斯四世的家族》（*La famiglia di Carlo Ⅳ*），局部，约1800年，布面油画，280cm×336cm，马德里，普拉多博物馆

此时，你们可以在普拉多博物馆开启一条更为独特的参观路径，去发现所谓的"西班牙式现实"。你们将能体会到西班牙王室是怀着多么虔诚的喜悦收藏了戈雅于1800年为卡洛斯四世的家族绘制的肖像。以今天的眼光看来，画上的众位人物倒像是某位心怀反骨的画家笔下的一群腐化的乌合之众。在西班牙文化里，形象艺术中的真实与文学中永恒的幻想元素——例如卡尔德隆·德·拉·巴尔卡（Calderón de la Barca）的《人生如梦》（*La vida es sueño*）和塞万提斯在《堂吉诃德》中描写的疯狂——是大相径庭的。这种独特的形象艺术风格很有可能促成了静物画（西班牙文为"bodegón"）在西班牙的诞生。在这类画作里，现实是绘画叙述中的唯一主角。早在静物画诞生之初，普拉多博物馆就收藏了这类作品中的诸多杰作。近年来，该馆又进行了数次相当明智的大规模购置，丰富了自身的馆藏。

某些作品并没有向公众展出，颇有教养的公众也不敢提出疑问。所幸的是，这些作品时常会在某些展览上露脸。无论如何，那些悬挂在墙面上的作品已足以营造出一条充满趣味的路径，从西班牙的历史收藏（某些来自西班牙王室藏品）一直延伸至西班牙统治下的佛兰德斯的历史收藏。

不过，对观者而言最具吸引力的，却是该馆新近购入的一批画作，如胡安·凡·德·哈曼-里昂（Juan van der Hamen，他是一位来自低地国家的画家，却更愿意待在伊比利亚半岛）的真品杰作：一幅绘有洋蓟、鲜花和玻璃容器的静物画。该画创作于1627年，当年，那幅颜料还未干透的画作原本是莱加内斯侯爵的藏品，18世纪初被转手至阿尔塔米拉伯爵手中。后来又被罗森多·纳塞罗（Rosendo Naseiro）收藏，最终于2006年被普拉多博物馆购入。于是，这幅画作与出自同一位画家的另一幅杰作（2000年被购入）在普拉多博物馆相聚了。不仅如此，这两幅作品都找到了一位由克拉拉·皮特斯（Clara Peeters）创作的"亲戚"，这幅画作

◀ 胡安·凡·德·哈曼-里昂，《洋蓟、鲜花和玻璃瓶静物》（*Natura morta con carciofi, fiori e vasi in vetro*），局部，1627年，布面油画，81cm×110cm，马德里，普拉多博物馆

曾是埃丽莎贝塔·法尔内塞的收藏。埃丽莎贝塔·法尔内塞出生于帕尔马，1714年在枢机主教朱利奥·阿尔韦洛尼（Giulio Alberoni，他也是帕尔马人，担任西班牙的教宗特使）的外交斡旋下成为费利佩五世的妻子，史称法尔内塞的埃丽莎贝塔王后。小画作里蕴藏着大秘密——从某种意义上来说，所有这些秘密都来自伟大的弗朗西斯科·祖巴兰（Francisco Zurbarán）所进行的他人无法逾越的尝试。1940年，普拉多博物馆购入了他最为精美的一幅小型布面油画；1986年，普拉多博物馆又收藏了他那幅同样酷似静物画风格的、令人感动的《上帝的羔羊》（*Agnus Dei*）。这真是一座精彩绝伦的博物馆。

▲ 路易斯·梅伦德斯，《静物：装肉冻的盒子、面包圈、放置玻璃杯的多层盘和醒酒器》（*Natura morta con scatola di gelatina, pane a forma di ciambella, alzata con bicchiere e rinfrescatoio*），1770年，布面油画，49.5cm×37cm，马德里，普拉多博物馆

◀ 克拉拉·皮特斯，《餐桌》（*Tavola*），局部，1611年，木板油画，52cm×73cm，马德里，普拉多博物馆

▼ 弗朗西斯科·祖巴兰，《上帝的羔羊》（*Agnus Dei*），1635—1640年，布面油画，37.3cm×62cm，马德里，普拉多博物馆

提森-博内米萨国立博物馆（马德里）

——"收藏"的颂歌

如果说欧洲的许多博物馆都脱胎于那些富贵荣华的王朝家族的收藏积累，因而与中世纪各大家族的政治历史息息相关，那么提森博物馆可谓别具特色：它的诞生是资产阶级在工业革命初期登上历史舞台的那段令人着迷的历史的结晶。这座博物馆的源头可追溯至19世纪的德意志资产阶级，他们不仅打造了诸多的工厂和银行，还常常在知识领域取得令人惊诧的成果，来自汉堡的阿比·瓦尔堡（Aby Warburg，1866—1929年）便是其中的典型。这位出身于银行世家的艺术史家将符号学引入了对艺术品的分析，还建起了旧大陆上最为权威的图书馆之一（馆藏超过三十万册），后来，由于收到种族法律的制约，这座图书馆被迁至伦敦，成为令人仰慕的瓦尔堡研究所的前身。同样具有重要意义的，还有维也纳的一系列

◀ 卡纳莱托（乔瓦尼·安东尼奥·卡纳尔），《楼宇内院的廊柱随想曲》（*Capriccio con colonnato interno di un palazzo*），局部，约1765年，布面油画，42cm×32.5cm，马德里，提森-博内米萨国立博物馆

收藏，例如阿德勒·布洛赫-鲍尔（Adele Bloch-Bauer）家族就用来自肥皂厂的收益资助古斯塔夫·克里姆特创作了那些最为杰出的作品。随着财富的不断积累，大资产阶级日益成熟，成了收藏者和赞助者。《布登布洛克：一个家族的衰落》（*Buddenbrook. Decadenza di una famiglia*，1901年）是一首充满道德智慧的、令人动容的北欧史诗。好在资产阶级大家族的发展史并非个个如此。事实上，提森家族就是一个截然不同的正面案例。

▲ 奥古斯特·提森，约1925年，摄影

　　该家族的历史可上溯至伊萨克·兰贝特·提森（Isaak Lambert Thyssen，1685—1773年）。此人因农场毁于火灾，便前往亚琛，成了当地市政府的一名土地测量员。他的孙子尼克劳斯·提森（Nikolaus Thyssen）有着出色的社交能力，从一名普通的面包师一跃成为行会的领袖。接着，尼克劳斯·提森又当上了市政府的书记官，并有幸为拿破仑之子的诞生组织庆典。后来，尼克劳斯·提森娶了一位资产阶级家庭的小姐为妻，创办了一家生产铁丝和钢索的股份制企业。在儿子约翰·弗里德里希·提森（Johann Friedrich Thyssen）的经营下，这家小企业变成了德意志的第一家拉丝工厂——埃施韦勒电线厂。至此，这家企业完成了朝钢铁厂转型的历史步骤。随着工厂业务的蒸蒸日上，约翰·弗里德里希·提森也开始涉足银行业。他的儿子奥古斯特·提森（August Thyssen，1842—1926年）将杜伊斯堡的大煤矿也记入了他的名下。在那些年里，该家族的利益与权力和财富一道与日俱增：除了电线厂，还有钢铁厂；除了钢铁厂，还有煤矿。奥古斯特·提森出生于亚琛市外的埃施韦勒，那里是该家族名下的首批工厂的所在地。后来，当他在蓝兹贝格城堡里逝世时，就连皇帝也对他尊敬有加；他居住在那座城堡也是为了彰显自己的功成名就。的确，正是奥古斯特·提森将最初的家族企业变成了一座帝国。他的父母先是将他送往卡尔斯鲁厄理工学校学习，后来又将他送进了安特卫普高级贸易学院，让他成了一个金融家兼企业家。奥古斯特·提森在能源领域也进行了投资，与另一位同时代的大亨胡戈·斯廷内斯（Hugo Stinnes）合作创建了公司，斯廷内斯也拥有矿和高炉，并于1898年在他的煤矿区建立了最初的电公司之一RWE。奥古斯特与胡戈的合作是成功的，他们俩毫发无伤地度过了第一次世界大战结束后的大通胀时期。然而，两人的命运却大相径庭。胡戈·斯廷内斯野心极大，不惜冒政治风险，由于他对工业权力的胃口过大，国际媒介都对他警惕提防。大通胀时期，货币贬值，货物增值，他肆意贷款，控制了超过四千家企业和三千个生产中心。在他去世（1924年）之后的第二年，他的继承者将股权书提交至法院，终止了对上述企业的控股。与胡戈·斯廷内斯相反，奥古斯特·提森谨小慎微，在经营企业方面比在经营家庭方面更为成功。1885年，在经历了惨痛的离婚以后，他不得不将产业留给子女，自己则保留了完整的收益使用权，从而将权力的缰绳握在自己手中。他或许是在毫不经意的状态下完全照搬了委托遗赠的贵族传统：将财产（如同封地一般）留给了继承人，同时又阻止他们对其进行经营。自此，该家族的运气节节攀升。

此前，德国皇帝威廉二世曾指出要对文化界和商界的杰出人士给予重视，进而打造一个具有高度凝聚力的全新阶级。小奥古斯特·提森（August Thyssen junior，1874—1943年）对此格外重视。他渴望从军，且他的一位舅父也已经从中获得了益处：由于担任普鲁士的战争部领导，他由斐迪南·赫尔曼·佩尔泽（Ferdinand Hermann Pelzer）变成了第一位冯·佩尔泽（von Pelzer）。小奥古斯特·提森致信父亲，称第二代运气也降临在克虏伯家族，该家族的所有女性子嗣都清一色地嫁给了贵族。然而，提森家族始终没有被"冯"这个贵族头衔所吸引：他们或许是无意识地延续了维尔纳·冯·西门子（Werner von Siemens）的态度——他对皇帝于1888年赐予的世袭贵族头衔始终心怀疑虑，认为只有洪堡大学提供的学位头衔才是最适合自己的。

执掌家族企业的，是小奥古斯特·提森的聪明的长兄弗里兹·提森（Fritz Thyssen）。此人精明强干，在魏玛共和国时期是德国国家人民党的党员，纳粹党的温和反对者。早年，弗里兹·提森也曾于1933年加入纳粹党，但很快就成了该党的批判者，控诉其针对犹太人的大屠杀。1939年9月2日，他出于纯粹经济层面的原因公开宣称反战：他认为德国若与欧洲决裂，势必会在原料上完全依赖苏联。此后，他离开了德国前往瑞士。支持他作出流亡决定的，很可能是他的妻子阿梅里耶。起初，弗里兹夫妇打算投奔他们在阿根廷的女儿阿妮塔，他们沿着蓝色海岸前行，结果却被维希政府交给了盖世太保，被关入了柏林的一家疗养院。提森家族的所有财产均被没收。后来，弗里兹夫妇被辗转于多个集中营，从布痕瓦尔德集中营到达豪集中营，直到位于提洛洛的专门收容"优待分子"的赖兴瑙集中营。在那里，他们被纳粹德国陆军（当时，他们已感到这场悲剧已经日薄西山）提前释放。然而，弗里兹·提森被美国军队视为德国人的同谋，又被囚禁至1948年。最后，弗里兹·提森夫妇终于抵达阿根廷，与女儿团聚，并于1951年在那里辞世。他的女儿和遗孀展开了漫长的诉讼过程，终于在1959年得偿夙愿，成功地收回了家族财产，再度成为蒸汽机车厂和钢厂的所有人，并斥资1亿马克，创建了弗里兹·提森科研发展基金会。一年后，为表彰阿梅里耶·提森对德意志联邦共和国所作的贡献，总理康拉德·阿登纳向她授予了联邦十字勋章。双方握手言和，欧洲最重要的一处遗产也得以保存下来。

提森家族的第三位兄弟——慷慨的海因里希·提森（Heinrich Thyssen，1875—1947年）则有着迥异的人生经历。继在海德堡大学求学之后，他作出了一个明智的决定，迎娶匈牙利贵族女子玛格丽特·博内米萨·德·卡松-伊弗法尔瓦为妻。如此一来，他变成了匈牙利人，将自己的名字改为提森-博内米萨·德·卡松（Thyssen-Bornemisza de Kászon）男爵。他继续在家族企业里工作，却产生了同样明智的直觉，从事荷兰的国际业务，进而创建了著名的布雷默伏尔康公司，投身于造船业。自1911年起，他就开始在位于奥地利和匈牙利边境的雷西尼茨城堡收集艺术品。他所采取的第二步有用的举措是在20世纪30年代将自己的宅邸——连同其丰富的收藏——彻底迁至位于卢加诺的拉法沃利塔别墅。这一举措是相当明智的——后来，雷西尼茨城堡被纳粹征用，并于1945年被战火所摧毁。1921年，他的儿子汉斯·海因里希·提森-博内米萨（Hans Heinrich Thyssen-Bornemisza）在荷兰出生，随父辈们辗转各处。汉斯·海因里希在瑞士接受教育，学习法律、经济和艺术史。他既有教养，又有经济实力，还拥有不断增长的一系列艺术藏品，逐渐成了一位经验丰富的买家。1950年，汉斯·海因里希成为瑞士公民，放弃了男爵身份。此时的他已拥有许多其他受人景仰的头衔。他的收藏覆盖所有领域，包括婚姻——正式妻子就有五任：第一任妻子是来自奥地利古老贵族家庭的名媛，后续几任也各有风采：摄影模特、演员，还有一位拉丁美洲银行家的女儿……直到最后，他才找到了完美的伴侣卡门·塞尔贝拉（Carmen Cervera），人称"蒂姐"。这位西班牙女子曾是摇滚歌手约翰尼·哈里戴（Johnny Hallyday）的女友之一，于1961年当选西班牙小姐，在正式成为冯·提森男爵夫人以前曾有过两段婚姻。风华绝代的卡门曾是"人猿泰山"的扮演者、美国影星莱克斯·巴克（Lex Barker）的妻子——

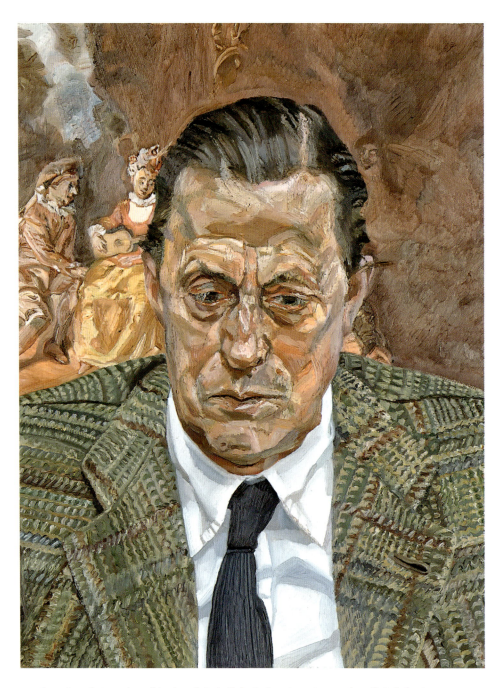

▲ 卢西安·弗洛伊德，《提森-博内米萨家族的汉斯·海因里希男爵肖像》（*Ritratto del barone H. H. Thyssen-Bornemisza*），1981—1982年，布面油画，51cm×40cm，马德里，提森-博内米萨国立博物馆

莱克斯·巴克曾在五部电影中扮演原始英雄。最后，卡门嫁给了冯·提森男爵，也嫁给了他的神话和他对艺术的热爱。她积极推动藏品的扩充，且她最大的功劳在于让丈夫走进了西班牙——那一时期，西班牙已经恢复为一个民主的王国：在一个有国王的首都，男爵们也会生活得更惬意些。如果说在冷静的瑞士资产阶级眼中，冯·提森男爵的藏品仅仅获得了部分的赞赏，那么在马德里，他的藏品则受到了极大的欢迎。1986年，西班牙国立图书馆为这些藏品举办了第一次展览。1992年，提森–博内米萨国立博物馆正式开放。

2002年，冯·提森男爵在布拉瓦海岸的圣费利乌–德吉绍尔斯去世。男爵夫人在马拉加创建了自己的博物馆，收藏19世纪西班牙风俗主义流派的艺术品。当然，她也将一部分后期收藏的藏品留在了那间丈夫在马德里创建的博物馆里。然而，西班牙国税部门向她的藏品征收了高达每年1350万欧元的重税，令其不堪重负，她与祖国之间"田园牧歌"式的情感也开始逐渐消退。

如今，提森家族谱写的史诗依旧鲜活而迷人，无论从哪一方面来看，都与布登布洛克家族的悲剧传奇有着天壤之别。最耐人寻味的一点在于该家族尽管曾先后在卢加诺和西班牙发展，却始终保持着天主教信仰。不过，这一具有相当重要意义的事实似乎对马克斯·韦伯于1905年发表的那篇论文《新教伦理与资本主义精神》（*L'etica protestante e lo spiritodel capitalismo*）构成了冲击。马克斯·韦伯出生于图林根州的埃尔福特，马丁·路德曾在这座城市完成了大学学业，但在三十年战争期间，这里却自始至终是天主教阵营的堡垒。后来，马克斯·韦伯也在虔诚信奉天主教的巴伐利亚的慕尼黑去世。提森家族属于德意志的天主教族系，或许因为这个原因，作为提森家族的最后一位代表人物，汉斯·海因里希·提森男爵先是在卢加诺居住，而后选择在国王胡安·卡洛斯统治下的"解放的"西班牙生活，也是一种合情合理的选择——一位有着匈牙利爵位的男爵亟须一个与其身份相匹配的君主制国家。如此，他的家族历史才会朝着与凄惨的布登布洛克家族截然不同的方向发展。

游览指南

在美丽的名媛之间

倘若我们的参观者有意体验一番被众位佳丽环绕的"大亨"的感受，参观提森-博内米萨国立博物馆可谓一次难以忘怀的经历。请仔细观看圣马蒂诺伯爵夫人

◀ 蓬佩奥·巴托尼，《圣马蒂诺伯爵夫人玛丽亚·贝内德塔肖像》（*Ritratto della contessa Maria Benedetta di San Martino*），1785年，布面油画，99cm×74cm，马德里，提森-博内米萨国立博物馆

▶ 拉蒙·卡萨斯·卡博，《茱莉亚》（*Julia*），局部，约1915年，布面油画，85cm×67cm，马拉加，卡门·提森博物馆

玛丽亚·贝内德塔（Maria Benedetta di San Martino）的肖像，为其作画的是深谙国际时尚风潮的蓬佩奥·巴托尼（Pompeo Batoni）。不过，既然已经身在西班牙，参观者不妨在欣赏完提森博物馆的藏品后前往男爵夫人卡门·冯·提森创建的马拉加博物馆——若想对几个世纪以来的美貌女子加以对比，那座博物馆里的作品可谓最为鲜活的记忆：有上文中提到的那位伯爵夫人，有彩票店的女店主茱莉亚·佩雷尔（Julia Peraire）——她后来嫁给了为自己作画的那位画家，有帕里斯·博尔多内（Paris Bordone）描绘的那位看着小猴子的小姐，还有雷蒙多·德·马德拉索–加雷塔（Raimundo de Madrazo y Garreta）笔下的那位俏皮女子——在另一位画家让她稍事放松的片刻，她一边欣赏自己的肖像，一边画上了一张如小猴子一般的蓄着八字胡的男子的脸。此外，还有由弗朗西斯科·祖巴兰大师创作的两幅更为严肃的肖像作品。这些女子或轻浮或神圣，都对华丽的服饰格外钟情。在这个彰显女性世界的博物馆里，吉兰达约笔下冷若冰霜的《乔凡娜·托纳博尼肖像》（*Ritratto di Giovanna Tornabuoni*）居然会与柯罗笔下的一丝不挂的《沐浴的狄安娜》（*Diana al bagno*）同处一室。谁知道那位乔凡娜·托纳博尼会说些什么呢？

▶ 雷蒙多·德·马德拉索–加雷塔，《画室里》（*Nello studio*），
局部，约1885年，布面油画，95.2cm×66cm，私人收藏

▶ 弗朗西斯科·祖巴兰，《圣卡西尔达》（*Santa Casilda*），约1630—1635年，布面油画，171cm×107cm，马德里，提森-博内米萨国立博物馆

▼ 帕里斯·博尔多内，《年轻女子肖像》（*Ritratto di giovane donna*），局部，1543—1550年，布面油画，103cm×83cm，马德里，提森-博内米萨国立博物馆

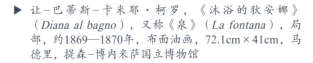

▲ 弗朗西斯科·祖巴兰，《圣玛丽娜》（*Santa Marina*），1641—1658年，布面油画，170cm×101cm，塞维利亚，美术博物馆

▶ 让-巴蒂斯-卡米耶·柯罗，《沐浴的狄安娜》（*Diana al bagno*），又称《泉》（*La fontana*），局部，约1869—1870年，布面油画，72.1cm×41cm，马德里，提森-博内米萨国立博物馆

ARS VTINAM MORES
ANIMVM QVE EFFINGERE
POSSES PVLCHRIOR IN TER
RIS NVLLA TABELLA FORET
MCCCCLXXXVIII

▲ 多梅尼科·吉兰达约，《乔凡娜·托纳博尼肖像》（*Ritratto di Giovanna Tornabuoni*），1489—1490年，木板混合技法，77cm×49cm，马德里，提森－博内米萨国立博物馆

古尔班基安博物馆（里斯本）
——奢华、宁静和沉醉

卡洛斯特·古尔班基安（Calouste Gulbenkian）就坐在那里，在里斯本，在那座他创建的博物馆前。那是一尊青铜雕塑，人物身后的那只石鹰象征着他祖辈的故乡——亚美尼亚的群山。在一个严酷而残暴的时期，卡洛斯特·古尔班基安作出了明智的决定，离开了故乡斯库台。当年，奥斯曼帝国已经走到了其漫长历史的尽头，开始对非穆斯林少数民族进行镇压。然而，在此前的好几个世纪里，奥斯曼帝国一直对这些少数民族采取宽容的政策，任其发展。的确，许多开明的史学家都曾认为古罗马帝国"宽容一切"（包括任何事物和任何人，只要他们尽纳税的义务）的遗风从罗马传到了拜占庭，即使在君士坦丁堡易名为伊斯坦布尔，穆罕默德二世委托詹蒂莱·贝利尼为其绘制肖像以后，这种传统也依然得到了延续。第一次世界大战期间，奥斯曼帝国错误地选择了和德意志帝国与奥地利帝国结盟，对抗俄罗斯

◀ 弗朗索瓦-安德烈·文森特，《杜普兰小姐的肖像》（*Ritratto di Mademoiselle Duplant*），局部，1793年，布面油画，115cm×87.5cm，里斯本，古尔班基安博物馆

帝国和不列颠帝国，1922年，作为战败国的奥斯曼帝国土崩瓦解。事实上，第一次世界大战结束后，所有的帝国都毁灭了，只有英国人的帝国还得以幸运地在中东地区——原奥斯曼帝国的领土上继续扩张。

奥斯曼帝国的彻底衰亡始于1914年8月2日，与同盟国阵营一道加入第一次世界大战的那一时刻。在那个生死攸关的夏季，一系列事件以极为迅速的方式接踵而

▲ 卡洛斯特·萨尔基斯·古尔班基安（1869—1955年），摄影

至：6月28日发生了萨拉热窝事件；8月1日奥匈帝国和塞尔维亚的冲突爆发，奥斯曼帝国希望重新占领三十年前丧失的巴尔干地区（很可能还包括埃及）的领土。一年以后，英国外交官马克·赛克斯（Mark Sykes）展开了与法国同僚弗朗索瓦·乔治-皮科（François Georges-Picot）的对话，谋划在奥斯曼帝国倒台之后如何划分其领土。1916年5月16日，马克·赛克斯与弗朗索瓦·乔治-皮科签署了协议，商定将今天的以色列、约旦和伊拉克地区划给英国，将叙利亚和黎巴嫩划给法国。双方设想建立一个处于双方共同控制下的新阿拉伯国家，所谓的"沙漠枭雄"就骑着摩托车在那片土地上驰骋。然而，失去其历史统治者的土耳其却孕育出了一场全新的民族主义运动，在基马尔的领导下推动国家的现代化和世俗化。这位土耳其的新总统宣称："在将近五百年里，一代又一代两手空空、好吃懒做的宗教领袖决定了土耳其的民法和刑法。"

卡洛斯特·古尔班基安的人生及创业历程正是在上述历史背景下展开的，他是一个生逢其时的人。1869年，卡洛斯特·古尔班基安出生了。那一年，法兰西拿破仑三世的皇后欧仁妮在埃及（当时埃及实质上已脱离了伊斯坦布尔的控制）为苏伊士运河剪了彩。这条运河是由法国人雷赛布主持修建的。为此，约翰·施特劳斯创作了《埃及进行曲》向来自特伦特（当时是奥匈帝国的领土）的工程师路易吉·内格雷里（Luigi Negrelli）致敬。在此期间，法国考古学家奥古斯特·马里埃特正在筹建开罗博物馆，他也代表赫迪夫伊斯梅尔帕夏请求威尔第创作歌剧《阿依达》。在那一时期，地中海东岸正在变成一个具有国际影响力的中心。

卡洛斯特·古尔班基安出生时，他的父亲在忙于进行一种名为"石油"的新产品的贸易。在此前的二十年里，人们一直从亚美尼亚东面里海的俄罗斯领地巴库开采石油。少年时期的卡洛斯特·古尔班基安先是被送往君士坦丁堡的法国中学，接着又前往马赛求学，在他作为收藏家的后续人生阶段，他身上一直有着无法抹除的法国印记。鉴于家族事业的严肃性，卡洛斯特·古尔班基安后来又前往伦敦国王学院学习石油工程。再次回到奥斯曼帝国后，他幸运地获得了委任，负责修造通往巴格达的铁路，以促进石油工业的继续繁荣。

此时，针对亚美尼亚人的镇压开始了。在苏丹阿卜杜勒·哈米德二世执政期间，发生了一系列恐怖的大屠杀，其中第一场就发生于1894年。自此以后，古尔班基安家族就迁去了埃及。在开罗，卡洛斯特·古尔班基安与另一位亚美尼亚人亚历山大·曼塔舍夫（Aleksandr Mantašev）成为好友。此人也从事石油业，且已进入国际行列，与罗斯柴尔德和其他英国名人的交往极为频繁。于是，卡洛斯特·古尔班基安去了英国，于1922年加入了英国国籍，并于五年后成功地完成了荷兰皇家石油公司和英国壳牌运输公司的合并。石油行业的巨鳄荷兰皇家壳牌公司就这样诞生了，而卡洛斯特·古尔班基安则持有其中5%的股份。自此以后，无论他从事何种行业，都能获得那笔幸运的股份分成，就连他也自称为"百分之五先生"。后来他成立了一个名为土耳其石油公司的国际企业，由英方、德方、法方以及他的老东家壳牌公司组成。1909年，土耳其发生了一系列政变和反政变，这成为

▼ 里斯本，古尔班基安博物馆，一间展厅

卡洛斯特·古尔班基安回到土耳其的最佳契机。

与此同时，石油已经成了一种最重要的财富，人们已经由19世纪用石油点灯转变为将其作为机车革命的燃料。有了石油，汽车可以行驶；最初的飞机得以飞行；古老的蒸汽船被动力系统更为现代的船只所取代。自19世纪30年代首次从石油中提取出用于润滑纺织机械的石蜡，人们迅速研究出了数十种石油的衍生产品和平行产品，相应的石化工业应运而生。早在1867年，作曲家门德尔松的儿子保罗就和友人马蒂乌斯一起在柏林创建了爱克发公司（其缩写AGFA将变得举世闻名）。石油成了与煤炭同样重要的能源，直到今天仍在继续开采。

（图1）雷内·拉利克，《鹦鹉花瓶》（*Vaso con parrocchetto*），约1914年，釉彩玻璃，高25cm，里斯本，古尔班基安博物馆

（图2）雷内·拉利克，《饰有攀缘植物和人像的高脚杯》（*Calice decorato con rampicanti e figure*），1899—1901年，玻璃、银和青铜，21cm×12cm，里斯本，古尔班基安博物馆

（图3）雷内·拉利克，《蛇形手镯》（*Braccialetto a forma di serpente*），1898—1899年，金和珐琅，21cm×14.3cm，里斯本，古尔班基安博物馆

| 1 | 2 | 3 |

第一次世界大战结束后，新的石油油矿的勘探工程有序开展。那时的奥斯曼帝国已经四分五裂了。对于卡洛斯特·古尔班基安而言，他的英、法两国背景让他在中东的棋局中占据了极为有利的形势。此时的他已经极其富有，开始了艺术品的收藏。

他按照自己在以往的人生历程中所接受的教育进行收藏，先后购置了古埃及的艺术品、波斯的陶瓷器皿，还收集了最为丰富的罗马金牌系列：这些金牌是在阿布基尔新鲜出土的，后来由一位神秘的商人带到了巴黎。作为一个名副其实的英国人，他钟情于中国的瓷器和日本的漆器；作为曾在法国中学就读的青年学生，他的家中随处可见高品质的细木工家具；作为基督教徒，他购置了大量精美、细密的画抄本。他热爱美貌的佳丽，在选择女性肖像画作品时，他对画中主人公的惊艳之美的重视更甚于画家本身的知名度。他成了一个典型的享乐主义派收藏家。他留下遗嘱，要创立慈善基金，资助亚美尼亚人、音乐学校和里斯本博物馆，自第二次世界大战结束后，他就在里斯本颐养天年。

倘若要用夏尔·波德莱尔所作的那句"奢华、宁静和沉醉"来形容一座博物馆，那么毫无疑问，最恰如其分的选择一定是里斯本的古尔班基安博物馆。之所以这么说，不仅是因为博物馆里的精致藏品，还因为它所在的这座城市的氛围，因为其建筑之间的平衡感，甚至因为其中具有年代感的木质地板，让人感到步履轻柔而舒适……还有那束来自室外花园的阳光，令人心旷神怡。

◀ 托马斯·劳伦斯，《伊丽莎白·柯林甘姆肖像》（*Ritratto di Elizabeth Conyngham*），1824年，布面油画，142.9cm×111.2cm，里斯本，古尔班基安博物馆

▲ 朱利亚诺·布贾尔蒂尼，《年轻女子肖像》（*Ritratto di giovane donna*），约1516—1525年，
布面油画，76.5cm×57.5cm，里斯本，古尔班基安博物馆

游览指南

色晕的魅力

这一次，我提供给参观者的是一条相当简单的建议：在博物馆收藏的多幅弗朗切斯科·瓜尔迪（Francesco Guardi）的作品前仔细欣赏半个小时。如果说卡纳莱托（Canaletto）是因其擅长描绘的能力而备受英国人的青睐，那么对钟情于华彩（即浓墨重彩）风格的观者而言，弗朗切斯科·瓜尔迪的作品更能激发视觉的愉悦感。在那幅1762年创作的《里阿尔托桥下的大运河》（*Il Canal Grande presso il ponte di Rialto*）面前，观者不妨让自己的想象徜徉于画面上的人物、船帆、大大小小的泊岸商船以及那些如神经质的小母鹅般纵横交错的贡多拉，完全有可能迷失其中。

同样的纷乱感也出现在那幅《朱代卡运河与圣玛尔塔教堂》（*Canale della Giudecca con la chiesa di Santa Marta*）里，弗朗切斯科·瓜尔迪通过暗箱确定的视角与照相机的效果非常相似：左面的构图中出现了一艘被截断的船身，整幅画面波光粼粼，映照出变幻的天空。半个世纪后的透纳将十分喜爱此种效果。船帆柔软，一如18世纪70年代杜巴丽伯爵夫人身披的薄纱，夫人一面用小勺轻轻搅动杯中的咖啡，一面在一次又一次的阴谋中等待她的情人路易十五，以及随之而来的断头台上的利刃。这情趣何等雅致啊！

啊！只有色晕才能把梦许配给梦，把笛子许配给号角！

（Oh! la Nuance seule fiance Le rêve au rêve et la flûte au cor! ）

——保罗·魏尔伦（Paul Verlaine），《诗的艺术》（Art Poétique）

▲ 弗朗切斯科·瓜尔迪，《朱代卡运河与圣玛尔塔教堂》（Il Canale della Giudecca con la chiesa di Santa Marta），约1770—1780年，布面油画，32.5cm×46.5cm，里斯本，古尔班基安博物馆

▶ 让-巴蒂斯特·戈蒂埃·达戈蒂，《杜巴丽伯爵夫人玛丽-让娜·贝库肖像》（Ritratto di Maire-Jeanne Bécu, contessa Du Barry），局部，约1771年，里斯本，古尔班基安博物馆

弗朗切斯科·瓜尔迪，《里阿尔托桥下的大运河》（*Il Canal Grande presso il ponte di Rialto*），局部，1780—1790年，布面油画，52cm×84cm，里斯本，古尔班基安博物馆

柏林画廊（柏林）

——铸造的身份

在中世纪的鼎盛时期，在位于雷诺河两岸的巴塞尔和斯特拉斯堡之间的那片狭窄地带，产生了四大家族：施陶芬家族、索伦家族、哈布斯堡家族和吕岑堡家族。他们的后代也将把欧洲历史转变为这四大家族的历史。

多瑙河的源头位于黑森林地区，它从那片三角地带发源，随后流经整个欧洲，就好比那些在其沿岸兴起的各大家族，对整个欧洲都产生了影响。在中世纪的中晚期，索伦丘陵上的一个骑士家族——霍亨索伦家族的一个支系兴起，并在遥远的普鲁士和勃兰登堡站稳了脚跟。他们在波罗的海岸边修建了柯尼斯堡垒和一系列小型防御工事，日后，该建筑群逐渐演变为柏林城。该家族的亲缘关系遍布整个欧洲，从丹麦延伸至曼托瓦的贡扎加侯爵家族。这些姻亲关系让家族的血统变得

◀ 科雷吉欧（安东尼奥·阿莱格里），《丽达与天鹅》（*Leda e il cigno*），局部，约1532年，布面油画，179.5cm×217.5cm，国立博物馆，柏林画廊

越来越复杂。15世纪末期，该家族的其中一位成员成功地让自己获得了一个相当风雅的名字：阿尔布雷希特·阿喀琉斯（Albrecht Achilles）。他是该家族的第三位选帝侯，留下了成群的子嗣，其中有三位女儿，即西比尔（Sybille）、多萝西娅（Dorothea）和阿纳斯塔西娅（Anastasia），名字也非常具有文化品位。

继该家族成为选帝侯以后，勃兰登堡的腓特烈·威廉（1620—1688年）当仁不让地成为家族中的第一位真正的主角。他被称为"大选侯"，这不仅因为他人高马大，也因为他有着出色的军事才华，在那场浩大的三十年战争中带领他伟大的公国取得了伟大的胜利。此外，他的运气也相当好，与荷兰的奥兰治家族的一个成员缔结了婚姻，进而发现了低地联省的大量绘画作品，并名正言顺地占为己有。他命人在波茨坦修建了一座华美的城堡（离开始扩张的柏林城不远），并将最初的艺术藏品存放在那里。后来，他也是在那里与世长辞的。从此之后，普鲁士逐渐成了一个文明国家。

与几乎所有的家族成员一样，腓特烈·威廉的儿子——霍亨索伦的腓特烈也出生在柯尼斯堡。为了彰显自己的巴洛克艺术气息，他像法兰西的路易十四那样佩戴着一条红色的领带。他组织了一次从柏林前往柯尼斯堡的游行，随后便在维也纳神圣罗马帝国皇帝利奥波德一世的首肯下自封为普鲁士国王，算是让他的出生地（柯尼斯堡一词的含义就是"国王山"）成了名副其实的国王所在地。与此同时，启蒙运动的时代已经拉开序幕，1701年1月18日，他正式得到加冕，其名号由勃兰登堡的腓特烈三世改为普鲁士的腓特烈一世。早在登上王位以前，他就于1694年在哈雷创办了大学；两年后，他又在柏林创办了画家、雕塑家和建筑家学院。作为一位钟爱巴洛克艺术的国王，他不可能不在城市和乡村修建宫殿，于是，他明智地决定在离柏林不远的夏洛滕堡修建一座小型凡尔赛宫。

继任者普鲁士的腓特烈·威廉一世有着同样壮硕的身材和暴戾的脾性，被称为"士兵国王"。除了几幅粗劣的肖像，他从不收藏画作，只是一味地购置大炮。当然，他也作出了不可否认的功绩：促进了柏林工业的最初发展，强制推动了柏林的世俗化进程，建立了长达七年的兵役制度。然而，令他大失所望的是，他的儿子

◀ 安托万·佩内，《王座上的普鲁士的腓特烈一世》（*Federico I di Prussia in trono*），约1710年，布面油画，252cm×201cm，波茨坦，无忧宫

▼ 阿道夫·冯·门采尔，《由腓特烈大帝演出的长笛音乐会》（*Concerto per flauto con Federico il Grande*），1850—1852年，布面油画，142cm×205cm，柏林国立美术馆

小腓特烈居然是一个钟情于文化的同性恋长笛吹奏者。

有普鲁士的腓特烈·威廉一世这样一个父亲——若用"严厉"一词来加以形容，已然是一种比较委婉的说法，小腓特烈的童年生活的确相当艰苦。小小的国家仿佛一座兵营，他在那里目睹了最好的朋友被处以极刑——其罪名无非是给小腓特烈提供了一些书本。长大以后，当腓特烈成了伟大的"腓特烈大帝"，他立刻展开了自我救赎。这位普鲁士的腓特烈二世深刻地改造了国民的性情，通过推广土豆文化强健其体魄，又通过蒸馏土豆酿造一种乡村风味的杜松子酒来提升国民的战斗精神。通过一场持续七年之久的、针对欧洲"三大荡妇"（俄罗斯女皇叶卡捷琳娜二世、奥地利的玛丽亚·特蕾莎女皇和法国的蓬帕杜尔侯爵夫人——作为国王路易十五的"官方"情妇，她随心所欲地执掌着法兰西）的战争，腓特烈二世让自己的王位得到了尊重。他在出征时总是吹奏长笛，同时随身携带一个装有毒药的小瓶，随时准备在战败时服毒自尽。不久前，他刚刚摆平了欧洲最北部的葡萄园，并在山顶修建了"无忧"城堡，与费拉拉的斯奇法诺亚宫[1]遥相呼应。他处世谨慎，陆续在宫殿主楼的附近修建了一系列用于接见和招待宾客的建筑，同时开始在橘园收藏他的画作。腓特烈二世是一位名副其实的儒雅文人，留下了三十多卷用完美的法语撰写的回忆录。1714年，莱布尼茨正是用这种语言撰写了他的新毕达哥拉斯主义论著《单子论》（*Monadologie*）。腓特烈二世让年轻的卡尔·菲利普·埃马努埃尔·巴赫坐在羽管键琴前，要求他把父亲约翰·塞巴斯蒂安·巴赫介绍给自己。1747年5月7日，这位顶级音乐大师抵达无忧宫，观赏了宫内收藏的各式各样的羽管键琴，每一架都是由戈特弗里德·西伯尔曼（Gottfried Silbermann）打造的绝世精品！随后，他为国王谱写了绝世名作《音乐的奉献》（*Offerta musicale*）——其中的一部分竟然是在国王为他指定创作主题的当天晚上即兴完成的。腓特烈二世留下的三十卷本回忆录是值得高度重视的，其中既有《反马基雅维利》（*Antimachiavelli*）和《对欧洲政治机构现状的思考》（*Considérations sur*

---

[1] 意大利文为"Palazzo di Schifanoia"，意为"逃避无聊"。

▲ 卡拉瓦乔，《爱征服一切》（*Amor vincit omnia*），约1602年，布面油画，
156.5cm×113.3cm，柏林，国立博物馆，柏林画廊

l'état présent du corps politique de l'Europe）等政治论著，也有针对当时新兴文学思潮的分析和针对伏尔泰的评论。三年以后的1753年，他极不情愿地让伏尔泰离开了柏林，宣称"柠檬一旦被榨干，皮也会被扔掉"。

在腓特烈二世统治期间，文学、音乐和艺术都被引入了尚未开化的普鲁士，不过，绝对主义国家的理念也被带到了这里，君主无非是一个必要的演员。由于腓特烈二世不可能拥有直系子嗣，他的王位先是被兄弟之子继承，后来又传到了侄孙腓特烈·威廉三世手中。在拿破仑掀起的腥风血雨中，腓特烈·威廉三世度过了艰难而荣耀的一生。1815年，《维也纳条约》签订。同年，为了庆祝重新恢复的和平局势，腓特烈·威廉三世从古老的朱斯蒂尼亚尼家族购置了大量的画作。该家族欠下了托隆尼亚家族的巨债，不得不转让巴黎的大量财产（如今，某些艺术品存于博物馆，另一些则仍在无忧宫）。卡拉瓦乔笔下的黑翅天使就这样来到了柏林：那双翅膀上的羽毛很有可能影响了后来一个世纪的忧郁转折。此时，腓特烈·威廉三世国王第二次结婚，开启了一段贵庶婚姻。他在夏洛滕堡旁为妻子修建了一处宅邸，无论是就建筑风格还是就生活方式而言，都是极具创新色彩的。那幢类似独户住宅的小楼是建筑师卡尔·弗里德里希·申克尔（Karl Friedrich Schinkel）的理性主义杰作。后来，申克尔为王储腓特烈·威廉四世设计了那座位于波茨坦的夏洛滕霍夫宫城堡。那是一座具有意大利风情的精品建筑，其灵感来自朱塞佩·瓦拉迪尔（Giuseppe Valadier）几年前在罗马为托隆尼亚家族设计的那座新古典风格的小型别墅。接着，申克尔为国王的第三个儿子腓特烈·卡尔·亚历山大设计了位于湖边的那座意大利式的格林尼克城堡——其配楼颇具佛罗伦萨风情。此后，申克尔又为国王的次子威廉·腓特烈·路德维希打造了巴贝尔斯贝格城堡，这座城堡同样位于柏林和波茨坦之间的湖边，集15世纪托斯卡纳风格和英国新哥特建筑的浪漫主义风格于一身，呈现出兼容并包的折中主义特色。申克尔在建筑风格上的来者不拒也影响了威廉·腓特烈·路德维希在政治上的勃勃野心。长兄逝世后，威廉·腓特烈·路德维希于1861年成为新任国王，称普鲁士的威廉一世。他的权欲极大，不仅反对臣民提出的君主立宪制要求，还与奥地利结成同盟，于1864年从丹麦手中夺取了石勒苏益格-荷尔斯泰因地区。两年以后，他又对奥地利帝国宣战，夺取了对方的西里西亚。1871年，他利用拿破仑三世的无能，从法国手中夺取了阿尔萨斯和洛林。他志得意满地抵达巴黎，按照普鲁士人的说法，仿佛成了"法兰西的上帝"。他宣布自己为德意志人的皇帝（即德国皇帝），完成了国家的统一。他将所有领土都纳入囊中，在柏林修建起胜利纪念柱，柏林也一跃成为旧大陆上最具实力的城市。

柏林的博物馆体系同样呈现出兼容并包的特色，接纳来自各处的藏品：欧洲的画作、日耳曼民族的画作、埃及的文物、帕加马祭坛，还有巴比伦的城门。与此同时，整座柏林城也在演变和生长。除了致力于武器生产的军事世界，强大的工业体系也在蓬勃发展；除了那些来自勃兰登堡各省，准备从军的容克阶层，生活更为惬意的资产阶级队伍也在逐渐壮大。关于这一阶层，药剂师作家特奥多尔·冯塔纳（Theodor Fontane）将在《艾菲·布里斯特》（Effi Briest）中焦虑地讲述德国版的包法利夫人的故事。随后，在《迷惘与混乱》（Irrungen, Wirrungen）中，特奥多尔·冯塔纳又将以相当颓废的口吻讲述容克阶层博托·冯·里奈克与女裁缝蕾娜的恋爱故事。

如今，当年的好大喜功之举已经成为过往，20世纪的悲惨篇章也已被翻页，柏林通过城内的一系列博物馆、城堡和公园向世人呈现其文化遗产。上述机构均归唯一的一家公共基金会——普鲁士文化遗产基金会——所管辖。柏林-勃兰登堡普鲁士宫殿园林基金会亦是上述基金会的下辖机构，其总部位于奥古斯特·冯·德·海德特（August von der Heydt，曾为腓特烈·威廉四世效力的银行家）的那座新古典主义风格的别墅里。后来，帝国先后演变成共和制国家、独裁制国家和民主制国家；德国经历了分裂，又再度统一；普鲁士变成了博物馆里的记忆，而柏林则成了一座值得长久漫步和深思的城市。

（图1）卡尔·弗里德里希·申克尔（建筑师），1824—1825年，柏林，夏洛滕堡，申克尔馆

1 — 2 / 3

（图2）朱塞佩·瓦拉迪尔（建筑师），高贵狩猎小屋的立面，1802—1806年，罗马，托隆尼亚别墅

（图3）卡尔·弗里德里希·申克尔（建筑师），1826—1829年，波茨坦，夏洛滕霍夫宫

游览指南

对黑色的钟情

　　在兵役休假期间，我的外祖父安东让外祖母怀上了我的母亲奥雷莉·豪斯（Aurélie Hauss）。自1912年起，外祖父安东就在柏林的枪骑兵部队服役。这一记忆基因也莫名其妙地遗传到了我的身上，让我对这座时常阴郁的城市一见如故。

1939年，当我的外祖父遥遥听见装甲部队的履带碾压在阿尔萨斯的土地上，就立刻逃往马赛避难，而我的父母则留在了侵略者统治的地方。当年，侵略者并没有将阿尔萨斯当成一片被占领的土地，而是将其视作一座失而复得的大都市。就这样，我的母亲自然而然地认识了那些柏林人，她将那令人心生畏惧的日耳曼鹰称作"乌鸦"，并认为只要鹰的形象出现在证件的页底，就一切都有可能发生。说到底，这种长有黑色翅膀的鸟是德意志民族真正的图腾。自那个时代起，它的形象就出现在柏林艺术博物馆上方的边框处，一直保留至今。有一排一共十八只黑鹰，由著名的申克尔委托克里斯蒂安·弗里德里希·蒂克（Christian Friedrich Tieck）塑造而成，自1825年起就出现在那座建筑上。每一只黑鹰蹲守在一根柱子上，仿佛在等待猎物的降临。倘若当年的德意志人仔细观察过克里斯图斯（Petrus Christus）那幅存于柏林画廊的画作，便会认为那一双双黑色的翅膀其实来自末日审判。钟情于罗马艺术的蒂克也曾创作过神话人物卡斯托耳和波利丢刻斯两位狄奥斯库里兄弟（dioscuri）的形象，这尊雕塑位于建筑的顶端，人物头上还顶着一颗金星。两位古代的英雄与两位持短剑和盾牌的战士遥相呼应，用这种方式欢迎今日造访夏洛滕堡的参观者，真是让人不寒而栗！

1 | 2

（图1）克里斯蒂安·弗里德里希·蒂克，《狄奥斯库洛伊与马》（*Dioscuro con cavallo*），1827—1828年，大理石，柏林，旧博物馆

（图2）夏洛滕堡城堡，主入口

其实，早在浪漫主义盛行的年代，知识阶层就已为此而感到忧心忡忡了。旧国家美术馆是一座仿科林斯式的神庙，位于帕加马博物馆附近的那片名为"博物馆岛"的地带。好奇的参观者从那里出发，不妨去看看一幅值得谨慎的人类学家考察的画作。那是朱利乌斯·胡布纳（Julius Hübner）为卡尔·弗里德里希·莱辛（Karl Friedrich Lessing）——伟大的思想家戈特霍尔德·埃夫莱姆·莱辛（Gotthold Ephraim Lessing）的侄孙——创作的一幅三人肖像画。与卡尔·弗里德里希·莱辛同框的还有另外两位画家：卡尔·费迪南德·松（Karl Ferdinand Sohn）和特奥多尔·希尔德布兰特（Theodor Hildebrandt）。三人的眼神都相当凝重（又或许只是浪漫），确实看不出丝毫笑意。因为原本就没什么好笑的！当年，烟熏黑是如此备受青睐，以至于当人们看到卡拉瓦乔式的阴郁黑翅时，居然会感到幸福，仿佛那是献给名媛们的珠宝，他们将黄金献给国王用于征战，换回的则是高雅的黑钢。

▲ 朱利乌斯·胡布纳，《画家卡尔·弗里德里希·莱辛、卡尔·费迪南德·松和特奥多尔·希尔德布兰特》（*I pittori Karl Friedrich Lessing, Karl Sohn e Theodor Hildebrandt*），1839年，布面油画，38.5cm×58.5cm，柏林，国立博物馆，旧国家美术馆

◀ 佩特鲁斯·克里斯图斯，《末日审判》（*Giudizio universale*），局部，1452年，木板油画，134cm×56cm，柏林，国立博物馆，柏林画廊

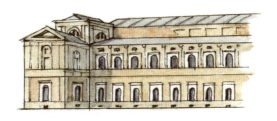

老绘画陈列馆（慕尼黑）
——浪漫之地

　　若要明白老绘画陈列馆的重要地位，多少须得了解在文艺复兴之后的几个世纪里那些德意志家族世系所经历的曲折而复杂的历史。

　　维特尔斯巴赫（Wittelsbach）家族的起源深深根植于中世纪。那时，人称"红脑袋"的奥托一世于1180年被腓特烈一世（"红胡子"，貌似两人都生有红色的毛发）封为巴伐利亚公爵。该公国成立于555年，首任公爵有个古怪的名字，叫加里巴尔德一世（Garibaldo I）。发生在该公国内的一系列后续事件足以见证中世纪时神圣罗马帝国纷繁复杂的局势。这一支系将产生三位神圣罗马帝国的皇帝以及相应数量的雷诺地区的王权伯爵。15世纪末期，上述族系将演变为丹麦、瑞典和挪威的统治家族。盘根错节的帝国选举——包括德意志国王和神圣罗马帝国的皇帝选举——将这些德意志家族搅得天翻地覆，同时也为变幻莫测的政局提

◀ 阿尔布雷希特·丢勒，《皮装自画像》（*Autoritratto con pelliccia*），局部，1500年，木板油画，67.1cm×48.9cm，慕尼黑，老绘画陈列馆

▲ 卡尔·斯蒂勒，《身着王袍的巴伐利亚国王路德维希一世》（*Ludwig I di Baviera in vesti regali*），1826年，布面油画，244cm×171cm，慕尼黑，新绘画陈列馆

供了各种各样的契机。中世纪时期的德意志历史遍布来自各大家族的"腓特烈"和"路易"（或"路德维希"）。从这一角度来说，德意志的历史比意大利的历史更为复杂：后者的历史多少受前者的牵制，且与前者相互交织。究其原因，乃是因为德意志国王、神圣罗马帝国皇帝腓特烈二世于1250年在普里亚去世之时留下了一份无法操控的政治遗产（他生前曾结过七次婚，尽管不是每一段婚姻都具有法律效力，但都留下了子嗣）。自那时起，一股胃口庞大的政治势力在北部地区兴起：腓特烈二世的长子亨利七世曾与父皇作对，自封为德意志人的国王，后被父亲囚禁，自杀身亡。至于他同父异母的兄弟曼弗雷迪，他惨烈的政治生涯结局可谓人尽皆知：在法国安茹家族的查理一世的胃口面前，他最终丧失了对西西里王国的统治权。

在上述兴衰起伏之间，维特尔斯巴赫家族的路易四世（1287—1347年）——我们所说的"巴伐利亚人"——成了该家族的首位皇帝，尽管与他并驾齐驱的，还有另一位皇帝——由敌对党派拥立的哈布斯堡家族的腓特烈一世（人称"美男子"）。由于路易四世与荷兰的玛格丽特（Margherita d'Olanda）缔结了婚姻，维特尔斯巴赫家族的领地在他统治期间得以大幅扩张，覆盖埃诺、荷兰和泽兰，随后又于1340年继承了勃兰登堡侯国，统治了从巴伐利亚地区的阿尔卑斯山到北海之间的一片如"豹纹"般断续扩展的土地，其疆域远不止一位雷诺的王权伯爵的领地——早在1214年，路易一世就已将这一片领地纳入其家族的势力范围。在接下来的数年里，该家族在各个地区发展出不同的支系，留下了不少具有典型德意志色彩的奇闻逸事。例如，在16至17世纪的科隆，曾有足足五位维特尔斯巴赫家族的成员担任城中的主教。与此同时，维特尔斯巴赫家族的一位女性又嫁与一位普法尔茨的王子为妻，自那时起，杜塞尔多夫也变成了维特尔斯巴赫家族的领地，普法尔茨选帝侯约翰·威廉正是在那里出生的。他的降生令祖父沃尔夫冈·威廉对自己当年的选择倍感荣耀，为了迎娶维特尔斯巴赫家族的马德莱娜，他放弃了新教，皈依天主教，回归至巴伐利亚的传统轨道上来，最终也在杜塞尔多夫去世。日后，这座城市将积累起丰富的艺术收藏，大部分藏品都来自佛兰德斯地区。后来，该家族的最后一位继承人——极为虔诚的天主教徒、拿破仑的忠实盟友马克西米利安一世·约瑟夫再度身陷即将在慕尼黑诞生的帝国的种种纷争，并于1806年1月1日被拥立为巴伐利亚国王，将其他领地抛给了拿破仑之梦式的命运。自那时起，这些藏品便逐渐向慕尼黑汇集。巴伐利亚从此成为文化舞台上的主角，掀开了伟大的一页。该家族的核心世系一直留在巴伐利亚。1508年至1550年期间，威廉四世在此精心统治。作

为一个具有相当包容度的人，在马丁·路德于1521年被判处流放时，他并没有立刻付诸实施，尽管他后来依然响应了教宗克雷芒七世颁布的准则。不过，历史应该承认他在其他方面的功绩：在那场将要撕裂欧洲基督教世界的事件发生的前五年，他就和兄弟路易十世共同颁布了确定啤酒价格和成分的法令——尽管两人之间一直因为政治和领土的问题彼此对立。直到今天，慕尼黑还会为此在每年秋天举行庆典。

◀ 拉斐尔·圣齐奥，《卡尼吉亚尼的圣家族》（*Sacra Famiglia Canigiani*），1507年，木板油画，131cm×107cm，慕尼黑，老绘画陈列馆

▼ 阿尔布雷希特·丢勒，展开的《鲍姆加特纳祭坛画》（*Alatare Paumgartner*），局部，1498—1504年，木板油画，155cm×126cm（中扇），157cm×61cm（侧扇），慕尼黑，老绘画陈列馆

同样是出于高瞻远瞩，他将公国的大本营迁至慕尼黑的府邸，令其变成了一座宫殿，起初是文艺复兴式的，后来是巴洛克式的。他还委托画家阿尔布雷希特·阿尔特多费（Albrecht Altdorfer）创作了最初的一批画作，这些作品与丢勒的作品一道，成了后来的馆藏。他的儿子阿尔伯特五世创建了图书馆并成为一位真正的收藏家。他从银行家汉斯·雅各布·富格尔（Hans Jakob Fugger）留下的遗产中购得了丰富的雕塑藏品，同时委托收藏家雅各布·斯特拉达（Jacopo Strada）——此人是皇帝马克西米利安二世和鲁道夫二世的亲信，提香也曾为之绘制肖像——购置古代塑像作品，以进一步丰富收藏。后来，阿尔伯特之子威廉五世将费德里科·苏斯特里斯（Federico Sustris）等一些颇具声望的画家召集到慕尼黑，继续装点自己的宫殿。不过，最伟大的一步是由他的继任者完成的。1623年，巴伐利亚的马克西米利安一世凭借相当充分的理由成为大选帝侯。在三十年战争期间，他曾率领天主教派击败了信仰加尔文宗的亲戚——维特尔斯巴赫–西梅尔恩的腓特烈（此人于1619年自封为波希米亚国王，成为新教联盟的首领）。1616年，马克西米利安一世从纽伦堡的鲍姆加特纳（Paumgartner）家族后裔手中购得了极负盛名的丢勒的三联画。不过，为了让画面更加赏心悦目，他命人增添了一些头盔、马匹和风景等元素。这幅画有着一段古怪的历史：1903年，画面被恢复为原始状态，而在1988年，一个精神错乱者用硫酸破坏了画作。如今，画已被妥善修复。此外，还有一件不可忘却的史实：1683年，马克西米利安二世·埃曼努埃尔（1662—1726年）作出了一

项英勇而强有力的政治军事决策——为哈布斯堡皇帝出征，与土耳其人作战，并与波兰国王扬三世·索别斯基一道围攻了维也纳。马克西米利安二世·埃曼努埃尔的母亲是萨伏依的阿德莱德·恩利艾特，她明智地决定将巴洛克式建筑的风格引入巴伐利亚。马克西米利安二世·埃曼努埃尔艺术品位的演变也产生了重要的影响：自他成为荷兰省督（即西属尼德兰的执政官）后，便从鲁本斯的子嗣那里直接购入了

▼　慕尼黑，老绘画陈列馆，外立面

十二幅鲁本斯的杰作以及一系列安东尼·凡·戴克（Anthony Van Dyck）的精彩画作。18世纪末，维特尔斯巴赫家族的藏品被分别收藏于杜塞尔多夫和曼海姆。由于一位美第奇家族女子的嫁入，拉斐尔的《卡尼吉亚尼的圣家族》（*Sacra Famiglia Canigiani*）也被纳入了维特尔斯巴赫家族的收藏。

在巴伐利亚、士瓦本、法兰克尼亚和帕拉丁国王马克西米利安一世·约瑟夫的统治下，位于杜塞尔多夫和摩纳哥的所有藏品得到了合并。在此基础上，马克西米利安一世·约瑟夫又购入了茨韦布吕肯（Zweibrücken）的藏品（包括上千幅画作，其中不少都出自荷兰和法国的大师之笔）。马克西米利安一世·约瑟夫的儿子路德维希一世（1786—1868年）也功不可没：他委托建筑师莱奥·冯·克伦兹在慕尼黑城墙外修建了现今的这座博物馆。除此之外，莱奥·冯·克伦兹设计建筑的作品还包括普罗皮来城门和位于国王广场对面的古希腊博物馆和雕塑展览馆——其中的藏品来自路德维希一世的儿子奥托统治下的希腊。

就这样，慕尼黑有了这样一座老绘画陈列馆，堪称欧洲历史画作藏品最为丰富的博物馆之一。后来，路德维希一世又命人修建了新绘画陈列馆，用于收藏国王所处时代的画作。就在这座新绘画陈列馆里，基里科看到了若干幅德意志和意大利浪漫主义风格的作品，这些作品对他日后开展的形而上的创作产生了深远的影响。无独有偶，瓦西里·康定斯基（Vasilij Kandinskij）在老绘画陈列馆里欣赏到了博斯（Hieronymus Bosch）和鲁本斯的《末日审判》（*Giudizio universale*），并将这两幅画作的精髓融入他于1911年创作的那幅《末日审判》。如今，参观者在这些画作面前将感到如痴如醉，这些作品讲述的，是其拥有者所属城市和家族的千年历史。与此同时，参观者还会发现巴伐利亚人特有的感性和顽皮。他们是欧洲大陆上最善于舒展人性的民族之一，那幅鲁本斯的《醉酒的西勒努斯》（*Sileno ebbro*）活脱脱就像是他们的啤酒之神——甘布里努斯（Gambrinus）。

▲ 莱奥·冯·克伦兹（建筑师），慕尼黑国王广场上的普罗皮来城门立面

▲ 慕尼黑国王广场对面的古代雕塑展览馆

游览指南

在形而下与形而上之间

好奇的参观者可以通过在老绘画陈列馆的游览经历清晰地了解到对于当年的巴伐利亚人来说，究竟什么才是他们的文化参照。他们应该仔细地观看《劫夺留西帕斯的女儿》，将其臀部的抓痕与那幅《叛逆天使的堕落》（*Höllensturz*，这个德语词汇在意大利语中不存在，意为"坠入地狱者"）中恶魔在那饕口馋舌的胖子身上留下的咬痕相对比。画中膘肥体壮的绝望者被恶魔咬下了一块肥膘，令人想起在前一间展厅里看到的西勒努斯神：他乐得沉醉，周围则环绕着一众肥胖到产生橘皮组织的女子——在这后一幅画里，恐怕她们都会悔不当初。与罪恶文化对应的，便是巴伐利亚人的永恒的享乐生活。对此感兴趣的参观者不妨前往新绘画陈列馆，去看一看弗朗兹·冯·史杜克（Franz von Stuck）的杰作。这位画家在日常生活中相当快活，但在画作中却总是显得凶狠而晦涩。在这里，参观者能够看到他的《罪》，画家在其中表达了关于色欲的不安情绪。

同样是在新绘画陈列馆，参观者应随着基里科当年的脚步，去看看卡尔·布勒兴（Carl Blechen）的那幅《魔鬼桥》（*Teufelsbrücke*）。这幅作品曾给基里科带来灵感，创作了那幅绘有几何测量工具的静物画。此外，参观者还可去探寻乔瓦尼·米莉亚拉（Giovanni Migliara）的那幅绘有米兰圣安布罗焦圣殿前方庭院的小画——后来，基里科将其演绎成了广场上的水池元素。同样，慕尼黑歌剧院前方的国王雕像也常常出现在基里科的画中。

▲ 彼得·保罗·鲁本斯，《劫夺留西帕斯的女儿》（*Ratto delle figlie di Leupicco*），约
1617年，布面油画，224cm×201.5cm，慕尼黑，老绘画陈列馆

▲ 彼得·保罗·鲁本斯，《醉酒的西勒努斯》（*Sileno ebbro*），局部，约1618—1625年，
木板油画，212cm×214.5cm，慕尼黑，老绘画陈列馆

◀ 彼得·保罗·鲁本斯，《叛逆天使的堕落》（*La caduta dei dannati*），局部，1621年，
木板油画，286cm×224cm，慕尼黑，老绘画陈列馆

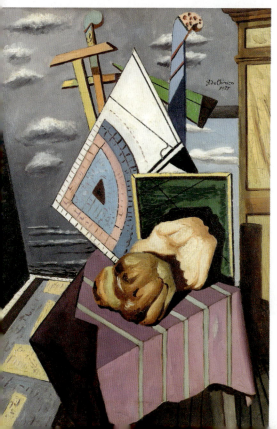

```
     2
  1 ─┼──
     3
```

（图1）弗朗兹·冯·史杜克，《罪》
（*Il peccato*），1893年，布面油画，
94.5cm×59.5cm，慕尼黑，新绘画陈列馆

（图2）卡尔·布勒兴，《魔鬼桥》
（*Costruzione del ponte del Diavolo*），
局部，约1830—1832年，布面油画，
77.8cm×104.5cm，慕尼黑，新绘画陈列馆

（图3）乔治·德·基里科，《奶油蛋
卷静物》（*Natura morta con brioche*），
1925年，布面油画，80cm×59.5cm，米
兰，20世纪博物馆

▲ 慕尼黑歌剧院，夜景

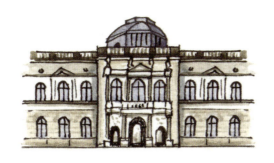

德累斯顿历代大师画廊美术馆（德累斯顿）
——奢华的巴洛克之风

在欧洲所有的博物馆中，德累斯顿的历代大师画廊（德累斯顿的主博物馆）或许最能凸显欧洲历史的高亢与悲情。起初，德累斯顿是13世纪的一座城堡。四百年后，它成了旧大陆上最重要的巴洛克宫廷之一——萨克森宫廷的首都。在1945年那场最为严重的轰炸中，这座城市被夷为平地，直到21世纪初才逐渐完成其重建过程。如今，在经历漫长而细致的重建之后，德累斯顿再度容光焕发。

1670年5月12日，人称"强力王"的奥古斯特二世出生在德累斯顿，在金牛星座的庇护下度过了幸运的一生，直至1733年在华沙逝世。自1694年起，他依靠家世出身承袭了萨克森的选帝侯头衔（称腓特烈·奥古斯特一世）；1697年凭借自身的政治能力当选波兰国王（称奥古斯特二世）；又在1709年凭借其军事实力谋得了立

◀ 让-艾蒂安·利奥塔尔，《端巧克力的女子》（*La ragazza con la cioccolata*），约1744—1745年，羊皮纸上色粉笔画，82.5cm×52.5cm，德累斯顿历代大师画廊美术馆

陶宛大公的头衔。他来自德意志最古老的家族之一——韦廷（Wettin）族系的阿尔布雷希特支系。韦廷家族包含恩斯特和阿尔布雷希特两大支系，子嗣出奇繁茂，整个家族不仅在比利时和葡萄牙站稳了脚跟，甚至还成为19世纪英国执政王朝的一部分。在萨克森，由于当地各大家族复杂的继承机制，各个支系在相继更迭时亦会造成封地和头衔的变化。已故选帝侯的兄弟登上王位也时有发生，令朝代更迭的情况

▼ 小路易·德·西尔维斯特，《波兰国王奥古斯特二世》（*Re Augusto Ⅱ di Polonia*），
1718年，布面油画，253cm×172cm，德累斯顿历代大师画廊美术馆

变得愈加复杂。事实上，腓特烈·奥古斯特就是萨克森的约翰·乔治三世的次子。

他的长兄统治萨克森的时间较短——从1691年至1694年，年仅26岁就撒手人寰，留

下了一个女儿，亦死于天花。因此，年纪尚轻的腓特烈·奥古斯特就成了新任萨克

森选帝侯，开启了长约四十年的幸运统治，成为东北欧棋局上的主角人物。在他的

祖先之中，人称"智者"的腓特烈三世显然是最具分量的一位。腓特烈三世是

▼ 《德累斯顿宫廷的"投狐"比赛》（Il "lancio della volpe" alla corte di Dresda），1678年，
版画，私人收藏

马丁·路德的庇护者，根据"教随国立"的原则，他将自己的侯国变成了信仰新教的地区。腓特烈三世的主要居住地是瓦尔特堡的宽阔城堡。除此之外，几个世纪以来，另一处稳定的政府所在地是侯国所辖的小城迈森的城堡。被称为"智者"的腓特烈三世是家族中第一个意识到艺术的重要性的人，先后请老卢卡斯·克拉纳赫（Lucas Cranach）和丢勒为自己绘制肖像。他严肃的性格并不喜奢华，而对文化密切关注，于1502年创立了维滕贝格大学。

两个世纪以后，萨克森在欧洲棋局中的分量越发重要，"强力王"腓特烈·奥古斯特决定推进德累斯顿的城市建设，将其改造为王国的新都。他利用自身的政治优势纵横捭阖，先是秘密皈依了天主教，而后又在参选波兰–立陶宛国王时亮明了自己的全新宗教信仰。就这样，他成了绝对主义君主国的典范人物。"强力王"腓特烈·奥古斯特和他的儿子一共维持了长达七十年的统治，在国家历史上留下了不可磨灭的印记。

身为次子的腓特烈·奥古斯特原本对执掌王国毫无准备，他是通过学习和旅行逐渐成长起来的。他的脾性颇为古怪，一方面残暴易怒，另一方面又对文化有着真挚的热爱。据说，他十分痴迷于"投狐"比赛（所谓的"Fuchsprellen"）——一项风靡北欧的古怪运动：展开一张网，放出一只狐狸，一旦狐狸走上那张网，就迅速搜紧网上的抽绳，将狐狸弹向空中。一天，宫中总共投出了六百四十七只狐狸、五百三十三只野兔、三十四只獾、二十一只野鸡、三十四头野猪（它们跑得飞快！）和三头狼，而"强力王"腓特烈·奥古斯特则将一只狐狸弹到了七米的高度。毫无疑问，当动物们从空中落下时是必死无疑的，但在宫廷武将和名媛们眼里，这种活动却具有极强的娱乐性，往往在盛大的庆祝中结束。

除了娱乐，腓特烈·奥古斯特也认真学习历史和神学。他或许正是在耶稣会士的影响下转而皈依了天主教。他热爱军事、数学和防御工事的建筑设计，或许正是出于这一原因，他对巴洛克风格青睐有加。17岁时，身为迈森伯爵的他进行了一次长达三年的旅行，先后游历了丹麦、瑞典、斯特拉斯堡、巴黎、西班牙、葡萄牙、荷兰、英国、米兰和威尼斯，在返程途中还曾在维也纳皇帝利奥波德一世的宫

▲ 尼古拉斯·德·拉吉利埃，《萨克森的腓特烈·奥古斯特二世，暨未来的波兰国王
奥古斯特三世肖像》（*Ritratto di Federico Augusto II di Sassonia, futuro re Augusto III di Polonia*），1715年，布面油画，130.8cm×101cm，私人收藏

廷里旅居了很长一段时间，与后来继位的约瑟夫一世——他未来的亲家——结下了深厚的友谊。他的一生复杂而充满战斗色彩，但在爱情和经济方面也相当幸运。

1714年，他的儿子和继任者萨克森的腓特烈·奥古斯特二世（1696—1763年）前往凡尔赛宫，在枫丹白露得到了"太阳王"路易十四的接见。第二年，路易十四就去世了。这位18岁的年轻小伙子委托宫廷画家尼古拉斯·德·拉吉利埃（Nicolas de Largillière）为自己绘制了肖像。此外，在法兰西君主的影响下，他也让巴洛克风格进入了他统治下的萨克森-波兰-立陶宛，而德累斯顿则是这一王国的首都。正如寻常家庭里常见的情形，父亲积累家庭财富，儿子将财富投资于荣耀。父亲"强力王"腓特烈·奥古斯特极为重视国家的经济增长，对首都的发展更是不遗余力；儿子腓特烈·奥古斯特二世则赞助了炼金术研究者约翰·弗里德里希·博格尔，让他在迈森城堡开展秘密研究，发明了欧洲的瓷器制造技术，其品质与市场上由荷兰商人进口的中国瓷器不相上下。

德累斯顿城也在不断发展。第一项大工程便是修建一座宏伟的宗教建筑，向至圣的三位一体理论体系致敬的宫廷主教座堂便是其中的代表。随后，为了避免引发宗教改革派的不满情绪，一座巴洛克式的路德会教堂——圣母教堂（圣母教堂变成了女性教堂）也拔地而起。与此同时，位于一旁的王宫的外立面也被装饰一新，呈现出带有北部风情的强盛和自豪。老城堡被改造成一处文化休闲场所——如今的茨温格宫就这样诞生了。1709年，这一复杂工程的最初计划只是在一幢位于双重城墙内侧，被运河水环绕的原有军事建筑的基础上修建一处橘园（谁说这座北部的巴洛克之都就不能有一座种植橘树的温室呢？）。后来，这一区域被改造成了庆

1	2
3	

（图1）圣三一主教座堂

（图2）德累斯顿，圣母教堂

（图3）德累斯顿，茨温格宫，王冠宫门一瞥，1709—1732年

典场所，亭台楼阁之间装饰着塑像和栏杆。对于当时而言，这项工程是相当浩大的，直到19世纪才竣工。朝向河岸的那部分建筑最终变成了戈特弗里德·森佩尔（Gottfried Semper）设计的美术馆，与正在施工的森柏歌剧院平行而立。此时，对面的大型美术馆已于18世纪竣工了，屋顶上有一座德国人非常喜欢的洋葱形拱门。

"强力王"腓特烈·奥古斯特是一个钟情于节庆的人，他命人用喷泉、花园和一座木质长廊将这片区域环绕起来，以便当人们使用望远镜从周边的建筑瞭望墙亭（一处位于古城堡外墙上的亭子）时能够获得透视感。建成后，这里很快就成了他为儿子举办婚礼庆典的地方。

▲ 乔尔乔内（乔尔乔·达·卡斯特尔弗朗科），《沉睡的维纳斯》（*Venere dormiente*），约1508—1510年，布面油画，108.5cm×175cm，德累斯顿历代大师画廊美术馆

▼ 罗萨尔巴·卡列拉，《波兰国王奥古斯特三世之妻奥地利的玛丽亚·约瑟法》（*Maria Giuseppa d'Austria, moglie del re Augusto III di Polonia*），约1720年，纸上色粉笔画，德累斯顿历代大师画廊美术馆

德累斯顿向各大王国发出的一条最能彰显巴洛克风采的艺术和政治信息便是腓特烈·奥古斯特二世与玛丽亚·约瑟法（Maria Josepha）的婚礼庆典。玛丽亚·约瑟法于1699年出生于维也纳，于1757年在德累斯顿去世。她是极其笃信天主教的奥地利皇帝约瑟夫一世的女儿。这场婚礼于1719年夏末举行，斥资四百万塔勒，堪称天文数字。即将成婚的新娘是乘坐一艘大型高仿威尼斯画舫沿着易北河抵达德累斯顿的，船上载有大量吹奏管乐器的乐师。画舫前方还有包括一系列贡多拉在内的大型船队。这对新人在一处由一百顶土耳其华盖组成的布景中彼此相见，随后，又在一支装饰华美的百驾马车车队的陪同下进入了下榻的城堡。沿路鼓乐声声，新人穿过凯旋门，与那些仿制教堂的一次性高塔模型擦身而过。庆典期间，鸣放了三百三十响礼炮。在这场持续十天的节庆中，宾客们宴饮、歌唱、起舞、燃放焰火，还欣赏了威尼斯作曲家安东尼奥·洛蒂（Antonio Lotti）的一系列歌剧、亨德尔的《阿尔戈斯的朱庇特》（Giove in Argo）以及巴黎喜剧。在那些日子里，德累斯顿成了欧洲巴洛克风潮的幻想中心。

随后，茨温格宫就变成了一个建筑群，用于存放王室家族的藏品。该建筑群将成为一处具有实验色彩的场所，其巴洛克式的建筑风格对此类建筑在圣彼得堡、波兰等北欧地区的兴盛繁荣产生了极大的影响。

萨克森的王室家族在获得政治荣耀之初就开始进行艺术收藏：1697年，即在该家族以虔诚天主教信徒的身份荣获波兰王位的当年，新国王有幸遇到了一位法国

```
      1
   ┌─────
2  │  3
```

（图1）约翰·卡尔·奥古斯特·里克特，《德累斯顿表演艺术剧院》（L'Hoftheater di Dresda），约1840年，版画水彩着色，德累斯顿，国立印刷、素描和摄影收藏馆

（图2）第二次世界大战末期被半毁的德累斯顿，从市政厅高塔上的俯瞰图，1945年

（图3）1945年被轰炸后的茨温格宫废墟

商人，从他手中购入了那幅举世闻名的《沉睡的维纳斯》——当年被认为是乔尔乔内（Giorgione）所作，如今被认定为提香的作品。

1746年10月25日，身为选帝侯，跻身皇亲贵胄的腓特烈·奥古斯特二世极其满意地看到马厩被改造成了一座美术馆，其中展陈了一百多幅刚从意大利运抵德累斯顿的画作，1745年7月4日，他耗费十万塔勒，从摩德纳公爵的手中买下了最精美的一部分藏品，该家族的藏品丰富程度因此得到了大幅提升，家族的原有藏品也被整合进来，包括那些存放于奇珍馆（后来被改为科学实验室）的藏品以及武器收藏和瓷器收藏。此时的德累斯顿已经变成了易北河畔的佛罗伦萨——这正是"强力王"腓特烈·奥古斯特所梦寐以求的。

19世纪，建筑师戈特弗里德·森佩尔被委托修建歌剧院。至此，最初的规划终于得以完美收官。早在1719年，茨温格宫城围墙旁边就已经有了一座剧场（如今，那里是瓷器藏品的存放之所）。不过，萨克森王室家族的雄心并不止于此。他们再次委托戈特弗里德·森佩尔按照意大利式大型歌剧的演出标准，打造一座全新的歌剧院。这座歌剧院位于美术馆临河一侧围墙旁的一片堆填而成的区域，雄伟壮观，是折中主义风格建筑的第一座伟大典范。该工程于1841年竣工。1845年，刚从巴黎返回的交响乐指挥理查德·瓦格纳在这里上演了第一场正式演出的《唐豪塞》（Tannhäuser）。不久以后，整个欧洲身陷1848年的战火，德累斯顿也不例外。民众要求宪政，道路上街垒遍布，森佩尔和瓦格纳都成了坚定的无政府主义者，与巴枯宁并肩而战。后来，这三人都被迫逃亡。瓦格纳去了苏黎世，森佩尔则先后流亡巴黎、伦敦，巴枯宁更是身陷牢狱之灾……1869年，整座歌剧院被付之一炬，森佩尔返回后又设计了一个全新的版本。那几个世纪里的巴洛克式戏剧色彩仿佛是第二次世界大战的忧郁先兆：德累斯顿陷入了罪与罚的悲剧，并在第二次世界大战末期的轰炸中被彻底摧毁。城市重建的过程持续了半个世纪。大部分艺术藏品都被妥善地保存下来。如今，许多建筑物呈现出谜一样的风貌：零星几处黑色的石块代表着古老的历史，与那些浅色的新石块相互对话。不过，就算是在两百年前卡纳莱托及其侄子贝纳尔多·贝洛托笔下的画面上，那些建筑的风貌也本就是如此的。

▲ 贝纳尔多·贝洛托，《德累斯顿圣十字教堂的废墟》（*Le rovine della Kreuzkirche a Dresda*），1765年，布面油画，80cm×110cm，德累斯顿历代大师画廊美术馆

▲ 贝纳尔多·贝洛托，《从尤登霍夫广场看德累斯顿新市场》（*Il Mercato Nuovo di Dresda visto dalla Judenhof*），1751年，布面油画，136cm×237cm，德累斯顿历代大师画廊美术馆

游览指南

行走在萨克森的因果循环中

对于来自意大利的参观者而言，造访茨温格宫除了可以"脑补"当年摩德纳公爵的艺术藏品，还一定会对馆内的瓷器藏品产生一种亲切的关注：不仅关注藏品本身，也会关注其极为高雅的展陈方式。看过这些藏品，参观者会情不自禁地想去迈森游览一番，去看看那座城堡里的实验室——这些珍贵的瓷器就是在那里问世的。如今，那里的工厂依旧对游人开放。结束在迈森城堡的参观后，鉴于我们的参观者已经走在了那条向东延伸的大道上，那么不妨再向前行进一小段，在城市周边转悠一番。准确地说，从城堡继续向东走上几公里，就会抵达神奇的皮尔尼茨城堡。这是一座别致的18世纪建筑，屋顶呈现出仿中国建筑的装饰元素。这座城堡居高临下地俯瞰着山脚下的河流，如今是一座收藏装饰艺术风格藏品的精美博物馆。19世纪初，这座城堡曾在一场火灾中被焚毁，后来得到了重建。从此处继续向前行进几公里，参观者便可到达格劳帕狩猎城堡。这座城堡的建筑远不如皮尔尼茨城堡那样精致，却有幸成为一座纪念理查德·瓦格纳的小型博物馆。事先查询过演出信息的参观者可以在此欣赏一场被撒克逊人视作家常便饭的音乐会。对于参观者来说，这些在晚间举行的音乐会就好比一场序曲，引领着他们周游附近的各个小镇。在那些地方，参观者可以看到西尔伯曼家族制作的许多管风琴，架架都是出自阿尔萨斯制琴师（他们打造了许多著名的宏大管风琴）之手的精品，散布在各个村镇严肃而高贵的教廷里。弗莱贝格曾有一座银矿，人们开采这种金属，既可以用于铸币，也可以用于制作管风琴的风琴管。就在这座小镇的附近，参观者可以看到一座如童话般保存完好的城堡，那是一座博物馆，完备地展示了路德宗的宗教仪式。最后，在狩猎（这是当年的选帝侯们颇为钟爱的运动）归来的途中，不妨再朝北走一小段，去看看莫里茨城堡。这座城堡位于一片小小的湖泊旁，湖边遍布饲养环颈雉的鸟舍。倘若上述这些小镇之行令你感到些许巴洛克式的目眩神迷，那么就在返回法兰克福的半途中，在瓦尔特堡歇歇脚吧。那是一座严肃的中世纪城堡，马丁·路德曾在此与"魔鬼"争辩，而后便作出了那个绝无仅有、不可逆转的决定，分裂了欧洲大地。

▼ 莫里茨城堡

◀ 阿尔宾·里希特（Albin Ritcher）、科尔特·李斯特纳（Kurt Listner），《德累斯顿的皮尔尼茨王室城堡》（*Il castello reale di Pillnitz presso Dresda*），布面油画，德累斯顿，萨克森民间艺术博物馆与木偶戏剧收藏馆

▼ 皮尔尼茨城堡与易北河岸花园鸟瞰图

▲ 约翰·约阿希姆·肯德勒，表现
自然元素（火与水）的花瓶，以
及带有路易十五肖像的花瓶，
1741—1742年，瓷器，德累斯
顿，瓷器收藏馆

▶ 迈森的手工艺品，《鹈鹕》
（Pellicano），1731—1734年，
瓷器，德累斯顿，瓷器收藏馆

◀ 迈森的手工艺品，《犀
牛》（Rinoceronte），
1731—1734年，瓷器，
德累斯顿，瓷器收藏馆

维也纳艺术史博物馆（维也纳）
——帝国王室收藏

有时，欧洲各个帝国的体量和雄心能在他们所孕育的博物馆里得到集中体现：关于罗曼诺夫家族的记忆永存于艾尔米塔什博物馆；不列颠帝国铸造了大英博物馆的精神。维也纳的艺术史博物馆也不例外：它集中体现了弗兰茨·约瑟夫统治下的帝国的普世雄心，用它的名字——艺术史博物馆——向世人宣告其功能所在：不仅是一个收藏珍品的宝匣，而且以一种近乎教化的方式记载各个艺术门类发展的历史进程。

该博物馆耸立在维也纳的一处特别的广场上，该广场是19世纪为纪念玛丽亚·特蕾莎女皇而修建的。正是玛丽亚·特蕾莎将匈牙利（通过1699年的《卡尔洛维茨和约》）、伦巴第公国（1706年通过西班牙王位继承战争）和曼托瓦公国

◀ 乔尔乔内（乔尔乔·达·卡斯特尔弗朗科），《三哲人》（*I tre filosofi*），局部，1508—1509年，布面油画，125.5cm×146.2cm，维也纳艺术史博物馆

（自1708年以后）的领土并入了奥地利和波希米亚的王冠之下，为哈布斯堡家族的荣耀锦上添花。哈布斯堡家族在地理疆域上的野心也包括领土关系和外交关系的拓展：玛丽亚·特蕾莎有意实现意大利的统一，便将丈夫和一个儿子推上了托斯卡纳公国的君主之位，让一个女儿嫁给了那不勒斯的国王，让另一个儿子在摩德纳掌权，最后又让自己的继承人成为米兰的君主。然而，她的计划并没有实行太久，就发生了一系列冲突，并最终导致了这个位于欧洲中部的帝国的瓦解：在1859年的苏法利诺之战中，伦巴第脱离了帝国；1866年，威尼托也通过一场全民公决，结束了（自拿破仑失败后开始的）短暂的奥地利统治时期，加入了处于统一进程之中的意大利。

就这样，维也纳丧失了几乎一半的税收，与军队捆绑的旧贵族的社会影响力也日益降低。与之相反，工业资产阶级和中层官员的地位蒸蒸日上，快速发展的城市——如布拉格和布达佩斯——成为社会中的主角。维也纳处于彻底的城市化改造进程中。1848年大革命期间，布达佩斯成立了一个存续期很短的独立国家，导致患有脑积水和癫痫的皇帝——奥地利的斐迪南一世——不得不让位于18岁的年轻侄子弗兰茨·约瑟夫。1867年的动荡结束后，弗兰茨·约瑟夫取得了双重王冠：一重是匈牙利圣冠——其渊源可追溯至史蒂芬一世在久远的11世纪建立的匈牙利君主国，另一重来自辉煌不再的哈布斯堡家族的遗留领地，包括波希米亚、特伦特的提洛洛和的里雅斯特。那是一个由无数领地、民族和语言杂糅而成的帝国，必须用一种统一的政治情感才能将各种元素凝聚在一起，这种政治情感被表述为"K. u. K."（"Kaiserlich und Königlich"，意为"帝国与王国"）。此种说法在民间转变为"K. K."（"Kakanisch"，意为"帝国王国"）。按照这一政治表述，仿佛以君士坦丁堡为核心的古罗马帝国迁移到了维也纳，直到1918年第一次世界大战结束才彻底灭亡。

平心而论，维也纳城似乎具有某种先见之明，对世界重心和自身角色的变化早有准备。几个世纪以来，维也纳的发展颇为独特：17世纪的城墙依旧面朝"冰川"——人工修筑的光滑而陡峭的斜坡，令敌军难以侵袭。外部的防御工事也决定了城市的内部风貌，其组成要件包括老城中心、城墙、环绕老城的绿化带等，资产阶级扩建的新城位于这一切的最外圈，涵盖不少新近完成的城建工程：医院、皇家马厩和一个相当复杂的住宅系统。1857年，皇帝弗兰茨·约瑟夫下令拆除了城墙和防御工事。于是，维也纳城摘掉了"紧箍"，开始了前所未有的大转变。城中建起了一圈环形大道（后来，其他诸如巴黎和柏林等欧洲城市以此为参考，进行了各自的模仿）。在接下来的四十年里，人们沿这条环形大道（所谓的"戒指路"）修建了一系列公共建筑：品质极佳，具有相当高的社会价值。

1870年1月15日，在全新的维也纳金色大厅启幕后的第十天，约翰·施特劳斯在那里指挥演奏了他谱写的众多华尔兹圆舞曲中的一支——《享受生活》（*Freut euch des Lebens*）。修建金色大厅的想法缘起于六年以前：除了金色大厅，弗兰茨·约瑟夫还想修建一座艺术展厅——这就是金色大厅附近的维也纳艺术之家。同样是在环形大道上，全新的歌剧院建筑——K. K. 城堡剧院于1888年正式启幕。早在四年以前，剧院附近的大学新址建筑也已经竣工。此外，除了当时的创意产业，常设的博物馆机构也得到了相当高的重视。毫无疑问，在全欧洲的范围内，维也纳的美好年代是最为精彩纷呈的。

在那座位于帝国心脏地带的、以上一任皇后的名字命名的广场上，将建起两座对称的宏伟建筑，一座献给科学，另一座献给艺术。此前，广场的正面已经耸立着老王宫——如今，这座王宫已经变成了茜茜公主博物馆（珍宝馆也是其中的组成部分）。位于广场两侧的分别是"新堡"（弗兰茨·约瑟夫命人修建的皇家城堡，从未完工，如今是欧洲最为重要的考古博物馆之一——以弗所博物馆）和国家图书馆。如此一来，王室宫殿的区域就被锁闭在老城门之内，而老城墙则在17世纪经历了由路易吉·卡尼奥拉（Luigi Cagnola）主持的改造工程。这位建筑师曾为拿破仑设计了米兰的"凯旋门"，命运却跟他开了一个玩笑：维也纳会议结束后，奥地利人将它更名为"和平门"。后来，在老城门之外，又建起了两座以探索世界为宗旨的博物馆建筑：一座是关于自然科学的博物馆，另一座则是修建了三十年之久，于1891年开幕的关于艺术史的博物馆。就这样，这项真正以传播和教化为旨归的计

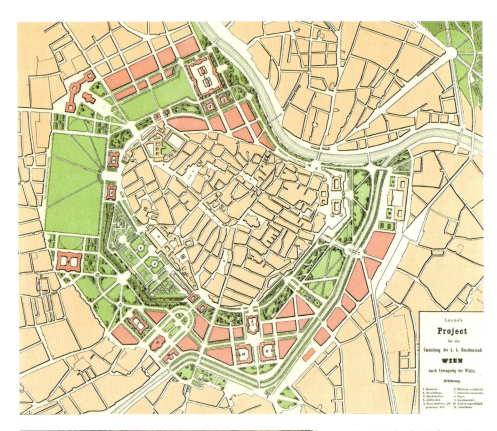

▲ 维也纳老城扩建工程，
1859年，套色石版画

◀ 古斯塔夫·克里姆特，
《维也纳老城堡剧院
的大厅》（*Auditorium
dell' Altes Burgtheater,
Vienna*），1888年，纸上
水粉画，82cm×92cm，维
也纳，维也纳历史博物馆

划终于落实为两座平行命名的博物馆：自然史博物馆和艺术史博物馆。二者从不同的视角共同见证人类的发展历史。担纲这项城市建设工程的，是建筑师戈特弗里德·森佩尔，他此前曾设计过德累斯顿的歌剧院，后来因为参加了1848年革命而不得不流亡。此后，戈特弗里德·森佩尔设计了苏黎世理工大学，还向皇帝举荐了建筑师卡尔·冯·哈森内尔（Carl von Hasenauer）。戈特弗里德·森佩尔的总体设计风格是恢宏而庄严的，对各种风格兼容并蓄，真切地体现出维也纳这座欧洲大陆上最为五光十色的资产阶级大都市社会所内蕴的折中主义精神。

▼ 维也纳艺术史博物馆，大台阶

▲ 以艺术史博物馆和自然史博物馆建筑为背景的人民公园，约1890年，黑白照片着色明信片

▶ 巴塞洛马尤斯·斯普林格，《伏尔甘和迈亚》（*Vulcano e Maia*），局部，约1585年，铜板油画，23cm×18cm，维也纳艺术史博物馆

游览指南

在火与热之间

可以毫不怀疑地说，过去的维也纳人是极为感性的。博物馆里的部分藏品便是有力的证明。参观者不妨仔细看看丁托列托的那幅《浴后的苏珊娜》，再仔细看看巴塞洛缪斯·斯普兰格（Bartholomäus Spranger）的作品。斯普兰格出生于安特卫普，作为虔诚的天主教徒，他曾在意大利求学，最终在鲁道夫二世位于布拉格的宫廷结束了自己的创作生涯。值得格外关注的，是他营造的情欲之谜：既是对意大利样式主义的颂扬，也算是为古斯塔夫·克里姆特开启了先河（几个世纪以后，他也在威尼斯和拉文纳之间找到了类似的灵感）。不过，或许是维也纳人本身就十分看重情欲这一主题。他们的博物馆里收藏有公元前1世纪最为精美的罗马－希腊式雕塑之一：《阿佛洛狄忒和厄洛斯》（Afrodite ed Eros），又称《埃斯特的阿佛洛狄忒》（Afrodite d'Este）。从这尊雕塑过渡至丁托列托的《浴后的苏珊娜》的进程是相当自然的：其间的帕里斯·博尔多内堪称描绘裸露乳房的专家——他的系列作品被完整地收藏在艺术史博物馆里。如果说弗洛伊德是在维也纳提出了他的"爱欲与死亡本能"（Eros e Thanatos），那么推动他进行深入思考的，很可能是他观看上述作品以及阿尔钦博托（Arcimboldo）的作品，并将它们进行比对的经历！

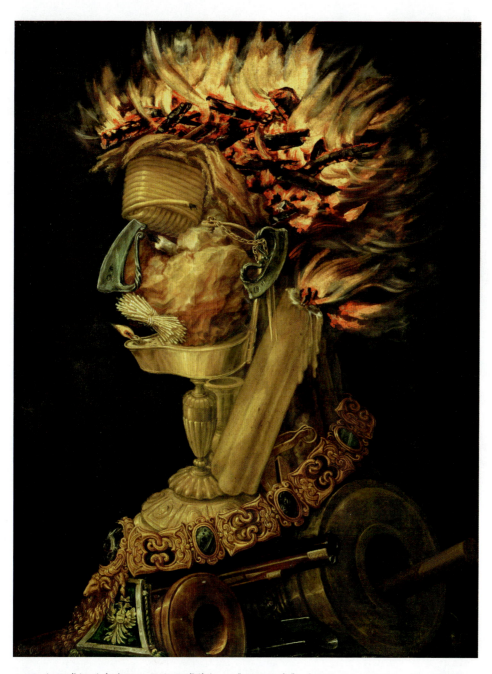

▲ 阿尔钦博托（朱塞佩·阿尔钦博蒂），《火的隐喻》（*Allegoria del fuoco*），1566年，木板油画，66.5cm×51cm，维也纳艺术史博物馆

丁托列托（原名雅各布·罗布斯蒂），《浴后的苏珊娜》（*Susanna al bagno*），局部，约1555—1556年，布面油画，146cm×193.6cm，维也纳艺术史博物馆

◀ 古罗马艺术，《阿佛洛狄忒和厄洛斯》（*Afrodite ed Eros*），又称《埃斯特的阿佛洛狄忒》（*Afrodite d'Este*），公元前1世纪，大理石，高114cm，维也纳艺术史博物馆，古代文物展厅

▶ 古斯塔夫·克里姆特，《维纳斯与小爱神》（*Venere con amorino*），约1890年，湿壁画，维也纳艺术史博物馆

▼ 帕里斯·博尔多内，《关于马尔斯、维纳斯、胜利女神和丘比特的隐喻》（*Allegoria con Marte, Venere, Vittoria e Cupido*），局部，布面油画，110cm×131cm，维也纳艺术史博物馆

奥地利美景宫博物馆（维也纳）

——和谐与不和谐

  谈及现如今的维也纳奥地利美景宫博物馆，其诞生过程完全可以写成一部小说。来自意大利的移民后裔常常大有作为，萨伏依的欧根亲王（Eugenio di Savoia，1663年生于巴黎，1736年卒于维也纳）就是其中的典型。他既是花花公子又是军事领袖，既是考究的绅士又是能大败土耳其人的将军。不过，平心而论，他与意大利半岛的关系却相当生疏。欧根亲王的祖父萨伏依的托马斯·弗朗切斯科（Tommaso Francesco di Savoia）于1596年出生于都灵，是卡里尼亚诺的亲王。他是萨伏依的卡洛·伊曼纽尔一世（因其格外骁勇善战，被人称为"热头"）的幼子。但欧根亲王的父亲则是在萨伏依家族位于阿尔卑斯山北侧的尚贝里出生的，由于继承了来自法国母亲的苏瓦松和德勒伯爵头衔，他的去世地也在威斯特伐利亚的翁纳：1662年，他被任命为卡里尼亚诺的亲王——通过横向途径，他成了统一意大利的萨伏依家族的一支旁系力量。至于欧根亲王本人，他于1663年出生于巴黎，其全名为萨伏依-卡里尼亚诺的弗朗西斯·欧根。属于天秤座的他对艺术和权力格外看重。值得一提的，还有他的母亲奥林匹亚·曼奇尼（Olimpia Mancini），她是枢机主教马萨林的侄女，有一个更为出名的妹妹玛丽亚·曼奇尼——路易十四的初恋情人。在许多人看来，欧根亲王是最后一位真正的雇佣兵将军。他原本应该担任教职，然而，从青年时期开始，他便醉心于古罗马历史学家昆图斯·库尔提斯·鲁弗斯（Quintus Curtius Rufus）的传记作品《亚历山大大帝的故事》（*Storia di Alessandro Magno*）。随后，他在维也纳参军，当上了神圣罗马帝国军队的高级将领。接着，他被任命为帝国管辖的荷兰地区总督，负责镇守帝国在荷兰的疆界，与已经独立的荷兰相对抗。在1683年土耳其人围困维也纳的过程中，他成功地击退了土耳其军队。1684年和1697年，他分别在贝尔格莱德和布达再次战胜了土耳其人。最后，他当上了帝国军队的统帅，开始着手修建多处与其品位、身份和财富相匹配的宅邸。

有时，欧根亲王对品位的追求是相当疯狂的：他委托最出色的木雕匠人打造了一张具有纪念意义的床，纪念他在与土耳其人作战时取得的胜利；他命人在城中建起一座宫殿，其中的内饰悉数用仿意大利白色大理石制成，房间则呈现出法兰西式的金碧辉煌。宫殿大楼梯处的恢宏雕塑是由威尼斯人乔瓦尼·朱利亚尼（Giovanni Giuliani）完成的——此前，乔瓦尼·朱利亚尼来到维也纳的利奥波德城区，是为了给雷蒙德·蒙特库科利（Raimondo Montecuccoli，与欧根亲王一样，也是雇佣兵将领，效力于哈布斯堡家族）装修他的花园。宫殿建成后，欧根亲王开始持续不断地收集品质极其考究的艺术品。

他缺少一处乡间住所，还缺少他曾在凡尔赛见过的花园和喷泉。于是，他决定按照童年记忆里的宫殿标准打造一处宅邸。1696年至1698年，他让知名建筑大师约翰·伯恩哈德·菲舍尔·冯·埃拉赫（Johann Bernard Fischer von Erlach）为其在维也纳城墙外附近的一座小山丘上修建一座与他的辉煌职业生涯相般配的宫殿。早在十年前，埃拉赫就曾为皇室家族设计了夏季行宫——美泉宫城堡（这座

▶ 雅各布·冯·舒邦，《萨伏依的欧根亲王肖像》（*Ritratto del principe Eugenio di Savoia*），1718年，布面油画，146cm×119cm，阿姆斯特丹，国立博物馆

▼ 贝纳尔多·贝洛托，《在美景宫高处俯瞰维也纳》（*Vienna vista dal Belvedere superiore*），局部，1758—1761年，布面油画，135cm×213cm，维也纳艺术史博物馆

城堡离欧根亲王的宫殿不远，但位于更为偏僻的城郊）的方案。不过，美泉宫的施工过程更为拖沓，直到18世纪中叶玛丽亚·特蕾莎统治时期才由祖籍戈里齐亚的维也纳建筑师尼古拉斯·帕卡西（Nikolaus Pacassi）最终完成。相较而言，欧根亲王可谓快马加鞭：当第一座宫殿基本已经竣工，水池和喷泉周边的花园正处于装饰过程中时，他已命人在花园的上方修建第二座宫殿。至此，整个工程的景观布局才算完成。站在宫殿的最高处，维也纳城的美景尽收眼底。18世纪50年代，贝纳尔多·贝洛托的画笔生动地将这一视野定格。只可惜彼时这座宫殿的主人已然作古，将他的财富、画作和宫殿全都留给了他的庇护者——哈布斯堡家族。

▼ 维也纳，奥地利美景宫博物馆，大厅

埃拉赫完成了一期工程的建设，于1723年逝世。后续工程则是由希尔德布兰特（Johann Lucas von Hildebrandt）主持完成的。埃拉赫曾在巴洛克风格盛行的罗马求学——此种风格的形成得益于吉安·洛伦佐·贝尼尼和博罗米尼（Borromini）的正牌弟子卡洛·冯塔纳（Carlo Fontana）；希尔德布兰特则是在热那亚长大的。不过，这两位建筑师的设计都比当时意大利的风格更为欢快，也更具世俗化色彩。

欧根亲王在世时没有留下任何直系子嗣。他收藏的相当大一部分画作都被萨伏依的卡洛·伊曼纽尔三世购入，构成了都灵萨伏依美术馆的一部分核心藏品。而他留下的宫殿在经过一系列的继位之争后，都被玛丽亚·特蕾莎买了下来。

▼ 维也纳，奥地利美景宫博物馆，美景宫下层金色大厅

　　这两座宫殿变成了帝国的办公场所，既是外交部门的所在地，也用于举办展览。1903年，一批在当时的人眼中极具当代性的作品被存放于此，构成了美景宫现代艺术馆的核心藏品。后来，年代更为久远（从中世纪到德意志的浪漫主义时期）的藏品也被收藏在这里。如今，这座博物馆成了一个尚待解密的宝匣。大厅里美轮美奂的装饰全都是用仿大理石制成的，其创作者名为卡洛·卡洛尼（Carlo Carlone）。此人出生于1866年，是在科莫湖北岸的瓦尔德因泰尔维（Val d'intelvi）成长起来的画家中的佼佼者，后来前往欧洲中部地区发展。令人赞叹的还有朝向花园的一层大厅里那一系列男像柱雕塑。如今，参观者需对这座博物馆给予双重重视：在欣赏无可超越的维也纳分离派作品的同时，去关注作为其根基的奥地利神话，尤其不要忽略那些被小心翼翼保存至今的环境装饰。

游览指南

精神分析爱好者之游

假如好奇的观者对人类学感兴趣，便不可能不在梅塞施密特（Franz Xaver Messerschmidt）的作品前沉思。梅塞施密特是18世纪维也纳美术学院最为古怪的学生之一，他的一系列漫画式雕塑兼具讽刺与善良，与我们的现代思想相当接近，其作品就陈列在奥地利美景宫博物馆的一间小型展厅里。在看完他的作品后，倘若参观者的好奇心仍在增长，且囊中宽裕，还可选择租用金色厅或大理石厅的部分区域，用于私人会见：只需付费就好（博物馆也是依靠这些服务生存的）。

这一回，笔者并不想指引参观者去参观那个"幸福的奥地利"（Austria Felix），而是建议一条神秘且略微具有倒错性质的参观路径。参观者将看到毕德麦雅时期[1]中产阶级的自豪和自信。他们首次让艺术家们用画笔记录不知廉耻的女士，尽管她们都身披昂贵的华服（被描绘得细致入微），但其粗鄙之态依旧显而易见——无论她们是人类命运的主宰，还是家庭的主人，抑或是迷人的少女。通过这样的一条观展路径，参观者就会明白弗洛伊德教授为何要继续探寻人的思维和无意识世界，埃贡·席勒（Egon Schiele）又为何会钟情于描绘扭曲的人物形象。

当施特劳斯的华尔兹圆舞曲响起，奥地利帝国却经历着一种独特的扭曲。1920年，弗洛伊德的《超越快乐原则》（*Jenseits des lustprinzips*）已然完成并发表，埃贡·席勒和古斯塔夫·克里姆特却都悲惨地离世。早在此前，作家萨克-马索克

---

[1] 指拿破仑战争结束后至1848年革命之间的时期。

（Leopold von Sacher-Masoch）骑士就已开始挖掘他无止境的文学灵感，于1870年发表了《穿裘皮的维纳斯》（*Venus im Pelz*）；于1878年发表了《女性之敌共和国》（*Die Republik der Weiberfeinde*）；于1883年发表了《上帝之母》（*Die Gottesmutter*）；于1894年发表了《饱腹者与饥饿者》（*Die Satten und die Hungrigen*）。如此，参观者便能更自然地理解当年的奥地利艺术：赫尔曼·尼特西（Hermann Nitsch）将猪血应用于血腥的行为艺术表演；伟大的维也纳音乐已经直觉到悲剧将成为音乐的主题，如古斯塔夫·马勒于1906年创作的杰作《悼亡儿之歌》（*Kindertotenlieder*），这些音乐应该在读过卡夫卡的《变形记》之后聆听。

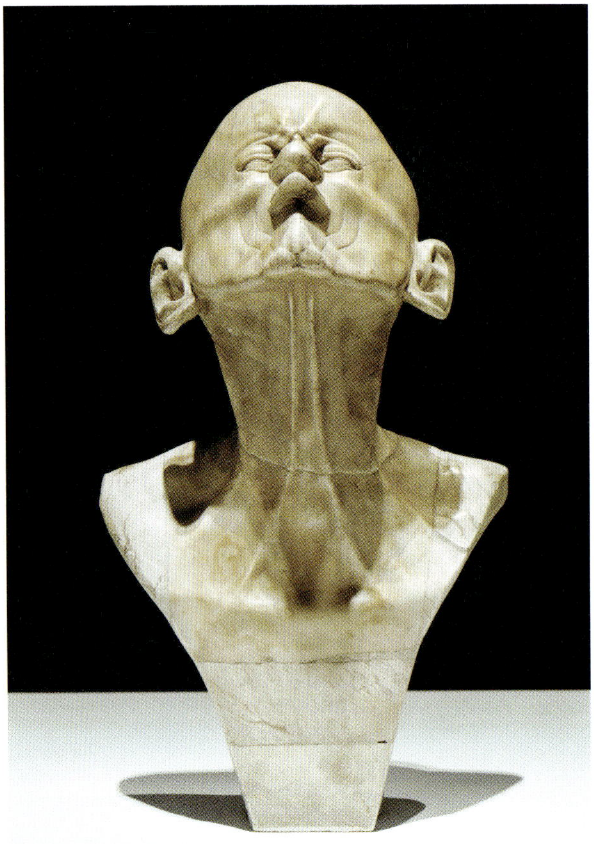

◀ 弗朗兹·萨维尔·梅塞施密特，《个性头像》（*Teste di carattere*）系列之一，《噘嘴头像》（*Testa a beco*），1771—1781年，带有轻微棕色斑痕的雪花石膏，42cm×25cm×23cm，维也纳，奥地利美景宫博物馆

▶ 弗里德里希·冯·阿默林，《佩雷拉-阿恩施泰因的亨利埃特男爵夫人和她的女儿弗洛拉》（*La baronessa Henriette Pereira-Arnstein, con la figlia Flora*），局部，1833年，布面油画，158cm×124.5cm，维也纳，奥地利美景宫博物馆

▲ 弗里德里希·德克，《萨克森-魏玛-艾森纳赫的大公夫人玛丽亚·帕夫洛夫娜》（*Maria Pavlovna granduchessa di Sassonia-Weimar-Eisenach*），1859年，布面油画，119cm×88.5cm，维也纳，奥地利美景宫博物馆

▶ 约翰·巴蒂斯特·莱特，《酒馆女店主芭尔芭拉·梅耶尔肖像》（*Ritratto dell'ostessa Barbara Meyer*），1836年，布面油画，110cm×87cm，维也纳，奥地利美景宫博物馆

布达佩斯美术博物馆（布达佩斯）
——辣椒的味道

直到1844年，匈牙利的官方语言一直是拉丁文——这或许让人感到颇为惊讶。在中世纪，匈牙利是个大国，其疆域绵延至亚得里亚海岸。1006年，史蒂芬一世遵循教宗西尔维斯特二世的意愿，让这些被视作最后一批侵袭者的部落皈依了基督教，并在教宗的庇护下建立了王国。1097年，克罗地亚也被并入匈牙利王国的领土。他们是如此笃信基督教，以至于在1217年的第五次十字军东征期间，最为浩大的军队便是国王安德烈二世率领的匈牙利军队。他们是如此善战，成功地抵御了1241年入侵的蒙古人。起初，阿尔帕迪家族建立的王国相当强大。该王国的政治由公共议会掌控，其年俸可达到23吨白银——要知道，法兰西国王的年俸也不过只有17吨白银。当马提亚·科尔温（Mattia Corvino）于18岁当选国王时，这个选举制君主国的国力达到了顶峰。马提亚·科尔温的第一任妻子是一位波希米亚王国的

◀ 詹巴蒂斯塔·提埃波罗，《圣雅各》（*San Giacomo Maggiore*），局部，1750年，布面油画，317cm×163cm，布达佩斯美术博物馆

公主：在一场战争后，这个女孩和她的父亲都处在马提亚·科尔温的掌控之中。然而，他的发妻很快就故去了，去世时年仅13岁。1475年，马提亚·科尔温再次结婚，新娘是那不勒斯女王——阿拉贡的贝阿特丽丝。贝阿特丽丝将文艺复兴的硕果带给了马提亚·科尔温，并让他一度幻想能够统治从欧洲中部到地中海沿岸的广袤地区。早在1464年，马提亚·科尔温就已经解放了波斯尼亚，后来又征服了西里西亚、摩拉维亚和卢萨蒂亚。就这样，15世纪的匈牙利变成了欧洲政局中举足轻重的主角。此外，在对抗土耳其人侵袭的过程中，匈牙利也是一道屏障。无畏的马提亚·科尔温曾与瓦拉几亚的弗拉德三世（此人是德拉库拉家族的传人，以血腥著称。德拉库拉家族亦是后来兴起的德拉古吸血鬼神话的原型）一道抵御土耳其人的进攻。后来的君主选举颇为混乱，如同所有众说纷纭的情形那样，同时产生了两位

国王，分治匈牙利的领土，直到1570年，哈布斯堡家族的马克西米利安二世皇帝将匈牙利国王的王冠纳入囊中。当时，奥地利帝国的皇帝已经由选举制变成了世袭制，但奥地利和匈牙利之间的关联仅限于两国拥有共同的君主，其实际运转仍是泾渭分明，相互分离的。所以说，匈牙利的民族情结仍然相当强烈。1802年，塞切尼·弗兰茨（Széchényi Ferenc）伯爵将自己的藏品捐给了国家。这批藏品将被存放于一座恢宏的楼宇之中，其设计师便是那位极为古怪的建筑师米切尔·波拉克（Micheal Pollack）。此人于1773年出生于维也纳，有一个同父异母的兄弟，名叫利奥波德·波拉克（Leopoldo Pollack）。当年，他的这位兄弟在米兰，是一位与朱塞佩·皮埃尔马里尼齐名的建筑师。18世纪末，米切尔·波拉克曾在米兰主教座堂的施工工地工作，在那里接触到了全新的新古典主义风格。他将这种风格带

◀ 布达佩斯美术博物馆

▼ 布达佩斯，艺术廊

到了布达佩斯（在这里，他的名字叫米哈利·波拉克），给当地的建筑留下了十分深刻的印迹。有了塞切尼的藏品和波拉克的天才设计，一座名为"国立博物馆"的宏伟建筑拔地而起：它有着科林斯式的柱子、三角形的山墙饰和一系列浅浮雕。19世纪40年代竣工时，其庄严的古典主义风格的白色外立面内部又增添了流光溢彩的折中主义内饰。如今，这座博物馆保存着令人惊喜的藏品，见证了祖国曲折的历史发展进程。其丰富的馆藏包括大量记录国家历史的文献和规模浩大的藏书（同样是基于塞切尼·弗兰茨捐赠的书籍和手稿藏品而逐渐积累起来的）。就这样，这座城市再次获得了崭新的身份：早在15世纪，布达佩斯就已拥有全欧洲最重要的图书馆之一，然而，为了抵偿债务，布达佩斯却不得不将藏书转让给了贪婪的银行家科西莫·德·美第奇。凭借这批藏书，科西莫·德·美第奇为建立佛罗伦萨的图书馆奠定了基础，后来，米开朗琪罗将那座图书馆改造成了今天的洛伦佐图书馆。

1848年，诸多历史原因导致匈牙利爆发了针对维也纳统治的起义。彼时，欧洲各国都爆发了以寻求民族身份为旨归的暴动。布达佩斯的城堡被烧毁，重建后的城堡呈现出新古典主义的风格，崭新的外立面与正在建起的博物馆的其他建筑相得益彰。城市正在被三角山墙所填充。说实话，一个自主文化体系的产生会成为寻求政治独立的推动力量，正是这一文化体系点燃了1848年的匈牙利

▲ 布达佩斯，盖勒特温泉浴场

起义，并造就了一个疆域广袤的独立国家。可惜这一国家的寿命极短，第二年就被奥地利和俄国组成的联盟再次征服了。匈牙利的政权问题一直悬而未决，直到1867年，在弗兰茨·约瑟夫的帝国王权下形成了最终的政治联盟。自此，多瑙河畔的世界进入了甜蜜的"美好年代"，成为欧洲旧大陆中部地区政治最为活跃的地区之一，直到第一次世界大战令其彻底坍塌。

如此一来，布达佩斯的博物馆群也被纳入了帝国王国的系统，与维也纳的博物馆齐头并进。1896年的"千年展"开启了布达佩斯的城市现代化进程。这次展览是一场城市范围的世界博览会，以庆祝建国一千年。当时，布达佩斯开展了一系列高水准的城市改造工程。1896年，布达佩斯国立美术馆所在的华美大楼落成。这是一幢新哥特式建筑，内部装饰集铁建筑和摩尔元素于一身，极具先锋色彩。在欧洲同类博物馆中，布达佩斯国立美术馆位居第三，仅次于伦敦的维多利亚和阿尔伯特博物馆与维也纳的奥地利应用艺术博物馆。同年，布达佩斯艺术廊所在的场馆也被投入使用。这座艺术展馆同样为新古典主义风格建筑，只是其外立面不再是透着考古风的白色，而是绚烂的彩色——当时的历史研究认为，此种配色来自古希腊，体现出"统一"的欧洲风格。十年后，布达佩斯城内又新增了许多杰出的建筑作品，见证了当时那个由贵族和资产阶级组成的社会里兼容并包的丰富文化。1907年新建的音乐学院大楼就是风靡布拉格、维也纳和布达佩斯的分离主义风格的典型作品。1912年，布达佩斯开始兴建盖勒特公共浴场。其中的室内浴池呈现出新艺术风格，既是对罗马时期的布达佩斯城的一种追忆，也保留了奥斯曼帝国于16世纪在此修建的最为古老的土耳其浴场的诸多元素。与盖勒特浴场同时建造的，还有塞切尼·弗兰茨浴场，这座露天浴场于1881年设计动工，于1913年开放。在这样的城市建设潮涌之中，美术博物馆的修建犹如一颗珍珠，脱颖而出。

修建该馆的决定是在"千年展"期间作出的。匈牙利政府为此筹集了总额为320万克朗的资金，其中120万用于场馆修建，剩下的200万用于购置展品。这座博物馆以当时既有的收藏作为馆藏基础，对藏品进行了名副其实的大力扩充。在场馆建设方面，匈牙利政府于1898年举行了一次国际招标，最终选出了两位建筑师：弗洛普·赫尔佐格（Fülöp Herzog）和阿尔伯特·施奇科坦茨（Albert Schickedanz）。其中，阿尔伯特·施奇科坦茨已于1883年参与过多瑙河边那座新哥特风格的议会大楼的建造，此后又设计过英雄广场和布达佩斯艺术廊。通过设计美术博物馆，阿尔伯特·施奇科坦茨完成了他在整个布达佩斯城范围内的设计生涯。直到今天，美术博物馆的建筑设计和景观设计仍令人感到心旷神怡。博物馆的开幕仪式于1906年举行。这座建筑既体现出新古典主义的风格（此种风格是现代布达佩斯城的首要身份标识），同时又拥有一座希腊神庙式的外立面。如今，该馆是全欧洲范围内展示绘画历史的最重要的博物馆之一。

▲ 布达佩斯美术博物馆

游览指南

给好奇的老手们的建议

布达佩斯的博物馆收藏有大量老卢卡斯·克拉纳赫（Lucas Cranach il Vecchio）及其同时代画家的系列作品，令人感到惊喜。毫无疑问，这些作品洋溢着画家对16世纪的德意志的热爱。除此之外，它们也传递了关于道德和偷窥的密集信息。最为典型的例子，便是那两幅互为对比的《不般配的夫妇》。在第一幅画作里，青春不再的老太太倚仗着桌上的钱袋控制着她的年轻丈夫；而在第二幅画作里，

◀ 老卢卡斯·克拉纳赫，《不般配的夫妇》（*Coppia male assortita*），局部，约1520—1522年，木板油画，37cm×30.5cm，布达佩斯美术博物馆

▶ 老卢卡斯·克拉纳赫，《不般配的夫妇之三》（*Coppia male assortita III*），局部，1522年，木板油画，84.5cm×63cm，布达佩斯美术博物馆

▶ 汉斯·巴尔东·格里恩,《亚当》
（*Adamo*），1525年，木板油画，
208.5cm×83.5cm，布达佩斯美术
博物馆

◀ 汉斯·巴尔东·格里恩，《夏娃》
（*Eva*），1525年，木板油画，
208.5cm×83.5cm，布达佩斯美术博
物馆

正值芳华的女子则在觊觎比她年长许多的丈夫的钱袋。与上述两幅作品形成反差的，则是高贵而冷酷的莎乐美表现出的残酷，她托着银色的托盘，施洗者约翰的头颅仿佛一个蛋糕，摆放在盘中。悬挂在这幅画旁边的，是汉斯·巴尔东·格里恩（Hans Baldung Grien）绘制的两幅木板油画：画面高达2米，不带丝毫宗教意味。在位于左侧的画面上，战士模样的亚当看着引诱夏娃的蛇，而在对称的右侧，夏娃调皮的目光则落在亚当的"蛇"上：两人是如此自豪，全然没有悔意。在这样的情境中，基督教的教义和古代神话似乎完全可以相安无事地共处：赤身裸体的金发女神狄安娜在奔跑过后略感疲惫，毫无羞怯地凝视着一位身扛猎物、大汗淋漓的猎人。他仿佛来自一个刚刚被发现的、没有被罪恶污染的新世界，让那两位身着薄纱、肢体若隐若现的侍女不禁浮想联翩：既有异域风情，又充满了欲望。

▲ 巴塞洛马尤斯·斯普林格，《狩猎后休憩的狄安娜》（*Riposo di Diana dopo la caccia*），约1595—1600年，布面油画，129cm×199.5cm，布达佩斯美术博物馆

▶ 老卢卡斯·克拉纳赫，《莎乐美与施洗者约翰的头》（*Salomè con la testa di Giovanni Battista*），局部，约1530年，木板油画，87cm×58cm，布达佩斯美术博物馆

艾尔米塔什博物馆（圣彼得堡）

——沙皇也时尚

　　艾尔米塔什博物馆的历史，就是圣彼得堡的历史，也是由彼得大帝一手打造的现代俄罗斯的历史。彼得大帝极其残酷，同时也极具天赋。三个世纪以前，他决定创建一座城市，取代无法控制的莫斯科。圣彼得堡的诞生大约发生在新阿姆斯特丹（今天的纽约）建城的八十年后，无论是从其整体规划来看，还是从那些用于打造城市身份标识的纪念物的摆放位置来看，这都是一座有着现代格局的新兴城市。圣彼得堡和纽约之间的共同之处在于二者都呈现出一种独特的城市建设语言：如果说纽约是由荷兰殖民者修建的，那么圣彼得堡的诞生则得益于彼得大帝早年的荷兰之行——1697年3月至1698年9月，彼得大帝以化名微服前往荷兰游历，其目的是向那里的造船木匠学习，以便回国打造本国的战舰。荷兰之行结束

◀ 彼得·保罗·鲁本斯，《土与水的结合》（*L'unione di Terra e Acqua*），局部，1618年，布面油画，222.5cm×180.5cm，圣彼得堡，艾尔米塔什博物馆

后，彼得大帝前往普鲁士观摩如何铸造火炮，又先后前往英国（这一次是正式出访）和维也纳，了解应如何打造皇家宫廷及其所在的城市。当他从荷兰和英国返回俄国时，除了两幅伦勃朗的画作，他还带回了科学技术、对白色和蓝色瓷砖的青睐以及对青铜吊灯的钟情——灯被挂在了同游旅伴亚历山大·达尼洛维奇·缅什科夫的家中。此外，此次游历还点燃了他心中的一个愿望：建造一座大型的现代化城市。

这座即将诞生的城市的第一处核心地带，是沙皇先前在涅瓦河三角洲的沼泽地上填起的一座小岛：当时，岛上那座由被击溃的瑞典敌军建起的碉堡成了后续建设的原点。沙皇本人也住在岛上的一所简陋的木屋里。如今，这间木屋仍然保留着，成为俄罗斯历史的神圣见证。最初的碉堡得到了扩建，献给圣彼得和圣保罗。同样是在涅瓦河的右岸，来自提契诺的建筑师多梅尼科·特雷兹尼（Domenico Trezzini）为沙皇建起了第一幢政府办公大楼。此后，多梅尼科·特雷兹尼又与法国建筑师让-巴蒂斯特·亚历山大·勒·布隆（Jean-Baptiste Alexandre Le Blond）一道，承担了为城市奠基的重任。在地势稍高的涅瓦河左岸，沙皇住在另一处简陋的居所里，那便是他真正的隐居之处——艾尔米塔什。此时，这座城市已成为波罗的海岸边的一座贪婪的港口，俄国也有了自己的新都城，走出了封闭、隔绝的状态，向西方世界敞开了大门。

1717年，也就是路易十四去世两年后，彼得大帝对法兰西进行了声势浩大的访问。与上次出行类似，此次访问无关政治利益，而是出于彼得大帝的好奇：他将法兰西国王视为君主的典范，想一睹其凡尔赛宫及其花园的风采。在那些年里，他自己也梦想着修建一处类似的宅邸——那座位于芬兰海湾左岸，距圣彼得堡15英里（约24公里）之遥的彼得霍夫宫。就这样，这座堪称"波罗的海大门"的城市的规划布局初具规模。

根据《圣徒传记》的记载，1725年那个寒冷的2月，53岁的彼得大帝因肺炎去世。此前，他设计的一艘船发生了翻船事故，他纵身跃入了结冰的河水，去营救幸存的士兵。在他去世前四年，他将10岁时承袭的俄国沙皇头衔改成了更为现代的称号——俄罗斯皇帝。彼得大帝身高1.9米，脚极小，脑袋却很有男子气概。他有着精明的头脑和钢铁一般的个性，将自己的亲生儿子及其他背叛他的子嗣活生生地鞭挞至死。然而此刻，他开创的伟业才刚刚启幕。

彼得大帝去世后，他的遗孀叶卡捷琳娜一世统治了两年。这位运气绝佳的拉脱维亚女子出生在一个农民之家，曾嫁与一个瑞典龙骑兵为妻，后来沦为了战

▲ 让-马克·纳蒂埃，《彼得大帝肖像》（*Ritratto di Pietro I il Grande*），1717年，布面油画，莫斯科，历史博物馆

▲ 卢卡斯·康拉德·潘芬泽，《建筑师巴托罗梅奥·拉斯特雷利肖像》（*Ritratto dell'architetto Bartolomeo Rastrelli*），约1750—1760年，布面油画，73cm×62cm，圣彼得堡，艾尔米塔什博物馆

俘，进入缅什科夫的豪华宅邸，起初是浣衣女，接着变成了缅什科夫的情人。最后，缅什科夫又将她拱手献给了沙皇。1724年，叶卡捷琳娜被丈夫封为皇后。此后，她一直以此身份摄政，直至1727年去世。在此期间，她从未学习过写字。这位女子的原名叫玛尔塔·海伦娜·斯卡夫龙斯卡亚，自皈依东正教后，便更名为叶卡捷琳娜一世·阿列克谢耶芙娜。她生下了两个女儿，日后都将大有作为。长女安娜是石勒苏益格-荷尔斯泰因-戈托普的公爵夫人；次女则于1741年成为全俄罗斯的女皇伊丽莎白一世。在伊丽莎白一世登基以前，俄国曾因继位之争经历了十年左右的动荡：其中的主角包括伊凡五世——这位叛逆的长兄曾于1696年被彼得大帝褫夺了王储之位——和彼得大帝的第一任妻子留下的一众子嗣：首当其冲的便是12岁登基，但在三年后（1730年）就英年早逝的不幸的彼得二世。彼得二世是彼得大帝唯一存活的独子之子，他的父亲——绝望的阿列克谢对修道院生活的兴趣远胜于驰骋疆场；他与真心相爱的女子成了婚，并密谋反对自己的父亲，结果被彼得大帝以叛逆罪论处。接下来登场的，是凶狠的伊凡五世的女儿、彼得大帝的孙女安娜。她用一身横肉和疯狂的头脑统治了十年。在此期间，她作出的最为荒唐的决定便是因为自己没有子嗣而收养了布伦瑞克-沃尔芬比特尔的乌尔里希（Ulrico di Brunswick-Wolfenbüttel）的儿子。在她死后，这个只有两个月大的婴儿居然于1740年10月28日被奉为伊凡六世。一年后的12月6日，年方31岁的伊丽莎白·彼得罗芙娜通过一场政变登上了王位，凭借其英明果断一直统治到1762年。

伊凡五世子嗣的统治彻底结束后，彼得大帝的城市规划之梦被重新拾起。圣彼得堡的城市规模进一步扩大，艾尔米塔什成为一座固定的宫殿。与浣衣女出身的伟大母亲不同，伊丽莎白一世能够流利地使用法语、德语、瑞典语、芬兰语和意大利语。她用最后这种语言与时年40岁上下的建筑师巴托罗梅奥·拉斯特雷利（Bartolomeo Rastrelli）交谈。巴托罗梅奥·拉斯特雷利于1700年出生于佛罗伦萨，1717年随雕刻家父亲来到了俄国。他创造了一种兼具巴洛克-洛可可元素与俄罗斯雄浑气魄的风格，开始对艾尔米塔什宫进行彻底的改建。原先那座冬宫是于1733年竣工的——其中，由多梅尼科·特雷兹尼完成的那部分建筑的建成史只有短短六年。由于扩建，这座宫殿和后来的夏宫都被拆除。相应的扩建方案于1753年被最终制定，反映了伊丽莎白一世的雄心。然而，王朝的更迭浪潮仍在继续，汹涌如那些巨型镀金青铜烛台上的巴洛克式旋涡饰。由于没有子嗣，伊丽莎白一世任命彼得为自己的继承人。彼得是姐姐安娜与荷尔斯泰因－戈托普的卡尔·弗里德里希（Carlo Federico di Holstein-Gottorp，瑞典国王卡尔十二世的外甥）的儿子。这个决定本身并不荒唐：如此一来，便能通过家族之间的联合让两个持续征战的王国化干戈为玉帛。然而，荒唐的是，年轻的彼得居然要因此被迫改变自己的宗教信仰和姓名，变成王储彼得三世·费奥多罗维奇。更令人觉得匪夷所思的，是这个年轻人的性格。他一出生就没了母亲，11岁时又失去了父亲，在他的德意志叔父——主教阿道夫（后来的瑞典国王）的庇护下承袭了公爵头衔。日后，彼得成婚了。由于他的俄语水平很差，叔父为他挑选了一位在普鲁士出生的德意志女子为妻：16岁的公主索菲娅·奥古斯特，其俄文名为叶卡捷琳娜二世·阿列克谢耶芙娜。1762年，坐上沙皇宝座仅6个月的彼得三世就被这个女人囚禁并杀害了。随后，叶卡捷琳娜二世开启了三十四年的铁腕统治，将俄国打造为一个世界强国，其疆域从阿拉斯加一直延伸至克里米亚。此外，叶卡捷琳娜二世也大力扩展艾尔米塔什宫的艺术藏品，自信满满地从国际市场购入了大量古代作品，其价值在今日的艾尔米塔什博物馆的诸多藏品中首屈一指。她委托德意志建筑师进行设计，满足其折中主义的艺术品位；委托法国人莫斯（Jean-Baptist Vallin de la Mothe）完成她的小艾尔米塔什宫；同时委托贝尔加莫建筑大师贾科莫·夸伦吉（Giacomo Quarenghi）修建一座皇宫剧院。贾科莫·夸伦吉与其他伦巴第工匠一道，发明了一种用彩色灰泥制成的仿大理石墙面。此时，先前那座冬宫的痕迹已经被彻底清除了。

叶卡捷琳娜二世在收藏艺术品和收藏情人（她的情人都被收藏在那间装饰着露骨的情色图案的密室里）方面有着同样大的胃口。她竭尽全力开疆拓土，一如她竭尽全力让自己的身材变得越来越肥硕。与此同时，她亦不断拓宽自己的文化视野，与法兰西百科全书派学者进行常规化交往。作为第一届专制主义政府的首脑，她在狄德罗和伏尔泰的影响下对法律进行改革，对切萨雷·贝卡里亚（Cesare Beccaria）的著作《论犯罪与刑罚》（*Dei delitti e delle pene*）加以研究，并尝试应用。正如彼得大帝在彼得霍夫宫所做的那样，叶卡捷琳娜二世也在距离冬宫25公里

▼ 《圣彼得堡的古老冬宫、莫伊拉运河和涅瓦河》（*Veduta dell'antico Palazzo d'Inverno con il canale della Mojka e la Neva a San Pietroburgo*），局部，18世纪，版画，圣彼得堡，艾尔米塔什博物馆

以外的沙皇村的城门外建立了一座属于自己的凡尔赛宫：此前，那里是叶卡捷琳娜一世命人修建的夏宫，后来，伊丽莎白委托巴托罗梅奥·拉斯特雷利扩建过一次。此次，叶卡捷琳娜二世仍旧委托拉斯特雷利对其进行进一步改造。所以说，这座皇宫的奢华风貌是由前后几位女皇相继打造而成的。在审美方面，叶卡捷琳娜二世的

▼ 巴托罗梅奥·拉斯特雷利（建筑师），冬宫，立面局部，圣彼得堡，艾尔米塔什博物馆

品味也是兼容并包的：她喜欢意大利的滑稽剧，也喜欢法文和法国文学，同时又对德国的武器充满了兴趣。可以想象，对这样一位贪婪的收藏者而言，一幅作品必然会牵出另一幅作品。叶卡捷琳娜二世成了神话般的买家，对欧洲市场上出售的所有王室收藏来者不拒。她从柏林商人戈茨科夫斯基（Johann Ernst Gotzkowsky）那里买下了225幅原本属于普鲁士的腓特烈二世的画作——后者在七年战争后穷得叮当响。她从布吕尔伯爵那里购买的画作多达上千幅；她通过狄德罗从法国市场购入了金融家皮埃尔·克罗扎特（Pierre Crozat）的精美藏品——这些精品大多都是从意大利收集而来的。为了存放这些作品，叶卡捷琳娜二世命人扩建现有的宫殿，又增设了一座所谓的带有空中花园的小艾尔米塔什宫。

这座小宫殿成为女皇的宅邸，而其他的宫殿则是廷臣们的办公地点和日常居所：他们目睹了大量作品被陆续悬挂于这些宫殿。此外，女皇还命人仿建了梵蒂冈的拉斐尔长廊。就这样，从彼得大帝到叶卡捷琳娜大帝，圣彼得堡完成了其建城的过程，成为欧洲大陆上最伟大的都城之一。

不过，直到19世纪，随着考古收藏的发端和俄罗斯对自身历史的不断重视，这些收藏才从概念上变成博物馆的百科全书式的藏品。卡洛·多梅尼科·罗西（Carlo Domenico Rossi，1775—1849年）出生于18世纪的大都市那不勒斯，他的母亲是一位

（图1）圣彼得堡，新艾尔米塔什宫，饰有阿特拉斯神的拱廊，1839—1852年，花岗岩，高5m

1 ┃ 2

（图2）巴托罗梅奥·拉斯特雷利（建筑师），叶卡捷琳娜宫，立面透视图，1752—1756年，普希金市

俄罗斯歌唱家。他来到了圣彼得堡，成为俄罗斯建筑界的主角，其作品包括：艾尔米塔什宫后方的大片广场、呈半圆形排布的建筑群以及那座将所有一切联结在一起的极为著名的拱门。圣彼得堡变得越来越具有国际风范。在1837年1月27日那个严寒的冬夜，普希金在前去与妻子娜塔莉娅的情人——来自阿尔萨斯的乔治·丹特斯——决斗以前，曾在瑞士甜品店"沃尔夫与贝兰格"（Wolf et Béranger）饮下了一杯热巧克力。1846年，一位德意志父亲生下了将在日后的珠宝界声名斐然的金器匠人彼得·卡尔·法贝热（Peter Carl Fabergé）。艾尔米塔什一直紧随时代的脚步：自从1837年的那场火灾将大半宫殿付之一炬，沙皇尼古拉一世就召来了德意志

建筑师莱奥·冯·克伦兹。克伦兹是新古典主义风格的大师，曾于1815年在巴伐利亚的慕尼黑设计了普罗皮来城门和考古博物馆。此次，他在艾尔米塔什宫临近圣彼得堡城中心的一侧进行了扩建，增加了一座凉廊，装饰着黑色的男像石柱。随后，他又针对一系列画廊和大部分地面进行了重新设计。至此，博物馆已经酝酿成熟，可以向公众开放了。开馆的日子被选在了1852年。沙皇尼古拉一世将自己的住所与展厅彻底划分开来，并继续购置藏品。其中最具分量的当数拿破仑的第一任妻子约瑟芬的艺术品收藏——这也算是对当年拿破仑那次未遂的入侵之举的历史报复。此后，藏品购置仍在继续：列奥纳多·达·芬奇的那幅《哺乳圣母》（*Madonna Litta*）也从米兰来到了艾尔米塔什。此时，艾尔米塔什博物馆的藏品数量已经超饱和了。

"阿芙乐尔"号巡洋舰的炮声释放了1917年革命的信号。革命者冲进了政府所在地艾尔米塔什宫。此后，宫殿建筑群为民众所用。不过，通过征收历史贵族的收藏，博物馆的藏品仍在继续增加。此外，蒸蒸日上的资产阶级也在巴黎塑造了高尚的艺术品位，收藏了大量印象派和立体派的艺术作品，这些作品也陆续地加入了艾尔米塔什博物馆的收藏。

历史前行的步伐是冷酷的。在新经济政策实行期间，苏联推出了极为强硬的五年国家改造计划。斯大林政府时期曾将大量藏品进行出售：2880件藏品被置于国际市场（马蒂森画廊针对柏林市场、科尔纳吉画廊针对伦敦市场、诺德勒画廊针对纽约市场）。这些藏品要么被私人购入，要么被某些资本家捐赠者——如里斯本的古尔班基安、美国的梅隆（Mellon）和哈默（Hammer）——支持的博物馆收藏。聪明的荷兰也趁机回购了几个世纪前卖给艾尔米塔什的部分藏品。

第二次世界大战爆发后，在纳粹军队围城期间，忍饥挨饿的民众将馆内藏品保护在已被炸毁的博物馆地下室里，对藏品的存续起到了至关重要的作用。如今的艾尔米塔什博物馆已经重生，年参观人数几乎达到300万人次，其中的相当大一部分功劳要归于考古学家鲍里斯·鲍里斯维奇·皮奥托洛夫斯基（Boris Borisovič Piotrovskij）——第二次世界大战结束后，他立刻接手了博物馆的部分运营工作，阻止了馆藏在售卖中继续惨痛流失。随后，他的儿子米哈伊尔·鲍里斯维奇·皮奥托洛夫斯基接任馆长，一直工作到今天。如今的参观者会对艾尔米塔什博物馆里的藏品感到目不暇接，更会因为博物馆所在的恢宏建筑而流连忘返。

▲ 埃里克森·维尔吉利乌斯，《叶卡捷琳娜二世骑马肖像》（*Ritratto equestre di Caterina II*），约1762年，布面油画，沙特尔，美术博物馆

▲ 巴托罗梅奥·拉斯特雷利（建筑师），冬宫，使节台阶，1754—1762年，圣彼得堡，艾尔米塔什博物馆

▲ 贾科莫·夸伦吉（建筑师），冬宫，大王座厅，1837—1842年，圣彼得堡，艾尔米塔什博物馆

游览指南

皇家品位

艾尔米塔什博物馆为参观者提供了三条值得格外重视的神秘观展路径。通过这些路径，参观者能够欣赏所有馆藏中的极品：提香绘制的那幅神秘意大利女子肖像——它原本是属于皮埃尔·克罗扎特的藏品。此外，好奇的观者一定会去看看女皇叶卡捷琳娜二世从巴黎购入的一系列画作，如那幅描绘饮咖啡的女苏丹的温情之作——这幅作品出自查尔斯-安德烈·凡·卢（Charles-André van Loo）之手，人们可以清晰地辨识出女主角的真实身份其实是女皇本人。这幅画作是叶卡捷琳娜二世于1772年通过某些百科全书派学者从玛丽-特蕾莎·罗黛·乔芙兰（Marie-Thérèse Rodet Geoffrin）夫人手中买下的。这位夫人是法兰西女王储的一个"近身男仆"之女，在大革命爆发以前曾成功地组织过多次巴黎文学沙龙。或许，女皇想扮演的也是一个类似的女性角色。此外，在那幅弗兰斯·斯奈德斯（Frans Snyders）绘制的宰杀野味的屠夫（这幅画是女皇在柏林从著名的戈茨科夫斯基手中购入的）身上，我们也能看到女皇的影子。与之形成鲜明对比的，是那场由帝国雄鹰统领的群鸟音乐会——这幅画同样出自弗兰斯·斯奈德斯之手，是在伦敦从首席大臣沃尔波尔爵士手中购入的。不容错过的，还有女皇那间充斥着情色元素的密室——当然，只有提前很长一段时间预约的参观者才有机会进去一睹其妙。

▲ 查尔斯–安德烈·凡·卢，《一位喝咖啡的女苏丹》（*Una sultana che beve il caffè*），局部，1755年，布面油画，120cm×127cm，圣彼得堡，艾尔米塔什博物馆

▶ 提香·韦切利奥，《年轻女子肖像》（*Ritratto di giovane donna*），局部，约1536年，布面油画，96cm×75cm，圣彼得堡，艾尔米塔什博物馆

▲ 弗兰斯·斯奈德斯，《鸟类音乐会》（*Concerto degli uccelli*），约1630—1640年，布面油画，136.5cm×240cm，圣彼得堡，艾尔米塔什博物馆

◀ 弗兰斯·斯奈德斯，《厨房操作台前的厨师和野物》（*Cuoco al tavolo della cucina con cacciagione*），约1630年，布面油画，171cm×173cm，圣彼得堡，艾尔米塔什博物馆

普希金博物馆（莫斯科）
——国际风尚

　　十月革命以后的历史深刻地改变了俄国先前的形象：曾几何时，在广袤无垠的疆域里，尊享荣华富贵的贵族阶级统治着乡野里的农奴和城市里日渐壮大、满腹怨气的无产阶级。普希金博物馆的诞生过程反映出一幅关于那一时代的更为复杂的图景。如今，这是一座在全世界范围内享有盛誉的博物馆，以其收藏的早期先锋派现代画作而闻名。后来，随着国家政权的变革，被征收而来的各路作品继续丰富着该馆的馆藏。不过，这座博物馆的诞生时间是在1912年——此前，1905年的那场革命令假想中的变革得以实现：在这一过程中，新兴的资产阶级意欲将自身的地位提升至一种在表面上出乎意料的高度。这座博物馆位于莫斯科市中心，克里姆林宫附近。19世纪末，该区域经历了一场大规模的城市规划变革。当时，一座新城正在莫斯科老城内蜿蜒街巷的母体中逐渐成形。从普希金博物馆所在的那座小山头可以遥

◀ 保罗·高更，《死亡》（*Matamoe*），又称《死神：有孔雀的风景》（*Morte. Paesaggio con pavoni*），局部，1892年，布面油画，115cm×86cm，莫斯科，普希金博物馆

遥望见耸立于河边的基督救世主主教座堂——一座在经历重建之后由金色圆屋顶和白色大理石构成的建筑。1812年，沙皇亚历山大一世为纪念在俄国战场大败拿破仑，授意修建了这座教堂，以表感恩。后来，斯大林将其视为某种政治象征，于1931年命人用甘油炸药将其拆毁。1990年，该教堂作为俄罗斯向现代社会转型的标志得以重建。不过，在19世纪始建之初，这座教堂的工程推进却是极其缓慢、遥遥无期的：选址过程相当艰辛，直到1883年亚历山大三世加冕，柴可夫斯基在那里指挥完著名的《1812序曲》后，教堂才算正式落成。该教堂的缓慢修建过程与基于木质结构的莫斯科老城所经历的彻底改建过程彼此呼应：当时，莫斯科正与原先的首都圣彼得堡展开竞争。就在世纪末的那些年里，一批文艺赞助者和当地企业家决定资助修建一座城市博物馆，使之能够与圣彼得堡及其艾尔米塔什博物馆相提

▼ 莫斯科，基督救世主主教座堂

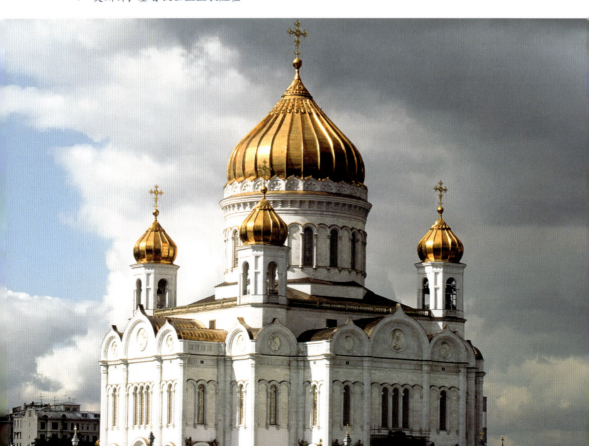

并论。这座博物馆现名为普希金博物馆，得名于1937年——当年，世界博览会在巴黎举行，实力强大的苏联展馆与纳粹德国展馆竞争；此外，1937年恰逢伟大的普希金一百周年祭：他出生于莫斯科，却是在圣彼得堡逝世的（这正是伟大历史的巧合）。

20世纪初，普希金博物馆的创建者们在决定创办这座博物馆时一定无法想象它后来历经的命运走向。当时，创办一座艺术博物馆的念头已经在伊凡·弗拉基米罗维奇·茨维塔耶夫（Ivan Vladimirovič Cvetaev，1847—1913年）教授的脑海里酝酿了许久。此人在圣彼得堡长大，也是在那里完成了大学学业。他从事语言学研究，起初在华沙、基辅等地辗转，执教于多所大学，后来在莫斯科大学获得了艺术史专业的讲席职位。20世纪初，他出任鲁缅采夫图书馆（如今的列宁图书馆，当时莫斯科第一座也是唯一一座城市博物馆）的馆长。自19世纪30年代起，该馆就收藏了大量公共藏书和关于俄国的史料——今天所说的人口人类学史料。出生于农村的茨维塔耶夫是最初那批在老俄罗斯母体中成长起来的资产阶级知识分子的典范之一。他渴望创办一所以收藏艺术、记载艺术和推动艺术为宗旨的博物馆。他并没有顺理成章地向国家政府申请资金，而是向友人和支持者求援，其中就包括事业有成的尤里·斯蒂芬诺维奇·涅恰夫-马尔科夫（Jurij Stepanovič Nečaev-Mal'cov，1834—1913年）。此人是第一批莫斯科企业家，拥有一家蓬勃兴旺的玻璃和杯具企业。此时，俄国的资产阶级知识分子和企业家已开始梦想求得文化上的解放，这一趋势与大西洋另一侧的情形一般无二。他们选中了一位年轻有为的建筑师罗曼·伊万诺维奇·克莱恩（Roman Ivanovič Klejn），他曾与弗拉基米尔·奥西波维奇·舍伍德（Vladimir Osipovič Sherwood）合作打造了全新的国家历史博物馆：那是一座有着折中主义风格的建筑，收藏与斯拉夫民族有关的各类史料。而这座即将诞生的艺术博物馆则重拾了欧洲的新古典主义风格——尽管该风格在慕尼黑和艾尔米塔什博物馆的扩建工程中已然落寞，但在俄国贵族阶层仍颇受欢迎，广泛应用于19世纪的宫殿。不过，位于白色廊柱组成的正立面后方的，其实是一座具有高度现代感的展陈场馆，其钢铁和玻璃结构是由工程师弗拉基米尔·格利高里耶维奇·舒霍夫（Vladimir Grigor'evič Šuchov，1853—1939年）首创的。他是自立结构的先锋，早在此前就曾设计过数座高塔和建筑，以在技术上的大胆而闻名。1912年，普希金博物馆正式开幕，当时，展厅中几乎没有任何重量级的展品，只有一些古典风格雕塑的石膏复制品，其功能是以教育为主。首都圣彼得堡的博物馆才是首屈一指的伟大的俄罗斯博物馆。

随着革命的爆发，一系列被征收而来的作品丰富了普希金博物馆的馆藏。从某种意义上说，这一现象复刻了法国大革命期间巴黎卢浮宫博物馆馆藏被显著充实的过程。

▼ 莫斯科，红场及左侧的列宁纪念馆和右侧的历史博物馆

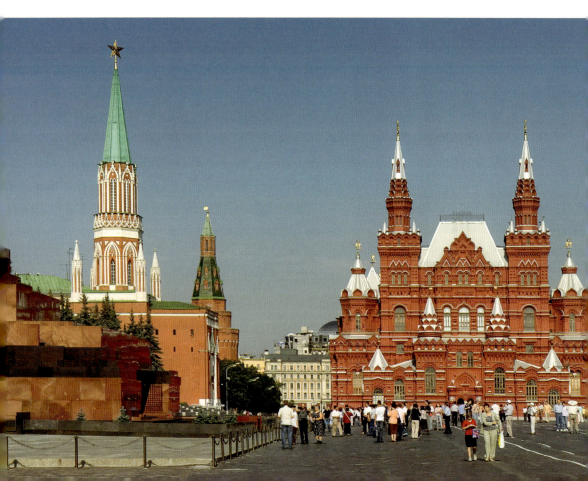

▲ 莫斯科，普希金博物馆正立面

　　如今，普希金博物馆的已编目藏品超过60万件，具有享誉全世界的权威性。这得益于伊琳娜·亚历山德罗夫娜·安东诺娃（Irina Aleksandrovna Antonova）的英明领导。她是杰出的学者，也是一位果断刚毅的女性。1945年，刚刚大学毕业的伊琳娜受聘于普希金博物馆。1961年，她被任命为馆长，一直履职至2013年，随后出任该馆的主席。2016年，94岁高龄的伊琳娜仍在参与于当年12月举行的安德烈·马尔罗展的筹备工作。她在这一机构工作了七十六年，不仅守护着馆内的珍藏，也守护着这座博物馆的秘密。正是她决定对那批从柏林运抵莫斯科的战争掠夺品秘而不宣，关于这一举措的争论至今没有平息。当时，她宣称"俄国不欠任何人的情"。1955年，从德累斯顿历代大师画廊美术馆掠来的一批画作被归还至民主德国。至于海因里希·谢里曼于1873年在小亚细亚发掘出的所谓"普里阿摩斯的宝藏"，它们原本收藏于柏林，后来却被莫斯科的博物馆藏匿至今。事实上，海因里希·谢里曼起初是希望将那批藏品由卢浮宫收购，不过卢浮宫没有接受他的报价。随后，他又先后打算将其出售给伦敦的维多利亚和阿尔伯特博物馆和俄国的艾尔米塔什博物馆。最终，他在柏林将藏品赠予了他的皇帝。当这批藏品从柏林被掠夺至莫斯科时，就引发了一个道德问题：莫斯科的行为与当年拿破仑为卢浮宫收集第一批藏品时的做法如出一辙。至于这批藏品，如果说当年的沙皇没有选择购入，斯大林却将其强行占有了。谁知道普希金博物馆里还隐藏着多少秘密……此外，另有一个悬而未决的问题，那便是关于埃伯斯瓦尔德（Eberswalde）宝藏中的金器：那批藏品包含81件公元前10至前7世纪的金器，具有无可比拟的考古价值，是由苏联红军于1945年在柏林发现的。

▲ 莫斯科，老照片里的特列季亚科夫画廊

游览指南

当俄国险些成为资本主义国家

毫无疑问，造访这座博物馆可以激发各种各样的好奇。不过，对于关注俄国复杂历史发展进程的参观者而言，有一点是令人格外好奇的。参观者可以通过该馆的馆藏窥见那个广袤而富有魅力的国家在近三个世纪中在专制制度、各种希望、极权主义和实际现实之间所经历的独特变革。事实上，在19世纪的某一历史阶段，俄国曾孕育出一个开化的、具有先锋色彩的且注重文化的资产阶级，与美国的情形十分类似。不同的是，在位于大西洋另一侧的美国，这个阶级没有受到君主和封建贵族的束缚，得以在完全的自由中发展壮大。不过，尽管处于几乎相悖的政治条件下，俄国和美国的资产阶级却都表现出"饥不择食"的收藏嗜好。若要深入了解这一问题，就必须了解这座博物馆的创建者、第一位资助者及其建筑设计师。同样值得关注的还有两位莫斯科收藏家：伊凡·莫罗索夫（Ivan Morozov，1871—1921年）和谢尔盖·希秋金（Sergej Ščukin，1854—1936年），这两位商人兼企业家购入了当时巴黎绘画领域最为优秀的先锋派作品。起初，他们将海量藏品保存在自己的宅邸——那些经常能听到钢琴家斯克里亚宾演奏的舒适大厅里。1918年，他们的财产被尽数没收，本人也死于流亡途中。在相当长一段时间里，这些藏品被置于伊凡·莫罗索夫的小楼内，无人问津。说到底，无产阶级专政初期的俄罗斯艺术界正在追寻真正的先锋派道路，对这类资产阶级艺术品并不感兴趣。某些作品被拿到国际市场上出售（大部分都流入了美国），用以补贴国内的经济。20世纪40年代，剩下的藏品被分配给艾尔米塔什博物馆和普希金博物馆，成了今日的亮点。

▲ 马丁·德罗林，《临摹画作的艺术家之女路易斯·阿德恩》（*La figlia dell'artista, Louise Adéone, mentre copia un disegno*），局部，1812年，布面油画，63cm×54cm，莫斯科，普希金博物馆

▶ 皮埃尔·纳西斯·格林，《曙光之神奥罗拉和猎人赛伐勒斯》（*Aurora e Cefalo*），1811年，布面油画，251cm×178cm，莫斯科，普希金博物馆

那个遥远年代里的另一位资产阶级代表是帕维尔·米哈伊洛维奇·特列季亚科夫（Pavel Michailovič Tret jakov，1832—1898年）。他尤为关注从列宾到马列维奇的俄国当代艺术，留下了一份向公众开放的收藏。如今，这座重要的博物馆就位于普希金博物馆附近。此外，还有一处位于附近的展馆也值得参观者留心观看。这座展馆收藏了一位古怪的画家的作品。此人鲜为人知，却值得重视，他将神智学与象征主义绘画相结合，对巴黎的俄罗斯芭蕾舞团（Ballets Russes）的装饰风格产生了影响。这位艺术家就是尼古拉·康斯坦丁诺维奇·罗瑞奇（Nikolaj Konstantinovič Roerich）。他的作品现存于附近的一处威严的宫殿里，该馆的同一批藏品也在纽约的博物馆展陈。那个崇尚资产阶级品位的俄国在文化中是国际的、世界的，或许正因如此，斯大林对他的前辈列宁表示反对，决定在一个唯一的国家开启社会主义进程，而这一进程——由于其形单影只的特质——在艺术上也遭到了孤立。

▶ 弗朗索瓦·布雪，《海格力斯和欧斐尔》（*Ercole e Onfale*），局部，1734年，布面油画，90cm×74cm，莫斯科，普希金博物馆

让－里奥·杰洛姆，《国王坎道列斯》（*Re Candaule*），局部，1859—1861年，布面油画，68cm×98cm，莫斯科，普希金博物馆

英国国家美术馆（伦敦）

——文化社会

    若不回头探寻前几个世纪的历史，便无法了解英国国家美术馆独特的诞生历程。1764年1月初，一群乐天快活的贵族脱离了两年前由谢尔本勋爵（Lord Shelburne，未来的兰斯多恩侯爵和联合王国的首相）成立的布铎斯俱乐部，创建了布鲁克斯俱乐部。该俱乐部的成员表面上看似一群玩世不恭的人，尽管他们属于一群"另类"贵族的精英，却仍将自身的命运交给了帕摩尔街49号——原先的一家小酒馆。他们自称为"马卡隆尼"[1]（Macaroni）俱乐部成员：以示对意大利美食以及意大利半岛"壮游"之旅的敬意。其实，上述所有这些既严肃又诙谐的俱乐部的渊源都可上溯至成立于1732年的业余爱好者俱乐部。1742年，时任首相罗伯特·沃尔波尔爵士之子、哥特小说《奥特兰托堡》的作者、极为讲究的

[1]　意大利文，意为"通心粉"。

◀　小汉斯·霍尔拜因，《大使们》（*Gli ambasciatori*），局部，1533年，木板油画，
207cm×209.5cm，伦敦，英国国家美术馆

霍勒斯·沃尔波尔（Horace Walpole）为该俱乐部命名："该俱乐部的命名理由来
自曾经的意大利之旅以及一种真实的醉态：俱乐部的两位领袖分别是米德塞克斯
勋爵（Lord Middlesex）和弗朗西斯·达什伍德爵士（Sir Francis Dashwood），在
旅居意大利期间，他们极少克制饮酒。"业余爱好者俱乐部吸收了一些公爵作为
必要的核心成员，此外，绘画界的领军人物雷诺兹（他于1768年创建了皇家艺术
学院）、莎士比亚剧作最知名的演员和制作人大卫·盖瑞克（David Garrick）、
如画美学的创始人乌维达尔·普赖斯（Uvedale Price）从男爵（该家族的第一位
爵士）、"无所不爱、无所不通"的考古学家和钱币学家理查德·佩恩·奈特
（Richard Payne Knight）也纷纷加入其中。很快，这个群体又吸纳了画家

乔治·克纳普顿（George Knapton）——从意大利之旅归来后，他成了古画研究专家，受命于王室成员，负责整理王室收藏的艺术品目录。觥筹交错之间，业余爱好者俱乐部成了意大利歌剧的坚定支持者。该艺术门类是由作曲家亨德尔在结束罗马的学业后引入英国的。与新兴的汉诺威王朝一样，亨德尔也是德意志移民，他创建了全新的皇家剧院——英国皇家音乐学院。就在那些年里，威望素著的作曲家巴赫的第十一位儿子、最善于享乐的约翰·克里斯蒂安·巴赫放弃了在米兰主教座堂的首席管风琴师职位，转而致力于改变泰晤士河岸地区的音乐品位，将他的兄长卡尔·菲利普·埃曼纽尔·巴赫称为"敏感音乐"的亲密的前浪漫主义风格带入了英国。17世纪末，身为作曲家、小提琴家和剧院经理的

1 | 2 | 3

（图1）查尔斯·阿尔杰农·汤姆金斯，《业余爱好者协会》（基于约书亚·雷诺兹的底稿）〔The Society of Dilettanti,（da Joshua Reynolds）〕，1777—1779年，版画单色着色，35.4cm×28.5cm，伦敦，国家肖像馆

（图2）托马斯·庚斯博罗，《大卫·盖瑞克肖像》（Ritratto di David Garrick），1770年，布面油画，75.6cm×63.2cm，伦敦，国家肖像馆

（图3）托马斯·劳伦斯，《理查德·佩恩·奈特肖像》（Ritratto di Richard Payne Knight），1794年，布面油画，127cm×101.5cm，曼彻斯特大学，惠特沃斯美术馆

约翰·彼得·萨洛蒙（Johann Peter Salomon）先后将海顿和莫扎特邀请至这样的一个英国。此前，年仅8岁的莫扎特已在父亲利奥波德的陪伴下到过英国，并在这里成功地进行过演出。1764年夏天，他又给后人留下了那部令世人惊叹的小型杰作《伦敦随笔》。

在欧洲历史上，贵族、知识分子、艺术家与一群乐天派首次融洽相处，谈笑风生。或许正因如此，英国在克伦威尔时期就已经消化了革命和复辟的种种影响，没有像大革命时期的法国那样与自身的过往完全决裂。若是不了解这种令人振奋且欢快的、世俗的艺术和求知氛围，我们便无法解释英国博物馆系统究竟是如何应运而生的。当年的伦敦或许是欧洲旧大陆上最具世界性的所在——除了英国人托马斯·庚斯博罗（Thomas Gainsborough），瑞士人于尔根·莫泽（George Moser）及其女儿玛丽、安吉莉卡·考夫曼（Angelika Kauffumann），德意志细密画艺术家耶利米·迈耶（Jeremiah Meyer），佛罗伦萨人弗朗切斯科·巴托洛齐（Francesco Bartolozzi）和乔瓦尼·巴蒂斯塔·奇普里亚尼（Giovanni Battista Cipriani），热那亚人阿戈斯蒂诺·卡利尼（Agostino Carlini），出生于爱尔兰的荷兰人老纳撒尼尔·霍恩（Nathaniel Hone il Vecchio），法国人多米尼克·塞尔（Dominic Serres，此人后来成为学院的图书馆馆长），托斯卡尼人弗朗切斯科·祖卡雷利（Francesco Zuccarelli）以及晚些时候的约翰·佐法尼（祖籍波希米亚）等杰出人物带来的光环，只要想想聚集于此的大量音乐家和皇家艺术学院的四十余位创建者，便可想见其当年的盛况。据说，发明热巧克力的是一位名叫汉斯·斯隆的医生和博物学家：伦敦皇家自然知识促进学会的领袖，艾萨克·牛顿的继任者。其实，仅凭这一项对人类生活的贡献，他就有足够的资格被置于人类群体记忆的奥林匹斯山。当然，他的成就远不止于此。后来，他将自己在法国（他在那里取得了医学学士学位）和牙买加（他曾前往那里，去监管妻子的种植园，那里出产甘蔗和可可）收集的藏品献给了英国王室。他因给女王安妮、国王乔治一世和乔治二世治病而声名鹊起，成为首位获得从男爵爵位的医生。尽管如此，他依然坚定发展收藏事业。临终之际，他的遗产和其朋友乔治二世的图书收

▲ 托马斯·劳伦斯，《约翰·朱利叶斯·安格斯坦及其夫人肖像》（*Ritratto di John Julius Angerstein con la moglie*），局部，1792年，布面油画，252cm×160cm，巴黎，卢浮宫博物馆

藏一道，成为大英博物馆的第一批核心藏品。大英博物馆于1753年成立，六年后向公众开放，是英国的第一家博物馆。若我们了解英国当时的文化气质，便能理解大英博物馆为何是一座科学博物馆。半个世纪以后，1823年，一个极其古怪的人物——约翰·朱利叶斯·安格斯坦（John Julius Angerstein）在伦敦去世。他是从俄国移民至英国的，有人猜测他是女沙皇叶卡捷琳娜二世的私生子。此人曾从事各类生意，包括流言所说的奴隶贸易——尽管他是第一届贫困黑人救济委员会的成员。他的好运很有可能来自他的婚姻。起初，他迎娶了南海公司经理的女儿，后来又与该公司下一任经理的女儿艾丽莎·卢卡斯（Eliza Lucas）结婚。自1790年起，安格斯坦担任莱斯银行的主席，任期六年。他是一位乐于奉献的人，也是首相小威廉·皮特（William Pitt il Giovane）和国王乔治三世的朋友。他与画家托马斯·劳伦斯爵士（Sir Thomas Lawrence）交往密切，投身于艺术品收藏：他购入了鲁本斯的《劫夺萨宾妇女》（*Il ratto delle Sabine*）以及科雷吉欧（Correggio）、拉斐尔、提香、伦勃朗和委拉斯开兹（Velázquez）的多幅画作。安格斯坦弥留之际，英国政府以6万英镑的价格购入了他的38幅藏品，这些藏品暂时存放在他位于帕摩尔街的家中，构成了未来国家美术馆的首批核心收藏。1824年，国家美术馆诞生。根据英国传统观念，这根本不算是将原先的君主收藏充为公用的结果。直到1855年，查尔斯·洛克·依斯拉克爵士（Sir Charles Lock Eastlake）才就任该馆的首任馆长。他是一位极具好奇心的画家和知识分子，甚至翻译了歌德的《颜色论》。作为一位先锋派人物，他于1853年出任摄影协会主席，为美术馆奠定了底色。他曾常年游历意大利，于1865年在比萨去世。历史是奇妙的：如今的国家美术馆已成为一座百科全书式的博物馆，藏品已经包含最前沿的艺术品，其现任馆长加布里埃尔·菲纳尔迪（Gabriele Finaldi）又是一位在伦敦出生、却有着意大利祖籍的人。

▲ 彼得·保罗·鲁本斯，《劫夺萨宾妇女》（*Il ratto delle Sabine*），约1635—1640年，木板油画，169.9cm×236.2cm，伦敦，英国国家美术馆

游览指南

考究的商人

　　在这座巨大的博物馆里，人们可以循着多条路径进行参观。笔者在此仅推荐三条有别于依次参观各个展厅的独特路径。对于初次到访的意大利参观者而言，这当然是一次自信满满的体验，从这个意义上说，波提切利的一系列精美绝伦之作是不容错过的。早在19世纪末，英国就开始购入波提切利的画作：当时，拉斐尔前派的象征主义风格在这位佛罗伦萨艺术家身上找到了必要的灵感。此外，该馆还于近期购入了提香的两幅精美的画布油画：《狄安娜与阿克泰翁》（*Diana e Atteone*，2008年购入）和《狄安娜与卡利斯托》（*Diana e Callisto*，2012年购入）。同样是基于拉斐尔前派的视角，另有一幅名不见经传的画作值得重视：皮耶罗·迪·科西莫的《为仙女之死哭泣的萨提洛斯》（*Satiro che piange la morte di una ninfa*）。这幅画的创作时间比列奥纳多·达·芬奇的《岩间圣母》（*Vergine dele rocce*）早十年。如今，《岩间圣母》与《圣母子、圣安娜和圣约翰》（*Madonna con il bambino, sant' Anna e San Giovannino*）的大型素描底稿悬挂在一起——单是这幅底稿就足以向观者解释达·芬奇的精神意蕴，其信息含量远远超过一篇被匆匆浏览的文章。

　　▶ 托马斯·庚斯博罗，《西登斯女士》（*Mrs Siddons*），1785年，布面油画，126cm×99.5cm，伦敦，英国国家美术馆

▲ 皮耶罗·迪·科西莫，《为仙女之死哭泣的萨提洛斯》（*Satiro che piange la morte di una ninfa*），约1495年，木板油画，65.4cm×184.2cm，伦敦，英国国家美术馆

◀ 桑德罗·波提切利，《维纳斯与玛尔斯》（*Venere e Marte*），约1485年，木板坦培拉和油画混合技法，69.2cm×173.4cm，伦敦，英国国家美术馆

威廉·霍加斯，《时髦的婚姻之4：梳妆》（*Matrimonio alla moda: 4. La toilette*），1743年，70.5cm×90.8cm，伦敦，英国国家美术馆

第二条值得体验的观展路径同样体现出对意大利的痴恋：欣赏一番最初由文艺赞助人约翰·朱利叶斯·安格斯坦购入的一系列藏品。从克劳德·洛林（Claude Lorrain）的幻想式诗意叙述，到鲁本斯在《劫夺萨宾妇女》中更为形象的描绘，无不体现出对古罗马风格的崇尚。

第三条路径的心思或许是最为奇巧的：追寻独特的岛国语言形成过程中的英式风格。尽管这种风格是由小汉斯·霍尔拜因从意大利（当年，伊拉斯谟也在那里）引入的，但在18世纪，伴随着威廉·霍加斯（William Hogarth）传达的精神力量和托马斯·庚斯博罗高雅风范的确立，此种风格逐渐变得独立，并随着透纳的前浪漫派画作达到巅峰。

通过探寻《狄安娜与阿克泰翁》和《狄安娜与卡利斯托》的归属流转，我们得以了解历史收藏如何形成以及如今这些现代博物馆的发展历程。它们的藏品并非直接来自国家收藏或以往的君王收藏（通常基于委托创作的），而是得益于历任馆长的精明睿智，从艺术市场中挑选购入的。该馆所藏的两幅提香的画作属于那一知名的7幅以奥维德的《变形记》为主题的画布油画系列，原本是为西班牙的费利佩二世所作。这位君王一向以正气凛然、心虔志诚的形象示人，私下却并不避讳这位威尼斯顶级画家描摹得栩栩如生的裸体。

18世纪初，波旁王朝的费利佩五世（路易十四之孙）在成为西班牙国王后，将这些画作赠予他的亲眷奥尔良公爵菲利普二世（路易十四的旁系孙，其父奥尔良的菲利普一世是国王的弟弟，也是辅佐幼年路易十五的"先生"）。事实上，此举远不止亲人之间的礼尚往来，而是一种政治赠予。这件礼物是一个信号：向强者表示敬意，因为菲利普二世正在整理一份规模最大的非王室艺术品收藏。或许奥尔良的菲利普二世先是要来了第一幅，他们之后又将手伸向了第二幅。他的收藏的确令人叹为观止，随后被波旁-奥尔良的路易·菲利普二世继承。法国大革命期间，此人作出了极为错误的决定，像"平等者"路易·菲利普·约瑟夫一样投身于政治，最后在1793年的恐怖统治期间被送上了断头台。所幸的是，在暴风雨到来前夕，他将那座祖传的私人博物馆卖给了一位布鲁塞尔的艺术商人。随后，布里奇沃特的第三位公爵弗朗西斯·埃格顿（Francis Egerton）登上历史舞台。与恪守阶层本分、不涉足产业的法国贵族不同，弗朗西斯·埃格顿在沃斯利的煤矿产业中找到了乐趣，甚至还命人为矿山开挖了王国里第一条可通航的现代运河——布里奇沃特运河。

▲ 约瑟夫·玛罗德·威廉·透纳，《狄多建立迦太基》（Didone costruisce Cartagine），又称《迦太基帝国的崛起》（L'ascesa dell'impero cartaginese），1815年，布面油画，155.5cm×230cm，伦敦，英国国家美术馆

克劳德·洛林，《海港与示巴女王上船》（*Porto con l'imbarco della regina di Saba*），1815年，布面油画，149.1cm×196.7cm，伦敦，英国国家美术馆

这第一条运河连通了沃斯利和曼彻斯特。第二条运河则从曼彻斯特通往利物浦。付出必有收获。弗朗西斯·埃格顿公爵在矿业、基础设施和金钱方面都变得极为富有，成为整个英国最有权势的贵族。他在伦敦为自己建造了富丽堂皇的宅邸，又从先后出任英格兰银行经理和行长的耶利米·哈尔曼（Jeremiah Harman）那里购得了奥尔良公爵的藏品。此前，这些藏品曾流转至金融家沃尔特·博伊德（Walter Boyd）手中——此人曾在大革命爆发以前的巴黎攒下了一笔财富，而后便回到城中的宅邸避世。后来，弗朗西斯·埃格顿公爵将自己的遗产传给了第一位萨瑟兰公爵。如今，大部分画作仍为该家族的后裔所收藏。不过，那两幅提香的画作——《狄安娜与阿克泰翁》和《狄安娜与卡利斯托》则存于英国国家美术馆。它们的售价分别是5000万英镑和4500万英镑，其所有权为英国国家美术馆和苏格兰国家美术馆所共有。因此，这两幅画作在两家博物馆轮流展出，至今仍在旅行。

▲ 提香·韦切利奥，《狄安娜与卡利斯托》（*Diana e Callisto*），1556—1559年，布面油画，187cm×204.5cm，伦敦，英国国家美术馆

◄ 提香·韦切利奥，《狄安娜与阿克泰翁》（*Diana e Atteone*），1556—1559年，布面油画，184.5cm×202.2cm，伦敦，英国国家美术馆

大英博物馆（伦敦）

——统治吧，不列颠！

The Muses, still with freedom found,

Shall to thy happy coast repair;

Blest Isle! With matchless beauty crown'd,

And manly hearts to guard the fair.

Rule, Britannia! Rule the waves:

Britons never will be slaves.

缪斯永远携手自由，

去创造幸福的彼岸乐园。

佩戴辉煌壮丽的王冠，

◀ 《亚述巴尼拔王猎狮》（*Re Assurbanipal a caccia di leoni*），尼尼微的亚述巴尼拔王宫，局部，约公元前645年，雪花石膏，伦敦，大英博物馆千万颗英勇的心灵捍卫着不列颠。

统治吧，不列颠尼亚！

不列颠尼亚力挽狂澜，

不列颠人永不为奴！

这首军歌诞生于1740年的伦敦，由诗人詹姆斯·汤姆森（James Thomson）作词，托马斯·阿恩（Thomas Arne，英国音乐界的主角，德意志人亨德尔的竞争对手之一）谱曲，完美地概括了大英帝国的精神。在短短一个世纪里，这种精神就将让英国企及维多利亚时代的帝国荣光，也将让该国最大的博物馆——大英博物馆——呈现出兼容并蓄的折中主义风格。大英博物馆创建于1753年，其第一批核心馆藏来自汉斯·斯隆医生（他是第一位获得爵士头衔的从医人士）的私人收藏。自建立之初，该馆就是一座前所未有的大型"奇珍馆"，随后，猎奇情趣与科学精神（来自其浩瀚的图书收藏）相结合，该馆更呈现出突飞猛进的发展态势。从这个意义上来说，斯隆医生的最初收藏堪称未来那座博物馆的概念胚胎。从此，启蒙主义学者的教诲就融入了国王陛下所统领的每一位臣民的实践生活，通过知识造就了解放：事实上，在斯隆家族的那位医生去世后，正是乔治二世以2万英镑的价格收购了他的家族收藏。读者会想起，在谈到催生英国国家美术馆的精神时，我们已经提到过这个人物。

不得不承认，英国人有板有眼的实用主义不仅体现于贸易和政治领域，还构成了这两家诞生于18世纪初的重要博物馆的特质。一方面，斯隆家族的画作藏品奠定了国家美术馆的馆藏基础，另一方面也让"Gallery"[1]一词风行世界：其词源来自古罗马时期供人漫步的廊道——从这个意义上来说，第一批现代展馆是在意大利诞生的。16世纪末，教宗格列高利十三世命人在梵蒂冈修建地图廊：那不是一条简单的走廊，而是一条宽逾6米、长达120米的室内拱廊，两侧墙面绘有大幅的地图湿

---

[1] 英文，意为"长廊"，后指"美术馆"。

壁画——所以说，那是一处供人漫步，而非单纯通行的地方。与此同时，佛罗伦萨的乌菲齐美术馆和曼托瓦的公爵府美术馆相继建立。后来，意大利的典范之举演化为巴洛克文化的一种建筑形式，流传至凡尔赛。1678年至1684年，朱尔斯·阿杜安·芒萨尔（Jules Hardouin-Mansart）设计了凡尔赛宫里那座完全由镜子装饰的镜

▲ 斯蒂芬·斯洛特，《汉斯·斯隆爵士》（Sir Hans Sloane），1736年，布面油画，126cm×101cm，伦敦，国家肖像馆

▲ 托马斯·哈德逊，《国王乔治二世》（Re Giorgio II），1744年，布面油画，219cm×147cm，伦敦，国家肖像馆

厅。在伦敦，"Galleria"[1]这一概念开始具有技术色彩，并于接下来的几年里变成专指"美术馆"的名词，与"博物馆"（这一收藏场所的概念始于文艺复兴时期，当时的人们重拾了"Mouseion"一词——该词原指阿卡德摩斯学园里那座矗立着缪斯女神雕像的广场）相区分。

在此，有必要交代两条关于英国王朝的信息。斯图亚特家族的最后一位后裔是安妮女王。在她统治期间，苏格兰和爱尔兰也被纳入英国的统治之下，大不列颠女王的名号也应运而生。在与丹麦的乔治王子结婚后，她先后怀孕十七次，却最终没有留下任何子嗣。由于1701年的《王位继承法》禁止将王位传给天主教徒，这位女王不得不处心积虑地寻觅一位继位者：在大约五十位假定人选之中，女王认为汉诺威的选帝侯——54岁的乔治·路德维希（Georg Ludwig）是与她关系最近的人选。1714年，乔治·路德维希成为国王乔治一世，其统治一直持续至1727年。这位君王并不十分受人爱戴，尤其是他的德意志口音实在让人难以包容。不过，当他的儿子乔治二世继承王位之后，形势便出现了好转——尽管乔治二世也是在德意志长大的，直到31岁才踏足不列颠。据说，乔治二世自1727年继位起，从未真正治理过国家，直至1760年去世。英国《圣徒传记》称乔治二世受到了议会的影响，但不可否认，文化史本身是更为复杂的。外国君主的到来引发了新一轮始料未及的国际化风潮。早在乔治一世统治期间，伦敦就有幸实现了亨德尔带来的音乐革新：早在新君继位以前，他就于1711年在女王剧院上演了《里纳尔多》（Rinaldo）。此人非常了解德意志，也曾经在那里效力。对他来说，这部歌剧似乎起到了某种独特的文化情报的功用，刺探英国当时的艺术情况和政治局势。与此同时，他着手筹备创作那组极为著名的《水上音乐》（Water Music），并于1717年成功地博得了新主公的欢心。此外，他还与其他德意志人一道，将最具德意志特色的收藏文化——"奇珍室"文化——带到了英国。所谓"奇珍室"，是收藏奇珍异宝的房间。此种文化缘起于16世纪的意大利，在德意志世界取得了超乎想象的成功，并于18世纪在萨克

---

[1] 意大利文，意为"长廊"，后指"美术馆"。

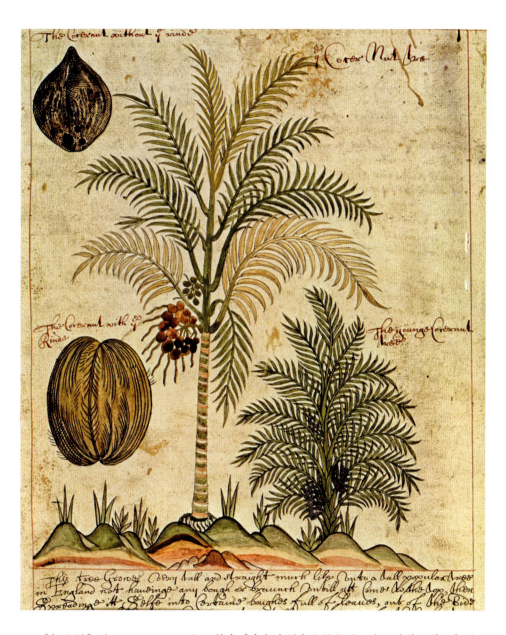

▲ 《椰子树》（*Palma da cocco*），摘自《东印度树木和植物的历史及其药用特性》（*A History of East Indian Trees and Plants and of their Medicinal Properties*），斯隆夫人4013，图表3，17世纪初，纸上水彩，伦敦，大英图书馆

森的哈雷风靡一时。毋庸置疑，"奇珍室"文化所蕴含的科学精神和文献收藏意识对处于扩张阶段的伦敦起到了重要的影响。此时，汉斯·斯隆医生的形象重归舞台中央：他成了王室的家族医生。究其原因，或许是他的医术高明，又或许是他的名字"汉斯"听起来不那么具有英国风情，反而让土生土长的不列颠女王安妮感到安心——她嫁给了来自欧洲大陆的丹麦的乔治（英国文化中有一连串的乔治，自14世

纪起，英国的主保圣人也叫圣乔治），也让后来所有的汉诺威家族成员感到安心。深得王室欢心的汉斯·斯隆热衷于收藏所有能够激发他好奇心（奇珍）和科学精神（博物馆）的物件。他是第一批推广接种天花疫苗的人士。几年以后，爱德华·詹纳（Edward Jenner）正式研发出了这种疫苗。此外，爱德华·詹纳还最早直觉到了奎宁可以用于治疗热带殖民地国家（他的妻子在那里拥有种植园）常见的疟疾热。

◀ 阿尔布雷希特·丢勒，《牛嘴的正面》（*Muso di un bue visto di fronte*），约1502—1504年，水彩和水粉，19.7cm×16.8cm，伦敦，大英博物馆

▼ 维鲁姆·沃姆，《欧雷·沃姆博物馆》（*Museum Wormianum*），又称《珍稀品的历史》（*Historia rerum rariorum*），1655年，印本，伦敦，维多利亚和阿尔伯特博物馆

由于汉斯·斯隆后来一跃成为获封从男爵的医生，他对英国王室满怀感激，忠心不贰。他将自己在90多年的漫长人生历程中逐渐打造起的"奇珍馆"尽数留给了英国国王——鉴于他虽出生于爱尔兰，其家族却属于苏格兰，这笔遗产是由国王重金购得的。汉斯·斯隆的收藏包括7.1万件物品，2.3万枚奖牌和5万张纸质文献、手稿和书籍（现藏于大英图书馆），全套草药收藏（现存于南肯辛顿自然历史博物馆）以及1125件"与古代习俗相关"的物件（古代文物）：古罗马时期的贝壳浮雕、文艺复兴时期的素描图稿（包括丢勒的作品）、中国的玉器和日本的印刷品、青铜器时代的武器和中世纪的封印。

在接下来的一个世纪里，英国人沿着这条收藏路径，成功地截取了拿破仑称帝前的法国从埃及偷来的罗塞塔石碑。后来，商博良破解了石碑上的文字，奠定了埃及学研究的基础。就在拜伦勋爵为希腊的独立而战的那些年里，帕提侬神庙上的建筑装饰被运抵伦敦。随后，大英博物馆开始兼收并蓄：古代大理石雕塑、埃特鲁利亚和古罗马时期的花瓶、神秘中世纪时期的不列颠文物、玛雅王国和阿兹台克王国的圣器、中国的瓷器。博物馆成了科考行动的推手。直到今天，该馆的藏品购置仍在继续：2011年，该馆募集了120万英镑的捐款，购入了阿加莎·克里斯蒂（Agatha Christie）的第二任丈夫在尼姆鲁德的亚述古城获得的象牙（阿加莎·克里斯蒂在家用保湿面霜精心打理它们）。关于这一事件，这位伟大的侦探小说女作家表示：什么也不能掩盖一个事实，她的考古学家丈夫对自己已经芳华不再的妻子深爱有加！至于大英博物馆，则是年头越长，越令人惊叹！通过一系列改建工程，整个场馆旧貌换新颜：其中最为著名的工程是大中庭里那间由诺曼·福斯特勋爵（Lord Norman Foster）设计的圆形阅览室。如今，建筑师像当年的医生那样，凭借其为博物馆作出的贡献，成功跻身贵族之列。

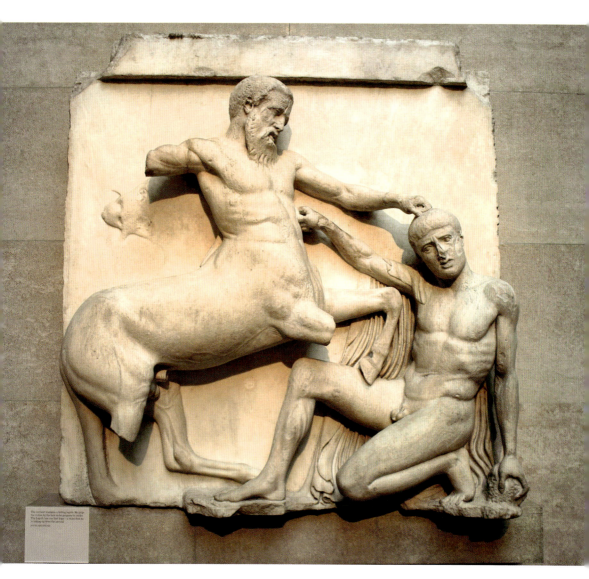

▲ 菲迪亚斯，《人马兽与拉皮斯人之战》（*Combattimento tra Centauro e Lapita*），帕提侬神庙中楣残片，公元前438—前432年，大理石，伦敦，大英博物馆

游览指南

世界最美珍宝匣

　　大英博物馆是一个蕴藏无尽宝藏的珍宝匣。沉浸、迷失于其中成了参观者的道德义务。凭借个人的想象,观者能找到一条属于自己的观展路径,比在向朋友们讲述所见所闻时更受欢迎。不过,若要追根溯源,去了解博物馆创建者的初衷及其所代表的英国的精神,便不可错过两条观展路径。一条路径以追寻科学仪器为主题——当年,这些仪器曾一度令其爱好者感到痴迷:由阿拉伯人和印度人发明,后被德意志人和西班牙犹太人改进的星盘(对于星象问题的求知欲正是由此发端的)。在这一领域,中世纪的"斯隆星盘"最为出名,此外,英式的乔叟星盘上甚至还刻上了献给三位岛国圣人的献辞:圣邓斯坦、坎特伯雷的圣奥古斯丁和圣艾德蒙。鉴于我们已在中世纪畅游,就应对名为"刘易斯象棋"的棋类游戏满怀敬意。这副象棋产自12世纪的挪威,那个充满戏剧色彩的年代激发了威廉·莎士比亚(他在丹麦找到了龌龊事)的剧作想象。对于热爱此种脑力游戏的人而言,在大英博物馆可以欣赏到许多副象棋,既有来自埃塞俄比亚的和中国的,也有产自威基伍德工厂的。

（图1）《乔叟星盘》（*Astrolabio Chaucer*），1326年，直径12.3cm，伦敦，大英博物馆

（图2）《斯隆星盘》（*Astrolabio Sloane*），1290—1300年，直径46cm，伦敦，大英博物馆

（图3）《刘易斯象棋》（*Scacchi di Lewis*），约1150—1175年，象牙，伦敦，大英博物馆

维多利亚和阿尔伯特博物馆（伦敦）

——实干王国

英国人并不总是认为自己属于欧洲，然而，历史上的英国君王却无法逃避作为欧洲人的归属感。继查理一世于1649年的寒冬被砍头以后，英国王室养成了尽量不参与政事的好习惯——执掌政坛的是议会和诸位大臣。话说回来，王室家族的更迭以及德意志的汉诺威家族于18世纪初的继位倒是深刻改变了英国的社会局面。汉诺威家族的最后一位子嗣是维多利亚女王：她的祖父和前辈是汉诺威的乔治三世，母亲是德意志公主萨克森-科堡-萨费尔德的维多利亚。身为英国人的维多利亚在1岁时丧父，由来自德意志的母亲维多利亚抚养教育。1840年，已然成人并已继承王位的维多利亚嫁给了另一位德意志人阿尔伯特。他俩原本是表姐弟，分别是比利时的新国王——萨克森-科堡-哥达王朝的利奥波德的外甥女和侄子。说到底，对

◀ 约翰·康斯特勃，《从主教花园望见的索尔兹伯里大教堂》（*La cattedrale di Salisbury vista dai giardini del vescovo*），局部，1823年，布面油画，87.6cm×111.8cm，伦敦，维多利亚和阿尔伯特博物馆

自视为盎格鲁–撒克逊人的英国人来说，所有这些来自萨克森家族的成员都是向中世纪族裔源头的回归。阿尔伯特一方面与费希特和施勒格尔一道，在波恩上大学，研究政治经济学、哲学和艺术史，另一方面也在布鲁塞尔随其叔父学习，其导师是数学家和天文学家阿道夫·凯特勒（Adolphe Quetelet）。此人是比利时天文观象台的领导，也是将统计学应用于社会科学研究的先锋。

　　阿尔伯特相貌英俊，热爱音乐和运动，在马鞍上表现出色，在卧室里的表现更是超凡：他和妻子先后生下了足足九个子女。长女也叫维多利亚，于1888年成为德国的皇后，只可惜她的丈夫弗里德里希三世继位后不久就去世了，只维持了九十九天。这位维多利亚皇后曾给柏林的政局带来过自由进步的良性影响，不过随着儿子威廉二世继位，一切便戛然而止了。阿尔伯特与维多利亚的第二个孩子是阿尔伯特·爱德华，他便是日后的爱德华七世，于1901年至1910年为英国国王兼印度皇帝。后来，爱德华七世的第三个孩子乔治五世继位，一直统治至1936年。正因如此，第一次世界大战期间，德意志与英格兰虽是冲突双方，两位国王却是表兄弟。阿尔伯特与维多利亚的最小的女儿嫁给了亨利·冯·巴腾堡。此人出生于米兰，在普鲁士接受教育，并将姓氏更改为蒙巴顿（Mountbatten）。这对夫妇生下了莫里斯王子——在战争爆发的最初几个月里莫里斯王子便战死前线。在他们的后裔之中，有著名的菲利普亲王，他是现任女王伊丽莎白二世的王夫。[1]王室家族的朝代交织正在勾勒欧洲的格局：在各个文书处笔下，这一格局有如深渊。

　　阿尔伯特是第一位融入不列颠王国的真正的知识分子。该国的精英阶层并没有立刻对他表示好感，而是将其视为一位二流亲王。首相墨尔本勋爵（Lord Melbourne）不建议授予其"王夫"的头衔，以至于他一直以亲王阿尔伯特的身份示人。英国议会也拒绝向这位信仰路德宗的人士授予英格兰贵族爵位以及在英国上议院里的席位。然而，阿尔伯特却通过自己留给这片新领土的遗产实现了历史反

[1] 女王伊丽莎白二世和菲利普亲王现已逝世。——编者注。

击：女王在成婚后迅速怀孕，他便获得了"支持奴隶贸易灭绝协会"主席的头衔
（当时，奴隶制在英国及其所辖领地已被废止，但法国人和美国人仍在沿用这一制
度）；此外，他还成功举办了1851年的世界博览会，修建了皇家阿尔伯特音乐厅和

▼ 弗朗兹·克萨韦尔·温德尔哈尔特，《维多利亚女王和阿尔伯特亲王及其子女》（*La regina Vittoria e il principe Alberto con i figli*），1846年，布面油画，250.5cm×317.3cm，伦敦，白金汉宫，王室收藏

维多利亚和阿尔伯特博物馆。1861年，阿尔伯特因罹患天花英年早逝，其遗孀维多利亚为此身着丧服四十余年。

维多利亚女王的祖父在位时间长达六十年（1760—1820年）。在此期间，他丧失了英国对北美的统治，见证了法国大革命，于1793年至1796年担任科西嘉国王，并在毫不知情的状态下战胜了拿破仑（自1810年起，他便身患脑部疾病）。他被强制任命儿子乔治〔他的母亲是德意志人梅克伦堡-施特雷利茨的卡洛塔（Carlotta di Meclemburgo-Strelitz）〕担任摄政王。1820年，乔治正式登上王位，史称乔治四世，此时的他已与布伦瑞克-沃尔芬比特尔的卡罗琳娜·阿米莉亚·伊丽莎白（Carolina Amelia Elisabetta Brunswick-Wolfenbüttel）成婚。卡罗琳

▼ 约翰·纳什，《布莱顿皇家馆的宴会厅》（*La sala dei banchetti nel padiglione reale di Brighton*），局部，1826年，版画着色，26.3cm×39cm，私人收藏

娜有一半德意志血统，但她也是乔治三世的长姐之女，因而与乔治四世是表兄妹的关系。他俩只生下了一个女儿，且其去世时间早于他俩。乔治四世尽管放浪形骸，嗜酒成性，身体超重，深陷恶习，却是我们今天称为"摄政风格"的建筑风格的推动者。他在美学方面的才华不容否认，曾主持修建了布莱顿宫。这座宫殿起初呈现出些许中国意味，后来又成了英吉利海峡之滨一片带有梦幻色彩的印度之土，其设计由建筑大师约翰·纳什（John Nash）担纲完成。他住在伦敦那座由威廉·钱伯斯（William Chambers）为其重新设计的、极为现代的卡尔顿府。约翰·纳什还主持了温莎城堡的改建工程，将其改造成了一座将各种可能的风格融于一体（当然，哥特风格和新哥特风格留下了最为明显的烙印）的折中主义建筑典范。

在创作《艾凡赫》（Ivanhoe）的那些年里，沃尔特·司各特曾造访温莎城堡，将其视为"集中呈现哥特式建筑品位和敏感度的典范之作"。乔治四世去世以后，王位由他的兄弟威廉四世继承。此人身材高大，性格温和，曾在英国皇家海军历练，其社会政治主张与议会的意愿相悖而行：他是最后一位有权按照自己的好恶任命首相，从而直接操纵政府的政治抉择的国王。此前，威廉从未想过自己会成为国王，因此曾一度支持自由，甚至梦想着自己有一天会当选议会反对党成员。与其政治主张形成反差的，是他的海员式性情。他与一位著名的爱尔兰女演员——漂亮的乔丹小姐同居，与她生了足足十个子女。此外，他还被迫退休，以便能够继承王位。他也是最后一位出自汉诺威家族的英国国王：1837年，威廉四世去世之际，他的弟弟恩斯特·奥古斯特将要继承德意志汉诺威的王位——因为撒利克法规定女性不享有王位继承权。与此同时，伦敦也面临着微妙的继承局面：留在继承人序列里的，是乔治四世、威廉四世和恩斯特·奥古斯特的兄弟——肯特和斯特拉森公爵爱德华·奥古斯特。爱德华·奥古斯特曾在德意志从军，后在日内瓦从事共济会活动。由于性情的原因，1802年他在直布罗陀统领的军队对他发起了叛乱。在经历一段相当放荡的人生之后，他也毫无悬念地娶了一位德意志女子为妻：萨克森-科堡-萨费尔德的维多利亚公主，与她生下了一个官方认可的女儿。为了向其母亲及其教父，即声名显赫的沙皇亚历山大一世致敬，这个女孩得名亚历山德丽娜·维多利亚。亚历山德丽娜出生于1819年，有幸一直活到1901年。1837年，18岁的她成为英国女王。为此，她自愿放弃了"亚历山德丽娜"这个名字，只保留了"维多利亚"这个中间名。此外，由于撒利克法的限制，她还被迫放弃了汉诺威家族的王冠，将其拱手让给了自己的叔父。从此以后，她便只是英格兰、苏格兰和爱尔兰的不列颠女王了。此时的英国通过工业和航海事业的发展以及殖民地的拓展而日渐强大。1857年，英国东印度公司凭借武力罢免了印度莫卧儿帝国的末代皇帝，第二年，英国政府又解散了该公司。1876年，维多利亚成为印度女皇。时任首相本杰明·迪斯雷利（Benjamin Disraeli）向女王献上皇冠，而女王则封他为比肯斯菲尔德伯爵。

1 │ 2

（图1）欧文·琼斯，《1851年世界博览会，水晶宫》（*Grande Esposizione Universale del 1851, Crystal Palace*），耳堂装饰，石版画着色

（图2）1851年为迎接伦敦世界博览会而兴建的水晶宫南立面，套色石版画着色

在那一段历史时期，不列颠诸岛正经历彻底的变革。工业引发了一场戏剧性的社会巨变——查尔斯·狄更斯如是描述。此外，卡尔·马克思和弗里德里希·恩格斯（又是两个德意志人）也通过1848年那篇《共产党宣言》尝试对这一时期进行毫不留情的剖析。工业以一种具有历史性的方式改变了人们的习惯和习俗，以至于1851年的首届世界博览会被定于在伦敦举行。在那次万国工业博览会上，意大利也设置了一个展台，尽管那时的意大利还未形成一个统一的国家。

对于当时的工程技术水平而言，那幢完全依靠铁结构和玻璃支撑的建筑可谓一场赌局；其建筑规模也与其设计野心一样宏大。它象征着工业资产阶级的凯旋：他们对一切来者不拒，能够将各种风格兼容并蓄。设计委员会的负责人便是亲王阿尔伯特王夫。这项建筑取得了极大的成功，以至于一部分利润被用于创建工艺品

博物馆。该馆的首任馆长是亨利·柯尔（Henry Cole）——圣诞贺卡的发明者。后来，该馆被迁至一幢宏伟的维多利亚式建筑，更名为维多利亚和阿尔伯特博物馆。该博物馆的建立之所以被视为对工业生产和应用艺术的推崇之举，这也是背后的深层原因。

相关的一系列日期是具有十分重要的意义的。1837年，就在维多利亚女王加冕的前夕，政府设计学校在伦敦成立（1896年，该学校更名为皇家艺术学院，是一所研究生院校）。1839年，一份具有极大创新性的期刊诞生：《艺术联合会：美术月刊》（*The Art-Union, Monthly Journal of the Fine Arts*），刊物中首次出现了意指"工业产品设计技术"的"design"一词（该词来自一个法文新词"dessin"；因为在英文中，"绘图"与"drawing"相对应）。在那些年里，那所学校培养的学生包括克里斯托弗·德莱赛（Christopher Dresser）——他成为将设计应用于工业的主要代表。他的导师是建筑师欧文·琼斯（Owen Jones），他曾游历地中海沿岸地区，记录古代装饰艺术的各种形态，后来，他成为世博会场馆室内装饰设计的

▲ 维多利亚和阿尔伯特博物馆的一间大厅，历史明信片

负责人。这个巨型铁架玻璃盒后来被称为"水晶宫"，其设计者约瑟夫·帕克斯顿（Joseph Paxton）早年原是德文郡公爵的园艺师，后来成长为一位顶级建筑师。1856年欧文·琼斯出版了"设计界的圣经"——《装饰的法则》（*The Grammar of Ornament*）。

1848年，当马克思和恩格斯发表《共产党宣言》时，法国国立工艺学院（成立于1794年，大革命的鼎盛时期）的机械工程技术制图教授雅克-尤金·阿蒙高（Jacques-Eugène Armengaud）在巴黎出版了著作《应用于机械和建筑的工业设计新课程》，该书后被译介成英文，英文版标题为《绘图员实用工业设计之书》。由此，设计这门学科正式诞生。

与此同时，伦敦也发生了一次同样深刻的风格转变。同样是在1848年，一群以威廉·霍尔曼·亨特（William Holman Hunt）、约翰·埃弗雷特·米莱斯（John Everett Millais）和罗塞蒂为首的年轻画家创建了拉斐尔前兄弟会。该组织的拉斐尔前派艺术家与皇家艺术学院的艺术家们分庭抗礼，抨击他们将古典主义弃如敝屣，沉迷于风格主义。在约翰·罗斯金（John Ruskin，此人研究中世纪的古罗马文物，强调通过自然企及真实）的倡议下，拉斐尔前派的艺术家们主张再次拥抱15世纪意大利艺术的光辉：那时，绘画和其他小型艺术在实质上处于一种均衡的状态。不久以后，牛津大学的年轻毕业生威廉·莫里斯（William Morris）以艺术理论家、设计师和画家的身份加入了这一团体。他对费边社的社会主义主张相当赞同，也与马克思和恩格斯相互合作。他表达了一种与克里斯托弗·德莱赛相悖的思想：我们之所以赞颂灵感之源，并不是因为要将它用于工业生产，而是为了赋予手工劳作以全新的生命力，否则手工劳作就会沦为历史文化的遗存，其传统只能在农业社会里延续。平心而论，这场在世博会举办后拉开帷幕的辩论至今仍值得关注。值得一提的是，维多利亚和阿尔伯特博物馆的咖啡厅至今仍保留着一部分威廉·莫里斯当年的设计风貌。

▲ 伦敦，维多利亚和阿尔伯特博物馆，咖啡厅一角

游览指南

从中世纪之雾到大英帝国之风

这一次，我们邀请参观者做一件出乎人们意料的事情：在走进博物馆以前细细端详博物馆的外观。这幢酷似火车站的建筑会将参观者引入一个想象的场景之中，而其中的一切都起到了装饰的作用。正因如此，参观者需要做的第二件事情自然是走进这座火车站的"候车大厅"——"甘布尔室"：在这个咖啡厅里，参观者可以查询目录，以免在接下来的观展过程中迷失。随后，参观者便可自由前往东方展厅和中世纪展厅观展，作为观看拉斐尔前派艺术作品的某种预习功课。当人们端详过格洛斯特烛台（1107—1113年）——一尊名副其实的手工制作的丰碑——之后，便可理解如今一辆劳斯莱斯的定价理由。同样是在中世纪展厅里，参观者还能观赏到一只象牙小盒子：盒子表面装饰着半人马形象，这是当年相当普遍的罗马式艺术象征，意味着为道德而战，代表了古代神话智慧与基督教文化的结合。鉴于这座博物馆是一只名副其实的"丰裕之角"，参观者会被不列颠世界及其迷雾重重的岛国幻想所深深吸引。英国人是永不停歇的航行者，对于他们来说，欧洲大陆与印度和中国一样，既遥远又亲近。倘若参观者真的对相关研究感到好奇，不妨去查看博物馆的网站——那是全世界最为完备的博物馆网站之一，如此一来，人们在走出家门以前就已经能够为观展做足功课了。

以这种循序渐进的方式，参观者便可逐渐了解这只"丰裕之角"蕴含的秘密，在大量拉斐尔前派的画作藏品与威廉·莫里斯的设计作品之间建立关联。威廉·莫里斯背离了佛罗伦萨的传统，在中世纪的英国文化中寻找设计灵感——那时的英国还没有工厂的烟囱，手工业仍兴旺发达。如果说威廉·莫里斯偏爱牧歌式的生活，那么克里斯托弗·德莱赛则发明了理性的工业设计。他们俩都进入了兼容并蓄的大英帝国的无尽宇宙：在那里，所有的品位都有权共存共荣。

◀ 格洛斯特烛台，1107—1113年，铜合金（失蜡法铸造），镀金，乌银，伦敦，维多利亚和阿尔伯特博物馆

	1	
2		3

（图1）菲利普·韦伯，《圣乔治橱柜》（*Stipo di San Giorgio*），由威廉·莫里斯绘制，1861—1862年，多种木材，黄铜框架，伦敦，维多利亚和阿尔伯特博物馆

（图2）克里斯托弗·德莱赛，《茶壶》（*Teiera*），约1879年，电镀银，乌木手柄，伦敦，维多利亚和阿尔伯特博物馆

（图3）克里斯托弗·德莱赛，《烤面包架》（*Porta toast*），1878年，电镀银，伦敦，维多利亚和阿尔伯特博物馆

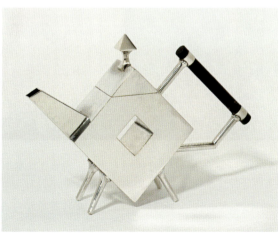

▲ 威廉·莫里斯，《果园：四季》（*Il frutteto, le stagioni*），1890年，挂毯，棉线上缝制羊毛、丝和马海毛，伦敦，维多利亚和阿尔伯特博物馆

泰特不列颠美术馆（伦敦）

——如此甜蜜，如此动人！

泰特不列颠美术馆的成功有力地见证了私人公民的创意如何对英国博物馆肌理的形成产生了影响。这与欧洲大陆纯粹由公共机构兴建博物馆的情况大相径庭。如今，泰特不列颠是庞大的泰特美术馆系统旗下的一家美术馆。泰特美术馆系统下辖诸多关于现代艺术的展览机构，而其所指的"现代"概念，也随着"当代史"一词的含义变迁而不断改变。直到今天，意大利的美术学院和大学依然采用19世纪的标准，将艺术史划分为四个历史时期：古代艺术（从古希腊时期到罗马帝国陷落）、中世纪艺术、兴起于文艺复兴时期的现代艺术（文艺复兴被视为现代艺术的诞生时刻）以及发端于18世纪末新古典主义和早期浪漫主义交汇时期的当代艺术。

◀ 约翰·艾佛雷特·米莱，《奥菲丽娅》（*Ofelia*），局部，1851—1852年，布面油画，762cm×112cm，伦敦，泰特不列颠美术馆上述在19世纪末形成的艺术史分类标准在当时具有不可否认的学术价值。不过，在今天看来，其有效性已然所剩无几。例如，当参观者前往米兰现代美术馆（坐落于一幢由利奥波德·波拉克于1790年设计建造的美轮美奂的王室别墅），观赏安德里亚·阿皮亚尼于1803年创作的安东尼奥·卡诺瓦的肖像时，便难以感受到这幅作品的"现代性"。同样的语言问题也出现在罗马的GNAM（貌似某种关乎美食的缩写，但其完整的含义是"国立现代艺术美术馆"）：这里既有弗朗切斯科·海耶兹于1846年创作的《西西里晚祷》（*Vespri Siciliani*），也有古斯塔夫·克里姆特于1905年创作的《女人的三个阶段》（*Le tre età della donna*），还有雷纳托·古图索（Renato Guttuso）在社会现实主义的鼎盛时期绘制的那幅《海军上将桥战役》（*Battaglia di Ponte dell'Ammiraglio*）。尽管这幅画作与海耶兹的作品一样，展现的均是民族复兴运动时期的场景，但其风格与完全生活于同时代的卢齐欧·封塔纳（Lucio Fontana）的作品《空间概念》（*Concetto spaziale*）风马牛不相及。

众所周知，英国人热爱秩序，看重博物馆系统寓教于乐的功能。正因如此，始建于1897年的泰特美术馆如今分为四个模块：位于伦敦的老馆（泰特不列颠美术馆）、位于利物浦的姊妹博物馆、位于康瓦尔的圣艾夫斯的新馆和被简称为"新泰特"的第二处新馆——位于伦敦泰晤士河附近的河畔老发电站。上述所有场馆共同构成了一个非政府运营的博物馆系统，依靠捐赠、资助和门票维系其运转。该馆的首批"现代"藏品来自一位非同寻常的马匹商人——罗伯特·弗农（Robert Vernon，1774—1849年），在与拿破仑一世开战期间，他曾是英国军队的主要战马供应商。在取得事业上的成功之后，他成了当代艺术的收藏者和慈善家：1847年圣诞节，他向国家捐赠了足足157幅私人收藏的画作，这些画作后来成了一座非政府运营的博物馆的首批核心藏品。此种个人参与博物馆创建的机制在客观上呈现出明显的不列颠特色：例如，声名斐然的新古典主义雕塑家和王室御用肖像雕塑家（他也正是因此而获得"爵士"头衔）弗朗西斯·钱特里爵士（Sir Francis Chantrey，1781—1841年）就留下了一份名副其实的宝贵收藏——他将自己的收入全都用于购买皇家艺术学院的艺术作品。1897年，泰特不列颠美术馆承袭了此种购置特权。该馆于1962年购入了克里斯托弗·理查德·温恩·内文森（Christopher Richard Wynne Nevinson）的《星壳》（*A Star Shell*）。该画创作于第一次世界大战期间，于1916年被展出，其表现主题是在欧洲大陆战场上方的夜空中所看到的榴弹炮爆炸的景象。

▲ 乔治·琼斯和亨利·科伦，《罗伯特·弗农》（*Robert Vernon*），1848年，木板油画，76.2cm×62.9cm，伦敦，国家肖像美术馆

然而，若没有那位乡间杂货商人——亨利·泰特（Henry Tate）的参与，上述所有服务于公众的令人感动的私人捐赠便不可能成为稳定的常态。正因如此，亨利·泰特成了家族中的首位从男爵。泰特的父亲是一位信仰一神教的牧师。13岁时，当所有出身绅士家庭的同龄少年还在伊顿公学接受教育的时候，泰特就已成为一名杂货店学徒。他曾在糖厂工作，并于1869年产生了一个天才式的念头：从德意志人尤金·兰根（Eugen Langen）手中买下了制作方糖的专利。随后，他办起了自己的工厂，厂址起初设在利物浦，后来被搬迁至伦敦郊区的银城。在那里，他整饬

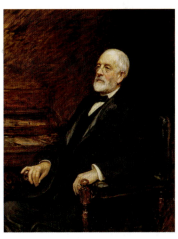

▲ 休伯特·冯·赫科默爵士，《亨利·泰特爵士》（*Sir Henry Tate*），局部，1897年，布面油画，142cm×112cm，伦敦，泰特不列颠美术馆

◀ 约翰·艾弗雷特·米莱，《出狱令》（*Ordine di scarcerazione*），局部，1853年，布面油画，103cm×74cm，伦敦，泰特不列颠美术馆

◀ 克里斯托弗·理查德·温恩·内文森，《星壳》（*A Star Shell*），1916年，布面油画，50.8cm×40.6cm，伦敦，泰特不列颠美术馆

了原先的沼泽地，盖起了厂房，后又新建了用于改善雇工生活条件的居住和娱乐空间。第一座包含酒吧和舞厅的泰特礼堂就这样诞生了。这一时期，泰特继续优化其企业的制糖技术，在19世纪70年代初，该企业就达到了极为庞大的规模，每周可生产400吨精炼糖。与此同时，他开始收集那些讲述同时代人灵魂深处故事的画作，如那幅由约翰·艾弗雷特·米莱于1853年创作的《出狱令》。画家在这件作品中，放弃了自己的拉斐尔前派梦想，转而讲述自己国家的史诗：他描绘了一位因参加1745年暴动而被囚禁的苏格兰起义者在收到出狱令时的情景。对历史题材格外关注的米莱还创作了另一幅画作《拉雷斯的童年》（*L'infanzia di Raleigh*），描绘了这位生活在16世纪伊丽莎白女王执政时期的诗人和冒险家。该画作问世后就立刻于1871年在皇家艺术学院展出，最终被泰特不列颠美术馆收藏。1898年，泰特被授予从男爵头衔。1899年，泰特爵士去世，其遗孀遵循他的遗志，继续领导他所创建的机构。20世纪时，他的子女对企业进行了改制，建成了一家大型国际控股公司，至今仍在运营。在去世前的两年，泰特爵士志得意满地目睹了自己的收藏被置于一座由他亲手创办的博物馆里。这座博物馆是在被拆除的伦敦米尔班克老监狱的旧址上兴建的，起初名为英国艺术国家美术馆，不久后就更名为泰特不列颠美术馆。1903年，美术馆成立了艺术基金会，其宗旨在于继续进行艺术品购置。1905年，基金会购入了第一件作品：美国画家詹姆斯·阿博特·麦克尼尔·惠斯勒（James Abbott McNeill Whistler）于1875年创作的《蓝与金的夜曲：老巴西特桥》（*Notturno in blu e oro: il vecchio Battersea Bridge*）。基金会购入的一系列作品决定了该馆的馆藏特征，使之越来越具有国际化色彩。例如，1997年，基金会购入了皮特·蒙德里安（Piet Mondrian）于1909年至1910年创作的画作《太阳，泽兰的教堂》（*Sole, Chiesa nello Zeeland*）——这幅并非来自不列颠世界的作品拓宽了美术馆的收藏视野。此外，美术馆还收藏了一些更具当代艺术风格的作品，如美国艺术家大卫·史密斯（David Smith）于1964年创作的《车皮之2》（*Wagon Ⅱ*）和德国人丽贝卡·霍恩（Rebecca Horn）于1990年创作的《无政府主义音乐会》（*Concerto per l'Anarchia*）。

▲ 詹姆斯·阿博特·麦克尼尔·惠斯勒，《蓝与金的夜曲：老巴西特桥》（*Notturno in blue oro: il vecchio Battersea Bridge*），约1875年，布面油画，68.3cm×51.2cm，伦敦，泰特不列颠美术馆

在一个多世纪里，泰特不列颠美术馆一直追随着英国艺术品位和国际艺术品位的发展史。1954年以前，泰特不列颠美术馆谨遵其创建者的初衷和英国国家美术馆的文化导向，仅收藏英国艺术品。随后，该馆获得了完全的独立地位，开始在国际范围内收购现当代艺术作品。1966年，该馆为马塞尔·杜尚举办了一场大型展览，发出了这一进程的首个信号。当然，始终处于核心位置的是透纳奖，这个针对英国艺术的奖项常常意味着本土艺术家在批评界和商界获得权威认可。2006年，该奖被颁给了约翰·列侬（John Lennon）的遗孀小野洋子；此前一届的奖项则被授予了达米恩·赫斯特（Damien Hirst）的《生者对死者无动于衷》（*The Physical Impossibility of Death in the Mind of Someone Living*）——一条被浸泡在福尔马林液体里的虎鲨；2004年，该作品被当今艺术投资大师查尔斯·萨奇（Charles Saatchi）以800万美金售出。购买者是美国最大的避险基金经理之一史蒂文·科恩（Steven Cohen）。这些金融基金是投机性的，这位经理的命运与作品中的鲨鱼十分相似，而他拥有的财富也与保存在福尔马林液体里的动物有着同样悲惨的结局：事实上，作品中的鲨鱼在不久后就开始腐烂，艺术家以一件新的标本取而代之（幸而没有引起环保主义者的抗议）。史蒂文·科恩的结局与那条鲨鱼相同：2013年他因在股票市场上涉及内幕交易而被处以18亿美元的巨额罚金。

近年来，泰特不列颠美术馆的藏品被分开收藏，按照购置的顺序分别保存于老泰特不列颠美术馆和位于泰晤士河畔老发电站的新馆。新馆是一幢呈现装饰艺术风格的工业遗址典范，高耸的烟囱直指城市的上空。在那座新馆里，参观者可以欣赏到20世纪以来的大量艺术品：从莫迪利亚尼到翁贝托·博丘尼，从塞尚到莱热，从克利到米罗：他们从国际范围内概括了现代艺术，为参观者了解更具实验色彩的当代艺术进行了铺垫。毫无疑问，那些被改造为展陈空间的大型地库是极具魅力的。2000年，女王伊丽莎白二世为新馆揭幕，将其视为对第三个千年的祈愿：连接泰晤士河两岸的那座桥也被命名为千禧桥。不过，泰特不列颠美术馆的雄心还不止于此：最近，由瑞士公司"赫尔佐格和德梅隆"（Herzog&de Meuron）工作室设计的另一座光芒四射的新馆刚刚投入使用。借用一句歌词"节拍在继续"（And the beat goes on）……

在意大利的语言传统中，用于描述闲暇时光的"attrazione"[1]一词通常是指马戏团里最吸引观众的节目或杂技团里最抓人眼球的跳舞女郎。然而，在英国的博物馆体系里，同样一个词却有着更为高贵的含义。具有引领性的游览胜地协会（ALVA，Association of leading visitor attraction）列出了2015年伦敦主要游览胜地的相关数据：大英博物馆以6,820,686人次参观者位居第一，国家美术馆以5,908,254人次参观者位居第二，南肯辛顿国家自然史博物馆名列第三，维多利亚和阿尔伯特博物馆名列第六；名列第四的，是集剧场和创意空间于一身的南岸中心，而第五名的位置则被泰特现代美术馆以4,712,581人次参观者的成绩所占据——此处也被视作一处创意空间，这一点是很好理解的。

▲ 伦敦，从千禧桥望见的泰特现代美术馆

◀ 伦敦，1897年的泰特不列颠美术馆

---

[1] 意大利文，意为"吸引观众的节目"。

游览指南

这就是乡村之风

　　我们的游客早已习惯了伦敦这座城市的风格：在这里，每个人——即使是准备付款——都会面带微笑。平心而论，伦敦的气息与英国的气息是完全不同的。英国有着甜美的乡村，那里的人们要彬彬有礼得多。所以说，对伦敦城市的游览可以为远离这座金融之城、前往户外乡野体验做好预先准备。因此，参观者有必要在博物馆展厅里迈开最初的步伐，去寻找这片乡野，带着约翰·康斯特勃的晕厥式讲述，带着透纳的浪漫眼光——在他的笔下，奥菲丽娅沉浸在一汪水中，乡野之美便是她温柔的浸润。倘若没有下雨，绿意则常常被慵懒的河流和神秘的池塘所滋养。对于人类生活而言，马是必不可少的，而狗则处于生活的中心。如此，人们便可再度发现那个长期存在于我们脑海里的，颇有些老套的英国形象。美术馆的参观经历将让我们的参观者在了解英国及其语言含义的道路上向前再迈一步。人们将会明白，一只羊并不永远是"羊"：当它在高地上漫步，等待被牧羊人剪毛时，叫作"sheep"[1]；当它变成了盘中的美食，等待刀叉开动，并被洒上薄荷酱汁时，它便成了"mutton"[2]。从语言学的角度来看，"猪"也有着同样的命运，安享生命时被称为"pig"[3]，当被我们享用时就变成了"pork"[4]。只有注重实效的英国人才

---

[1] 英文，意为"羊"。
[2] 英文，意为"羊肉"。
[3] 英文，意为"猪"。
[4] 英文，意为"猪肉"。

会进行如此细微的存在区分：或许正是这个原因，他们无法像欧洲大陆的人那样感受自己的欧洲身份。当然了，只有在吃饱喝足（啤酒）的前提下，才能变得浪漫，也才有心情去欣赏拉斐尔前派的作品，这是显而易见的。至于素食者，我只好说抱歉了。

▲ 爱德温·亨利·兰塞尔，《钉蹄铁》（*Ferratura*），局部，1844年，布面油画，142cm×112cm，伦敦，泰特不列颠美术馆

▲ 爱德温·亨利·兰塞尔，《人类社会的一位显赫成员》
（*Un illustre membro della società umana*），1838年，布
面油画，112cm×143.5cm，伦敦，泰特不列颠美术馆

◀ 约翰·康斯特勃，《弗拉特浮德磨坊》（*Flatford
Mill*），又称《通航河上的景色》（*Scena su un fiume
navigabile*），局部，1816—1817年，布面油画，
101.6cm×127cm，伦敦，泰特不列颠美术馆

▲ 雷德里克·理查德·李，《苏格兰风光》（*Paesaggio scozzese*），局部，1830年，布面油画，38.7cm×51.8cm，伦敦，泰特不列颠美术馆

▲ 约瑟夫·玛罗德·威廉·透纳，《宁静的废墟，水里的牛：草图》（*The Quiet Ruin, Cattle in Water, a Sketch*），1809年，木板油画，61.2cm×76.5cm，伦敦，泰特不列颠美术馆

托马斯·库珀，《挤奶时刻：关于一座位于坎特伯雷附近的农庄的研究》（*L'ora della mungitura. Studio di un cortile di fattoria presso Canterbury*），局部，1833—1834年，布面油画，96.5cm×133.3cm，伦敦，泰特不列颠美术馆

大都会艺术博物馆（纽约）
——新世界的大都会

终于，纽约也有了一座服务于艺术的新古典主义建筑。1902年12月的《晚报》（*Evening Post*）这样评价："全世界最美的建筑之一，同时也是近年来唯一一座堪与旧世界博物馆的宏大之风相提并论的公共建筑。"当时，纽约市政府作为该馆的所有权人承担了97%的运营费用；一百年后，纽约市政府只负担运营成本的3%，而剩下的97%则来自私人基金的募集。其实，导致这一变化的，并不是公共资助额度的减少，而是来自友好机构和参观者的私人捐款（规模大小不一）的激增。直到2018年，参观者都无须支付门票，而是根据"自由捐献制"原则对博物馆进行自愿资助[1]：这是一种"建议捐款"的制度，博物馆会向每位支付捐款的参观者发一枚小夹子，别在他们的衣服（有时是西服领子）上，作为一种参与捐款的荣誉证明。

---

[1] 2018年3月1日起，该馆实行了新的门票制度，所有游客必须购买门票才能进入博物馆参观。

◀ 约书亚·雷诺兹，《乔治·K. H. 库斯梅克队长》（*Captain George K. H. Coussmaker*），1782年，布面油画，238cm×145.4cm，纽约，大都会艺术博物馆

▲ 吉尔伯特·斯图亚特，《霍雷肖·盖茨》（*Horatio Gates*），约1793—1794年，局部，布面油画，112.4cm×91.1cm，纽约，大都会艺术博物馆

▲ 1903年的纽约大都会艺术博物馆，摄影

当年，建议捐款的额度是每位散客25美元，青年学生和老年人享有折扣（前者为12美元，后者为17美元）。如果成为会员，则可免费参观。会员费从80美元起步，按照不同的额度分为不同等级，最高等会员费为25万美元——此类会员可以进入总裁会。通过此种门票体系，参观者可参观所有展厅及特别展，有时，博物馆内会同时开设10个不同的展览。

如今，博物馆由一支包括职员、学者和管理者的专业队伍运营，此外，还有1250名志愿者为博物馆服务，他们隶属于一家1967年成立的内部机构。博物馆的收支情况每年公开。举一个例子，仅在2013年，博物馆在"艺术品购置"一栏下公布的收购费用就达到了121,192,565美元。通过这些指示性数据（可在大都会公共收支表单里查询），我们便可明白大都会艺术博物馆的现有规模堪称全球最强。这样的一家博物馆不仅能够为爱好者和猎奇者提供参观场所，它更是一架研究机器，在全世界范围内开展活动，保存全球的文化遗产，实现教化国民的功能。

除了大额资助，还有或大或小的艺术品捐赠之举。其中，值得一提的有非洲、大洋洲和美洲艺术展览部（AAOA）的创办人——纽约州州长纳尔逊·A.洛克菲勒（Nelson A. Rockefeller）：为了纪念他的英年早逝的儿子迈克尔（23岁时在一次前往新几内亚的探险中去世），他创建了这一展览部。如今，这一部分的丰富馆藏足以与欧洲文化展陈部相抗衡——当然，后者依靠先前积累的藏品依旧在扮演十分重要的角色。另一批藏品捐赠来自巴黎银行家安德烈·梅耶尔（André Meyer）：他是最具创新精神的现代金融家之一，为了躲避种族政策的迫害，他于1943年搬迁至纽约，在皮埃尔酒店的一间巨型套房里度过了余生。他捐赠给大都会艺术博物馆的，是一批有着同样巨大规模的欧洲印象派画家的作品。紧随其后的，还有另一位出生于柏林的巴黎人海因茨·贝格鲁恩（Heinz Berggruen），他将90件保罗·克利的作品捐给了博物馆。上述人物只是众多捐赠者中的寥寥几例——事实上，大都会公共博物馆系统已幸运地走入了纽约社会生活的核心。早在其创办之初，这种收藏理念就已经产生了：以酷爱竞赛帆船而著称的银行家约翰·皮尔庞特·摩根（John Pierpont Morgan，1837—1913年）就曾向博物馆捐赠了一批专门用于公共教育的藏

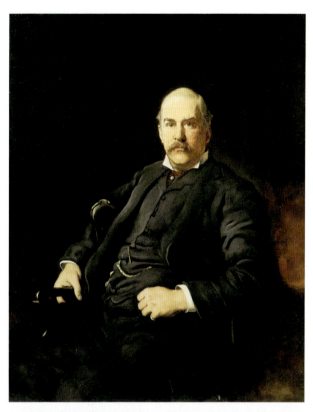

◀ 亚德里安·兰布，《小
约翰·皮尔庞特·摩根
肖像》（*Ritratto di John
Pierpont Morgan Jr.*），20世
纪，布面油画，私人收藏

▼ 古罗马艺术，《带花环
的棺材》（*Sarcofago con
ghirlande*），约220—225年，
134.6cm×223.5cm，纽
约，大都会艺术博物馆

品。他的捐赠为伊斯兰文化展览部的建立奠定了基础，后来，该部的馆藏因其他数十位捐赠者的馈赠而得以进一步丰富。

其实，大都会艺术博物馆的好日子在成立之初就已拉开序幕。1927年，制糖大王所在的哈维迈耶家族——其宅邸是由L. C. 蒂芙尼（L. C. Tiffany）设计的——向博物馆捐赠了4500件各类艺术品，其中就包括100件左右的伊斯兰教艺术品。这些捐赠之举所讲述的故事其实就是关于美国的自由的故事，其中的一些着实令人动容。例如，J. 阿布多·德巴斯（J. Abdo Debbas）是一位奥斯曼帝国的希腊人，曾在现今土耳其南部的塔尔苏斯担任美国副领事。1807年，他向博物馆捐赠了一口极为精美的古罗马棺材（3世纪）：直到今天，当参观者徜徉在该博物馆的海量考古文物藏品之中时，一旦读到墙上的说明文字，了解到这是该馆的第一件考古收藏时，都会对其肃然起敬，向其捐赠者感恩致意。

为了使其馆藏更具合理性，大都会艺术博物馆实施了一种意大利的博物馆系统所不会采用的制度：有时，他们会毫不犹豫地卖出某些作品，而后购入一些其他的作品。2006年2月的一次拍卖就曾招致了无休止的非议：博物馆售出了一张新近购入的著名摄影作品。此前，博物馆曾买下吉尔曼造纸公司的古代摄影作品集——那或许是这种全新艺术在诞生之初的最为完整的收藏集，共计8500张摄影作品。该收藏集含有两张来自同一底片的著名照片——爱德华·史泰钦（Edward Steichen）于1904年拍摄并于同年冲印的《池塘月色》（*The Pond-Moonlight*，总共只有4张留存至今）。大都会艺术博物馆以290万美元的价格出售了其中的一张，引发了广泛的争议。如此，大都会艺术博物馆通过基金募集、大量参观者积少成多的资助和偶尔为之的拍卖获得收益，进而投资于极为广泛的科研领域，保存全世界的文化遗产。正因如此，大都会博物馆才当之无愧地成为全世界经济实力最为雄厚的博物馆机构，其访问量（每年超过600万人次）仅次于卢浮宫和大英博物馆，在西方世界位居第三。

▲ 爱德华·史泰钦，《池塘月色》，1904年，白金彩色印花，39.7cm×48.2cm，纽约，大都会艺术博物馆

游览指南

如此考究！

对于精明的意大利参观者而言，大都会艺术博物馆提供了无数种可能的观展路

▼ 乔治·加勒伯·宾汉，《密苏里河上的毛皮商人》（*Mercanti di pellicce discendono il missouri*），局部，1845年，布面油画，73.7cm×92.7cm，纽约，大都会艺术博物馆

径，可以满足其多种多样的好奇心：既可以饱览伦勃朗的一众作品（该馆拥有全世界最完整的伦勃朗作品收藏），也可将英国绘画的风采一睹为快：那时，英国的考究之风仍旧统领着新世界的审美品位。因此，对这部分藏品的参观可以作为欣赏19世纪新兴的美国艺术的一段前奏。与当时以梭罗的《瓦尔登湖》和马克·吐温的作品为代表的美国文学所展现出的迷人的野性气质类似，美国艺术展现的亦是一种新生的独立精神。同样不容忽视的还有馆内的古希腊-古罗马考古藏品：不仅是因为这些藏品精美绝伦，更是因为通过这些收藏，人们得以理解为何美国人自视为古代帝国的后裔。

还有另一条更为隐秘的观展路径不容专注的参观者错过：一定要在圭多巴尔多·达·蒙特费尔特罗（Guidobaldo da Montefeltro）的壁橱前驻足观看和反思，该

◀ 托马斯·埃金斯,《思考
者：路易斯·N.肯顿肖
像》（*Il pensatore: ritratto
di Louis N. Kenton*），
1900年，布面油画，
208.3cm×106.7cm，纽
约，大都会艺术博物馆

壁橱的制作时间大约可上溯至1478年至1482年。这面壁橱是另一面存于意大利乌尔比诺的壁橱的复制品，某些缺失的画作现藏于卢浮宫。位于乌尔比诺的那面壁橱上的镶嵌细工装饰仍是完整的，而这面壁橱的镶嵌装饰部分是在1939年被整体运出意大利的。正是因为这一事件，意大利于同年颁布了一条关于文化遗产保护的法令，至今仍在实行。不过，这面壁橱其实并不是被整体搬离其原址的，事实上，它早在之前就已经被拆解了。1874年，被拆解的壁橱被搬迁至兰切洛蒂亲王在弗拉斯卡蒂的别墅。1937年，这位亲王的后代将其卖给了一位威尼斯商人，而后者又将其转让给了大都会艺术博物馆。所幸的是，这件作品的辗转经历到此就结束了。在大都会艺术博物馆里，这件藏品成了文艺复兴早期艺术的有力见证。否则，它很有可能被收藏在某个富裕的威尼斯人的小型别墅里，或是科尔蒂纳的某个家宅里——那里的人们对木质装饰格外钟情，在冬夜或圣诞节聚餐时尤其如此。

拆解，而后组装，这可谓美国博物馆的建馆模式。位于大都会艺术博物馆之外的修道院博物馆是一处绝对值得前往的地方。该馆由欧洲建筑文物组建而成，有些元素来自世俗建筑，另一些来自宗教建筑，一切都按照20世纪20年代的品位被组装起来。类似的操作也发生在迈阿密，一些来自萨克拉梅尼亚（位于塞戈维亚附近）的圣伯尔纳铎熙笃会修道院被重新复原。这些大动干戈的运输之举激发了法国著名导演雷内·克莱尔（René Clair）的灵感，他于1935年拍摄的那部电影《被出售的鬼魂》有一个更具深意的英文译名 "The Ghost Goes West" [1]。通过博物馆的这些操作，欧洲的灵魂果然在向西迁徙。

作为纽约人精神世界的重要组成部分，大都会艺术博物馆成为每一个生活在这座城市的人的必至之所。许多年以来，周日早晨在大都会艺术博物馆的咖啡厅里享用早餐已经成为经典传统之一。人们一定会去博物馆商店逛一逛，选购纪念品、书籍或小装饰品，这部分商品的年销售额能够为全馆的进项贡献100多万美元。随后，人们可以去尝一尝作为早午餐的煎蛋卷或是更加美味的火腿蛋松饼：鸡蛋铺在

---

[1] 英文，意为"鬼魂去往西方"。

抹着黄油的软吐司面包上，配着热腾腾的荷兰酱。在20世纪80年代（"咆哮的80年代"），作为大都会艺术博物馆经济资助者之一的时任埃尼集团（ENI）美国区总裁阿尔弗雷德·德·毛里奇奥（Alfredo de Maurzio）一直保持着周日在博物馆里度过一小时早餐时光的习惯。与他共进早餐的，是他的一位可爱的熟人：当年的顶级记者阿尔贝托·隆凯伊（Alberto Ronchey）——他对咖啡厅的菜单和书店里的书籍都非常着迷。不久以后，阿尔贝托·隆凯伊就成了意大利文化部部长（1992—1994年），推动颁布了意大利现行的博物馆增值服务规章。又一次，大都会艺术博物馆完成了它的教化使命。

▲ 弗朗切斯科·迪·乔尔乔·马尔蒂尼，古比奥公爵府的壁橱，透视图，约1478—1482年，木材镶嵌，纽约，大都会艺术博物馆

◀ 阿什·布朗·杜兰德，《山毛榉》（*I faggi*），局部，1845年，布面油画，153.4cm×122.2cm，纽约，大都会艺术博物馆

▲ 查尔斯·德穆斯，《我看见
金色的数字5》（*Ho visto il
numero 5 in oro*），1928年，
纸板上的油墨，石墨，墨水
和金箔，90.2cm×76.2cm，
纽约，大都会艺术博物馆

◄ 马斯登·哈特利，《德国军官
肖像》（*Ritratto di un ufficiale
tedesco*），1914年，布面油
画，173.4cm×105.1cm，纽
约，大都会艺术博物馆

▶ 亚瑟·加菲尔德·多夫，
《拉尔夫·杜森博瑞肖像》
（*Ritratto di Ralph Dusenberry*），
1924年，油墨，可折叠木质米
尺，粘在画布上的木头和印刷
纸，55.9cm×45.7cm，纽约，
大都会艺术博物馆

现代艺术博物馆（纽约）

——现代艺术的神庙

　　早在成立之初，现代艺术博物馆就对其缩写"MoMA"中小写的字母"o"作出了解释：这一串字母组合表面看来是"现代艺术博物馆"[1]的缩写，其真正的含义却是"现代的艺术博物馆"。这两者之间的区别是大有深意的：这座作为纽约文化重心所在的博物馆在建立之初就有意立刻表明自身的功能在于提供现代主义的标尺——既是美学意义上的标尺，也是社会意义上的标尺，因此，从后验的角度来看，也是意识形态上的标尺。首先，纽约是美国真正的道德首都：来自各地的人们是在这里开始创业的，各类先锋创举和先锋艺术是在这里成为典范的。上流社会的世界观也是在这里打造而成的；尤为重要的是，这里是真正的权力形成的地方：其

----

[1] 英文为"Museum of Modern Art"。

◀ 安迪·沃霍尔，《金色的玛丽莲·梦露》（*Marilyn Monroe su fondo oro*），1962年，丝网印刷和布面油画，211.4cm×144.7cm，纽约，现代艺术博物馆（MoMA）

核心既不是炼油厂或油井，也不是其发达农业体系中肥美广袤的草场，甚至也不是其政权的最高机构，而是华尔街的股票交易所——1929年的那场危机就是来自全世界的证明。在这里，自由女神像高高矗立。不过，同样是在这里，这座新城与旧世界的对话始终生生不息。

在"现代主义"一词的诞生过程中，两重元素彼此结合。一方面，现代性已经得到了确认，也能够被确认，它方兴未艾，而美国作为欧洲先锋派的继承者是其理论上的主角；没有人会想起早在17世纪的法国，古今之争已经点燃了知识分子之间的论战。一种可爱的纯真与一种坚定的信念相结合，将此种现代性视为旧大陆美学嬗变孕育的女儿。这一进程是从透纳和一系列印象派艺术家开始的。新历史是有其起点的。

创建一座博物馆的计划逐渐成形。此时，克莱门特·格林伯格（Clement Greenberg）逐渐成为纽约问题的理论批评家，就其所处的时代提出了诸多相当精准的见解。克莱门特·格林伯格延续了关于艺术的"平面性"（flatness）的理论定义。该理论认为，画作中除了绘画材料留下的印记本身，别无其他。因此，所有的解读之举即使不能说是有害的，至少也是徒劳的。同理，作品的讲述欲、表现欲或透射欲都是徒劳的。因为艺术不需要内容，艺术只看重形式。此种观点对当时的多种艺术产生了影响，正因如此，政治和道德元素纷纷从现代主义作品中逃离。1939年，克莱门特·格林伯格首创的另一个概念——"媚俗"（Kitsch）——在后世引发了更具标志性的反响。一幅乔治·布拉克（Georges Braque）的画作和《星期六晚邮报》（*Saturday Evening Post*）同属一个文化时代，二者之间究竟存在什么共通之处呢？从这个问题出发，克莱门特·格林伯格展开了一番社会学分析（说实话，这番分析相当笼统）。他指出，倘若先锋文化在一方面代表了社会进步的巅峰实验，那么另一方面，未能融入城市文化的农民大众则会遭到一种简单化的社会次文化的戕害，营造一种大众化美学。这便是现代性的关键所在，而博物馆则成为这一现象的证明。从此以后，纽约会成为先锋派艺术的核心，而世界的其他地方则会生活在媚俗之中。

在三位伟大的名媛推动下，现代艺术博物馆应运而生，它代表了纽约上流社会的努力。其中一位女士是小约翰·戴维森·洛克菲勒的妻子阿比·阿尔德里奇·洛克菲勒（Abby Aldrich Rockefeller），她的公公老约翰·戴维森·洛克菲勒是标准石油公司的创始人。这家公司是美国第一家也是规模最大的一家石油企业。经过垂直整合，该公司拥有两万处油井开采基地，终端销售员工多达十万人。正是为了应对该公司的实力，才有后来的一系列反垄断法律条款出台。1880年，民主派最大报纸《纽约世界报》（New York World）称该公司为"一个国家里出现的最为残酷、无耻、无情和贪婪的垄断组织"。如同所有真正残忍的人一样，老洛克菲勒活到了97岁，直到1937年才去世。如此，我们便能理解小约翰·戴维森·洛克菲勒为何会想到以某种方式对家族财富的积累过程作出某种补偿之举，又为何会在矿业公司工作了短短数年后便立刻投身于另一种更为讲究权谋的生活。他对于油矿企业的热情或许是在科罗拉多州的拉德洛发生那场可怕的罢工事件后骤然减退的。那场罢工始于1913年9月，在第二年的春天，公司保安和科罗拉多州警方开枪击毙了二十多名抗议者。这些矿井是由老洛克菲勒于1902年购入的。1911年，他将矿井的经营权交给了儿子小洛克菲勒。当时，女权主义者玛格丽特·桑格（Margaret Sanger）写道："你们要记住拉德洛！你们要记住那些男人、女人和孩子，有了他们的牺牲，小约翰·戴维森·洛克菲勒才能以基督教信徒的身份继续开展他高贵的慈善事业。"的确，事件发生后，小约翰·戴维森·洛克菲勒便聘请艾菲·李（Ivy Lee）——"公共关系"（public relations）的奠基人——作为公司顾问，随后便赶往事发地点与幸存者展开商谈，重新为家族徽章抹上色彩。他回到了纽约，十分关注这座城市的命运（后来，他的儿子纳尔逊·A.洛克菲勒在福特政府担任美国副总统，后来又成为纽约州州长）。他成了一位先锋派的房地产开发商，在1929年那场危机最严重的时刻勇敢地推出了兴建洛克菲勒中心的计划——当时，华尔街的凋敝导致相当一部分市民的不动资产都被拿到市场出售。

创办博物馆的另外两位名媛尽管在经济上不如第一位那般富有，但也只是略逊一等。三人组合中的莉莉·P.布里斯（Lillie P. Bliss）夫人当时65岁，早在现代主义初露端倪之时就慧眼独具，开始收购艺术品，以买家的身份出席军械库展览会——该展会象征着1913年艺术风格骤变的开端。如格特鲁德·斯泰因（Gertrude Stein）所做的那样，她也将注意力主要放在对法国作品的收藏上。第

三位名媛是玛丽·奎因·沙利文（Mary Quinn Sullivan），这位成熟的女士从小在伦敦接受教育，随后与纽约最著名的离婚律师结合，对艺术教育情有独钟。这三位名媛构成了上流社会，即在克莱门特·格林伯格看来不会受到媚俗文化戕害的群体。

◀ 现代艺术博物馆股东和顾问观赏博物馆刚刚购入的巴勃罗·毕加索的《亚维农少女》（*Les demoiselles d'Avignon*）。从左至右：约翰·海·惠特尼（John Hay Whitney）、小威廉. T（William T. Jr）的妻子赫梅特（Hemmet）夫人、安森·康格·古德伊尔、纳尔逊·A. 洛克菲勒、约翰·舍帕德的妻子舍帕德夫人、埃德索尔·福特（Edsel Ford）、小约翰·帕金森（John Parkinson Jr.）的妻子伊丽莎白·布里斯（Elizabeth Bliss）夫人。1939年，纽约，现代艺术博物馆

▼ 小阿尔弗雷德·H. 巴尔，博物馆新建收藏部部长（左），与策展人多萝西·C. 米勒（Dorothy C. Miller）（右二）、绘画和雕塑部部长詹姆斯·特瑞尔·索比（James Thrall Soby）（右一）。20世纪40年代末，纽约，现代艺术博物馆

在管理委员会成立之后，就该物色合适的人选来领导这座即将诞生的博物馆
了。中选的是一位相当明智的年轻知识分子——年仅27岁的小阿尔弗雷德·H. 巴
尔（Alfred H. Barr Jr.，他的名字里也带"小"字，真是命运的讽刺）。当时，他刚
刚在普林斯顿大学取得本科学位，正在预备攻读哈佛大学的博士学位，是常春藤联
盟（东海岸八所最知名学府成立的社会和学术联盟）培养的完美精英典范。他曾在
一所极其特殊的马萨诸塞州女子学校（位于波士顿附近的卫斯理学院，后来，希拉
里·克林顿和玛德琳·奥尔布赖特等人都前往那里学习）教授艺术史。巴尔身上不
乏一些相当偏离主流的特质：他曾表示为了了解当代艺术史，阅读出版物比参观博
物馆具有更大的必要性；他还建议人们应定期翻阅杂志《名利场》（*Vanity Fair*，
该杂志的封面常常刊登当代艺术作品）和《纽约客》（*The New Yorker*，1930年博

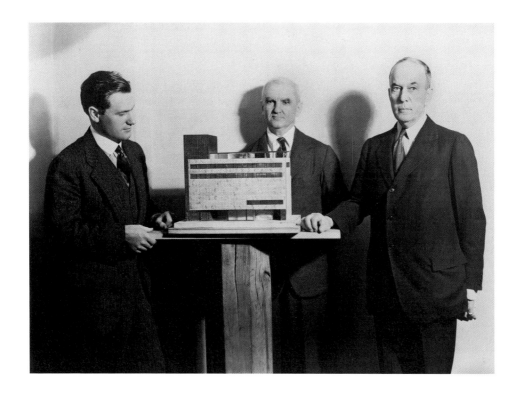

物馆开幕之际，该杂志甚至将其一页封面作为展品展出）。不过，巴尔同时也建议读者阅读由美国工人党创办的共产主义报纸《新群众》（*The New Masses*）。那时，美国与苏联的关系颇具"田园诗"风情，以至于许多美国的富人曾经致力于推广新型的苏维埃经济。其中，阿曼德·哈默（Armand Hammer）医生（达·芬奇"哈默手稿"的所有者）早就与列宁打过交道。

命运对巴尔相当眷顾。博物馆的第一批受托人之一保罗·萨克斯（Paul Sachs）向安森·康格·古德伊尔（Anson Conger Goodyear）推荐了巴尔，建议将其作为馆长人选。保罗·萨克斯本人也是纽约贵族的完美代表。他的父亲是诞生于1869年的著名商业银行高盛的创始人，早在前往哈佛攻读本科学位以前，他就在日内瓦获得了国际高中毕业证书。如菲茨杰拉德在《了不起的盖茨比》里所说，在当年那个社会里，美丽的不仅是富人，还有儒雅考究之人。

博物馆的地址最初设在位于第五大道与第五十七街交叉口的赫克舍尔大厦里一套宽敞的公寓，随着馆藏规模的不断扩大，曾三度搬迁地址。最后，阿比·阿尔德里奇·洛克菲勒终于说动了原本对现代艺术毫无兴趣的丈夫捐赠出一块土地，最终让博物馆在那里落脚。1939年5月10日，博物馆举办了开幕式，六千名观众受邀参加。时任美国总统富兰克林·德拉诺·罗斯福亲自通过广播宣布了这一消息。同年9月1日，德国战列舰"什列斯威-豪斯敦"号打响了第二次世界大战的第一枪，降临在欧洲的灾难让许多先锋派艺术家从旧大陆迁至纽约避难。美国就这样成了现代艺术的最终主角。

◄ 1939年完工的现代艺术博物馆模型，由筹建委员会为博物馆修建而展示。从左至右：财务主管纳尔逊·A. 洛克菲勒、主席安森·康格·古德伊尔、博物馆管理者和筹建委员会主席史蒂芬·C. 克拉克（Stephen C. Clark）。1937年，纽约，现代艺术博物馆

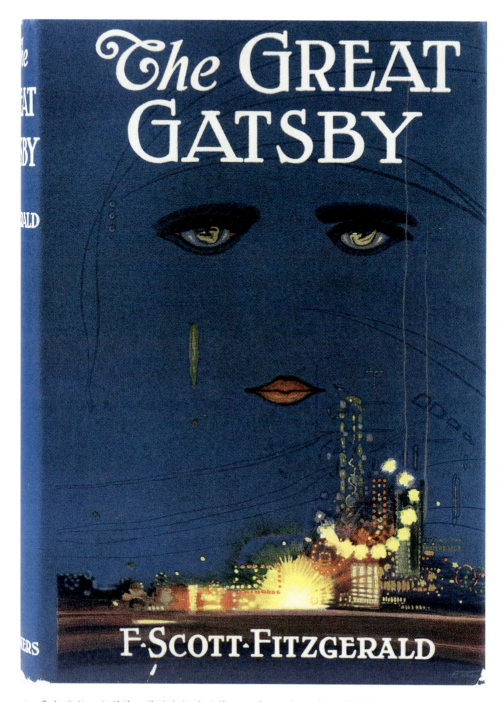

▲ 弗朗西斯·斯科特·菲茨杰拉德的第一版《了不起的盖茨比》（*The Great Gatsby*）封面，1925年由弗朗西斯·库加特设计

游览指南

大西洋彼岸的欧洲

　　第一次世界大战之后，美国人对巴黎充满了痴迷。欧内斯特·海明威在意大利作过战、饮过酒后，又先后前往法国和西班牙豪饮，继续为其创作血脉提供滋养。

▲ 萨尔瓦多·达利，《记忆的永恒》（*La persistenza della memoria*），1931年，布面油画，24.1cm×33cm，纽约，现代艺术博物馆

▲ 亨利·卢梭，《沉睡的吉普赛人》（*La zingara addormentata*），局部，1897年，布面油画，129.5cm×200.7cm，纽约，现代艺术博物馆

亨利·卢梭，《梦》（*Il sogno*），1910年，布面油画，204.5cm×298.5cm，纽约，现代艺术博物馆

对于追求思想解放的美国人而言，巴黎是真正的目的地。即使是纯良的亨利·米勒（Henry Miller），当他在撰写其关于性解放的代表作《在玫瑰色十字架上受刑》（*Crocifissione in rosa*）三部曲——《性》《神经》《关系》——时，也曾将自己从焦虑的纽约生活中释放出来，逃往巴黎。真正的路径则是在20世纪之初由格特鲁德·斯泰因开启的。她本人对玫瑰极其痴迷——1913年，她曾写下："玫瑰是玫瑰是玫瑰。"此语或许与圣埃克絮佩里（Saint-Exupéry）的《小王子》里那只狐狸所说的话有异曲同工之妙："你在玫瑰上浪费的时间令这玫瑰如此重要。"1928年，作曲家乔治·格什温（George Gershwin）创作了《花都舞影》（*An American in Paris*）。果不其然，1929年，一个名叫希德尼·贾尼斯（Sidney Janis）的年轻人来到了巴黎。他是裁缝和舞蹈演员（大约三十年前，他亲口对我讲述了整个故事的原委），略有积蓄。在这里，他遇到了信仰共产主义的诗人路易·阿拉贡（Louis Aragon），此人决定与他的同志爱尔莎·特奥莱（Elsa Triolet）一道逃往苏联。为了筹措旅费，他们将达利的一幅《软钟》（*Orologi molli*）和基里科的一幅形而上的画作卖给了希德尼·贾尼斯，开出的价格大约只有几百美金。就在同一时期，朱利安·莱维（Julien Levy）——他曾为乔治·德·奇里科在纽约策划了首场展览——也购入了达利的另一幅类似画作，如今，细心的参观

▲ 翁贝托·博丘尼，《城市的兴起》（*La città che sale*），1910年，布面油画，200cm×300cm，纽约，现代艺术博物馆

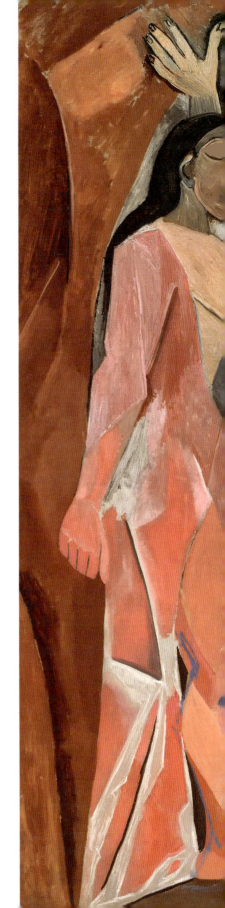

者能在现代艺术博物馆的墙壁上一睹其风采。博物馆的每一个角落都能找到巴黎的痕迹：若想证明美国人对于巴黎的钟情，只需要两幅前无古人、后无来者的杰作就够了：第一幅是海关收税员亨利·卢梭（Henri Rousseau）创作的《沉睡的吉普赛人》（约130cm×200cm），第二幅是他的另一件大型画作《梦》（约200cm×300cm）。对于通常只创作小型画作的亨利·卢梭而言，这是他两幅规模最大的画作。众所周知，在美国，一切都会更大一些，包括草莓和苹果。现代艺术博物馆收藏了大量毕加索的画作，且都是毕加索的大型画作：《亚维农少女》的规格为244cm×234cm，而亨利·马蒂斯的《舞蹈》（原属格特鲁德·斯泰因的收藏）的规格则更为恢宏，达到260cm×400cm（马蒂斯博物馆拥有300余件在网上记载的布面和纸面作品）。参观者还将理解博物馆为何会于1951年购入翁贝托·博丘尼的《城市的兴起》：一方面是因为他们重新发现了未来主义的价值，正如他们在三十年前对形而上风格的作品推崇有加；另一方面也是因为这幅画作具有200cm×300cm的大规格。这正应了乔治·奥威尔于1936年写下的那句批评之语——"射杀大象"，既然已经开枪，那么猎杀大型动物总比捕捉小型禽类来得过瘾。

▶ 巴勃罗·毕加索，《亚维农少女》（*Les demoiselles d'Avignon*），1907年，布面油画，244cm×234cm，纽约，现代艺术博物馆

波士顿美术博物馆（波士顿）
——美国贵族

　　那场著名的"波士顿茶党案"事件可谓尽人皆知。1773年圣诞节前的一个星期，波士顿市民为反对英国政府的赋税，将货船上的茶叶倾倒入水：当时，母邦英国强令殖民地居民以高价购买茶叶，而走私商人贩卖的同品质茶叶的价格却低廉得多。早在一年以前，在离波士顿不远的罗得岛州沃威克，殖民地居民就曾拦截并烧毁了前来镇压走私商船的英国帆船"加斯皮"号。此时，冲突已达到了白热化的程度，终于全面爆发：经过三年的时间，这场殖民地的反抗运动逐渐演变成了美国独立战争。

　　一个世纪以后，波士顿美术博物馆于1870年成立。当时，南北战争结束仅五年，北方联盟取得了胜利。这场内战的结果不仅包括反奴隶制的确立，还有新兴

◀ 约翰·辛格·萨金特，《爱德华·达里·博伊特的女儿》（*Le figlie di Edward Darley Boit*），局部，1882年，布面油画，222cm×222cm，波士顿美术博物馆

工业的凯旋：当时的东海岸和五大湖区城市已有十一万家工厂，南部也有一千家
工厂。此外，新成立的政府也有着强烈的欲望，试图推动文化结构的深层更新。
1869年，波士顿大学诞生。为了与那些属于盎格鲁-撒克逊血统的大学——例如成
立于1636年的古老的哈佛大学——相区分，波士顿大学的命名方式效仿了意大利博
洛尼亚大学。亨利·詹姆斯的小说《波士顿人》的创作背景便是1875年的波士顿。
作品讲述了密西西比州的一位年轻律师的故事。这位律师的家庭在南北战争期间被

摧毁，他将自己的爱献给了一位女权主义者，并建议她逃往欧洲。波士顿是一座具有先锋色彩的城市，恰如小说中的女主角维伦娜，一面向往着欧洲，一面又渴望成为当地的主角。从某种意义上来说，波士顿美术博物馆也在沿着一条平行的道路发展：这是一处绝佳的场所，用以打造这座位于新英格兰州的美国城市的身份标签。这一标签能够实现某种平衡的融合，一方面是欧洲文化的传统遗存，另一方面则是美国的新兴视觉语言。

1 | 2

（图1）19世纪的波士顿美术博物馆

（图2）安德斯·伦纳德·佐恩，《伊莎贝拉·斯图尔特·加德纳在威尼斯》（*Isabella Stewart Gardner a Venezia*），1894年，布面油画，91cm×66cm，波士顿，伊莎贝拉·斯图尔特·加德纳博物馆

　　与波士顿美术博物馆同年成立的，还有纽约大都会艺术博物馆。大都会博物馆是于1872年向公众开放的，而波士顿美术博物馆则挑选了一个更重要的日子向公众敞开大门：1876年7月4日——《独立宣言》发表百年纪念日。1776年，《独立宣言》的发表象征着位于美国东海岸的十三个殖民地脱离大英帝国。19世纪的这一系列百年纪念是有着重大历史意义的：在不久以后的1889年，埃菲尔铁塔就在巴黎拔地而起，庆祝法国大革命胜利百年。

　　如同位于曼哈顿的大都会艺术博物馆，波士顿美术博物馆在诞生之初也是一处位于大西洋彼岸的老欧洲资料馆，其真正的源头可以追溯至1807年。当年，波士顿图书馆成立，成为新兴领袖阶层和知识分子阶层的学习场所。爱默生曾在那里学习，并于1870年出版了《社会与孤独》（*Society and Solitude*）。这部作品深入探讨了人对于社会生活同等重要的内心生活的需求，指出具有文化积淀的"开化"个体将成为社会的核心。对于爱默生而言，当一个社会的传播变得发达，工作分工逐渐细化，女性实现解放，知识得以广泛普及，艺术成为"关乎（以各种目的为宗旨的）思想、语言、行动的有意识表达"时，这个社会便堪称"文明开化"的社会。此外，富家千金艾米·洛威尔（Amy Lowell）也将成为波士顿图书馆的常客。她的兄弟是哈佛大学的校长，而她本人则将成为美国女权主义运动的领袖，同时将成为埃兹拉·庞德（Ezra Pound）最为得意的诗学弟子之一。在那些年里，美国开始让自己变成主角，而波士顿则扮演了国家引领者的角色。由此，我们得以理解养尊处优的资产阶级为何会迸发出对文化和艺术的热爱，自认为是欧洲大陆的一根肋骨，被放置在一个全新的世界里。在这里，一切皆有可能。

　　在那一时期，另一位名媛登上历史舞台：伊莎贝拉·斯图尔特·加德纳（Isabella Stewart Gardner，1840—1924年），她既继承了豪门家产，又实现了自我解放。1903年，她创建了自己的博物馆。这位女士出生于纽约，在法兰西第二帝国时期就读于一所巴黎学校。后来，她嫁给了一位波士顿富豪，随他环游欧洲。那段旅居威尼斯巴巴罗宫的日子以及参观成立不久的米兰波尔迪·佩佐利博物馆的经历让她受到了"如戏剧般强烈"的影响（美国人常常使

▲ 波士顿，伊莎贝拉·斯图尔特·加德纳博物馆，提香室

◀ 波士顿，伊莎贝拉·斯图尔特·加德纳博物馆，前厅所见景观

用"dramatically"一词来形容刻骨铭心的经历）。她决定效仿此举，随后便在大西洋彼岸炮制了一座具有威尼斯风情的建筑，创立了自己的博物馆。在伯纳德·贝伦森（Bernard Bereson）的建议下，她购入了不少堪称杰作的藏品。按照她的设计，每一间展厅都以欧洲旧大陆的某一时期或某一文化领域为主题。当然，这些展厅里也陈列着不少美国艺术家的作品，透射出高贵的百万富翁梦想。这些美国艺术家要么也曾走过前往欧洲旧大陆的朝圣之旅，要么就是反向而行：约翰·辛格·萨金特（John Singer Sargent）就是一个特例。他于1856年出生于佛罗伦萨，父亲是美国费城的一位医生，与意大利画家弗朗切斯科·保罗·米凯蒂（Francesco Paolo Michetti）和安东尼奥·曼奇尼（Antonio Mancini）结下了友谊。在巴黎结婚后，他环游了西班牙，最后在伦敦落脚，与亨利·詹姆斯（第一位赞颂波士顿这座城市的文人）成了朋友。所以说，不同的人、艺术家、品位和影响如旋涡一般，在波士顿美术博物馆里交汇融合。

▲ 波士顿美术博物馆外立面

1891年，伊莎贝拉·斯图尔特·加德纳从父亲那里继承了一笔可观的遗产。1898年，丧夫寡居的她决定将自己的私人收藏公之于众。1903年，她将自己的博物馆宅邸向公众开放，让观众一睹约翰内斯·维米尔（Johannes Vermeer）的《音乐会》（很可惜，这幅画在1990年被盗走了！）和提香的《劫掠欧罗巴》的风采。此举成为欧洲旧大陆文化开始迈步朝另一片新大陆迁移过渡的正面信号。

不可否认，伊莎贝拉·斯图尔特·加德纳在寡居之后建立的博物馆的开幕对波士顿美术博物馆的理事会起了刺激作用，使他们决定退出原有的场地另选新址，并且在建造新馆时放弃旧馆的新哥特风格，转而选择新古典主义风格。这座新馆在

▲ 提香·韦切利奥，《劫掠欧罗巴》（*Ratto di Europa*），1560—1562年，布面油画，178cm×205cm，波士顿，伊莎贝拉·斯图尔特·加德纳博物馆

1909年举行了开业仪式。

从那时起，新馆这座建筑本身的风格和博物馆的藏品与展览风格之间的差异越来越大。建筑已然落成，这就注定了尽管历经岁月它依然是保持不变的。可是博物馆拥有着自己的生命力，它持续扩展自己的藏品，如今已经拥有超过45万件。在这种风格差异的对比下，最能展现该馆特质的画作便是乔瓦尼·保罗·帕尼尼（Giovanni Paolo Pannini）于1757年创作的那幅极为精美的作品：画家想象出了一系列以罗马的风貌为主题的风景画藏品。这幅杰作几经转手，过程颇有些神秘：起初，它是为舒瓦瑟尔公爵艾蒂安-弗朗索瓦（Étienne-François，1719—1785年）创作的，公爵的形象就位于画作的中央——他正在意大利进行不容错过的"壮游"。1792年——法国大革命爆发后第一个艰难的年头，公爵的后裔将其卖给了雅克-多纳蒂安·勒·雷·德·肖蒙（Jacques-Donatien Le Ray de Chaumont）。此人是已故国王路易十六派往英国殖民地的使节，后来成为美国独立战争的支持者之一。他将这幅画作带到了大西洋彼岸，后来又于1834年卖给了波士顿图书馆。最后，波士顿图书馆将这幅画作有偿转让给了美术博物馆。有时，我们能够从画作所有权的辗转变化之中了解艺术品诞生的来龙去脉以及它们所经历的从旧大陆到初生新大陆的不为人知的过程。

▲ 乔瓦尼·保罗·帕尼尼，《现代罗马风景画廊》（*Galleria di dipinti con vedute della Roma moderna*），局部，1757年，布面油画，170cm×244.5cm，波士顿美术博物馆

游览指南

自由者的土地和勇敢者的祖国

　　毫无疑问，我们的参观者既然来到了东海岸最具贵族气息的城市，一定想要探寻第一代美国人的精神世界。所以说，令人们感兴趣的，不是重新去看那些从欧洲旧大陆"叛逃出国"的作品，而是让好奇心与新世界的史诗相融合。所以说，参观者已经做好准备，要沉浸在托马斯·苏利（Thomas Sully）那幅规格达20平方米的画布之中了。这位画家原籍英国，但无论从哪个角度而言，他都已经成了彻头彻尾的美国人。在这幅作品里，画家描绘了乔治·华盛顿的英雄形象：1776年圣诞节过后的那个夜晚，他率军横渡冰封的德拉瓦河，与英军作战，并在特伦顿战役中取得胜利，解放了自己的土地。倘若说托马斯·苏利从英国人变成了美国人，并将雅克-路易·大卫笔下的拿破仑式欧洲将领的气概赋予了新世界，那么约翰·辛格顿·科普利（John Singleton Copley）则是反其道而行之。作为一个地道的美国人，他将关于勇敢的美国人的传奇传入了英国：画作中的少年居然能从鲨鱼的血盆大口中死里逃生——由于文学作品的描述，鲨鱼是英国人心中最骇人的杀手。随着各州的诞生，每个州都迫不及待地塑造着各自的风格品位。有时，这些品位不过是对欧洲艺术的极端夸张，与同一时期诞生的伟大的"俄罗斯母亲"形象有着异曲同工之妙。说到底，这两个民族都很喜欢帝国雄鹰的形象，尤其对那种庸俗的笔法格外钟情。不过，早在那时，美国各州就已开始酝酿另一种文化元素：理性主义的最初萌芽。他们创造的摇椅和极简风格家具对国际艺术风格的再定义产生了影响。说到底，沙发椅是"伟大"的，而用维也纳秸秆编织的沙发则与20世纪50年代夸张的汽车造型颇有些相似，两侧的扶手貌似躺椅。早在建国之初的遥远年代，波普艺术就已蓄势待发。另有一个"温柔"的证明：最先将儿童和少年视为值得关注的人类群体的，正是美国人。

◀ 塞缪尔·格拉格，《没有扶手的椅子》（*Sedia senza braccioli*），约1808—1812年，木面绘画装饰，86.7cm×45.7cm×50.8cm，波士顿美术博物馆

▼ 希腊风格的沙发椅，约1820年，波士顿美术博物馆

托马斯·苏利，《横渡德拉瓦河》（*Il passaggio del Delaware*），
1819年，布面油画，372cm×526cm，波士顿美术博物馆

▲ 约翰·辛格顿·科普利，《沃森和鲨鱼》（*Watson e il pescecane*），局部，1793—1797年，布面油画，183.5cm×229.6cm，波士顿美术博物馆

图片版权信息

Albert Museum, Londra, 484, 485, 486-487

Foto The Print Collector/Heritage-Images/ Scala, Firenze, 174, 175

Foto: Joerg P. Anders. © 2016. Foto Scala, Firenze/bpk, Bildagentur für Kunst, Kultur und Geschichte, Berlin, 316, 321, 328

Foto: Jozsa Denes. The Museum of Fine Arts Budapest/Scala, Firenze, 392, 401, 402, 403, 404

Foto: Juergen Liepe© 2016. Foto Scala, Firenze/bpk, Bildagentur für Kunst, Kultur und Geschichte, Berlin, xvii

Foto: Margarete Buesing. Foto Scala, Firenze/ bpk, Bildagentur für Kunst, Kultur und Geschichte, Berlin, 198

Foto: Razso Andras. The Museum of Fine Arts Budapest/Scala, Firenze, 400

GTS Productions/Shutterstock.com, 395

image broker/marka, 155, 482

imagIN. gr photography/Shutterstock.com, 176-177

Isabella Stewart Gardner Museum, Boston, MA, USA / Photo © Sean Dungan / Bridgeman Images/Mondadori Portfolio, 545, 546

juan carlos munoz/marka, 306

khd/Shutterstock.com, 007

KHM-Museumsverband, 378, 379

Lessing/Contrasto, 002, 095, 389, 391

Mark E. Smith/SCALA, Firenze, 057

Marka, 346-347

Mary Evans/Scala, Firenze, 193, 195, 272, 432

Metropolitan Archives, City of London/ Bridgeman Images/Mondadori Portfolio, 478, 479

Milano, Castello Sforzesco, Museo Pietà Rondanini-Michelangelo; Foto Saporetti, 092

Millbank, London, UK/Bridgeman Images/ Mondadori Portfolio, 497

Mondadori Portfolio/Age, ii, 081, 469

Mondadori Portfolio/AKG Images, x, xii-xiii, xvii, 074, 075, 093, 094, 095, 102, 108, 136, 137, 164, 165, 248, 265, 304, 319, 324, 325, 326, 326-327, 344, 350, 350-351, 355, 359, 361, 363, 364, 365, 370, 371, 372, 383, 388, 390, 420, 422-423, 465

Mondadori Portfolio/Album, 201

Mondadori Portfolio/Electa/Arnaldo Vescovo, 100

Mondadori Portfolio/Electa/Marco Covi, 243, 244

Mondadori Portfolio/Leemage, 245, 412, 413, 418

Mondadori Portfolio/Rue des Archives/Gerald Bloncourt, 225

Mondadori Portfolio/The Art Archive, 082, 113, 114

Musée des Beaux-Arts, Chartres, France/ Bridgeman Images/Mondadori Portfolio, 417

Museo Thyssen-Bornemisza/Scala, Firenze, 292, 294, 298, 299, 301

Museum of Fine Arts, Boston, Massachusetts, USA/Gift of Mrs. George von Lengerke Meyer/Bridgeman Images/Mondadori Portfolio, 554

Museum of Fine Arts, Boston, Massachusetts, USA/Gift of the Owners of the old Boston Museum/Bridgeman Images/Mondadori Portfolio, 552-553

National Portrait Gallery, London/ Scala, Firenze, 442, 463